생태 영성

이 책에 대한 서평들

"인류는 더욱 높은 의식의 단계로 진화하는 과정 속에 있다. 우리의 시대가 왔다. 인류는 짧지만 폭력의 역사를 거치면서 오랫동안 잘못된 길을 걸어왔다. 우리가 영원히 길을 잃어버리기 전에 집으로 돌아갈 길을 찾는 것이 절박하다. 이런 변화를 위해 오늘날 살아 있는 모든 사람들은 지구와 조화롭게 살 방법을 배워야만 한다. 이 책은 지구에 살고 있는 모든 이들이 절실하게 필요로 하는 메시지를 담고 있다. 내가 이것을 아는 이유는 인간이 자연생태계에 미친 영향이 얼마나 파괴적이며 또한 이것을 바꾸기 위해 우리에게 남은 시간이 얼마나 없는지를 목격했기 때문이다. 용기와 지혜를 갖고 행동하는 것이 우리의 선택이며 또한 우리의 책임이다. 《생태 영성》은 우리가 절박하게 들을 필요가 있는 지구의 목소리를 큰 소리로 들려줌으로써 그런 전환을 도와준다."

― John D. Liu, director Environmental Education Media Project

"이 책은 우리로 하여금 생태 위기가 불러일으키는 탄식과 절망을 넘어서게 한다. 이 책은 우리 자신이 알고, 관계를 맺고 존재하는 방식을 변화시킴으로써 진정으로 치유할 가능성을 담고 있기 때문이다."

― Charles Eisenstein, *Sacred Economics*, *The Ascent of Humanity* 저자

"이 책은 행동하라고 외친다. 행동하기 위해서는 우리의 정신을 사로잡고 있는 매일의 관심을 내려놓고, 지구가 얼마나 절박하게 우리를 필요로 하는가에 대한 증거들을 우리의 가슴으로 들어야 한다. 매순

간 우리의 육체적, 정서적, 영적인 안녕은 지구가 그 영양분을 대주지만, 우리가 물질적 성공을 추구하느라 바삐 돌아다니는 동안에는 이런 사실에 대해 아무런 관심도 없다. 때맞추어 이 책은 우리의 삶에서 균형을 찾아야 하며, 또한 지구로부터 우리가 받는 만큼 다른 존재들에게도 주어야 한다는 것을 상기시켜 준다. 우리는 모든 생명체들과 함께 아파하는 마음을 배워야 하며, 우리 자신의 행동을 바꾸기 위해 용기를 내야만 한다. 이 책의 저자들에게 감사한 것은 그들이 내가 힘껏 지구를 보호하려는 나의 헌신을 더욱 북돋아주기 때문이다."

— His Holiness the 17th Karmapa, Ogyen Trinley Dorje

"이 책은 여러 목소리로 근원적이며 본질적인 진실을 말하여, 우리 모두에게 그 외침을 듣게 하며, 우리를 더욱 깊이 성찰하게 만들며, 우리와 지구의 연관성 그리고 우리들 서로 간의 연관성에 관한 우리의 대화의 폭을 더욱 넓혀준다. 우리 인류의 미래는 지구가 성스러운 살아 있는 존재이며 우리를 낳은 어머니이며 우리를 키워주는 원천으로서 도저히 그 값을 매길 수 없다는 사실을 깨닫고 받아들이는 일에 달려 있다."

— David Korten, *The Grate Turning* 저자

"이 책의 편집자 르웰린 보간리는 오늘날 지구를 치유하고 또한 우리들 자신을 치유하기 위해 애쓰는 가장 탁월한 사상가들 중에서 그 밝은 내면의 빛을 비춰주는 주옥과 같은 책을 만들었다. 이 책은 우리와 지구의 관계에서 가장 근본적인 체계적 잘못을 멋지게 수리해준다. 그것은 모든 생명들의 성스러움과 하나 됨을 경축하는 일이다. 수천 년 동안 예언자들, 신비가들, 시인들은 만물이 하나라는 것에 관해 말해왔다. 오늘날 생물학은 생명의 가장 기본적인 유전학적 사실을 통해 인류는 미생물로부터 포유류에 이르기까지 모든 다양한 생명체들과 말 그대로 친척관계라는 사실을 확인해준다. 이 책은 당신의 혼을

드높이며 비전을 확장시키고 가슴을 살찌울 것이다."

- Kenny Ausubel, Bioneers 창설자, *Dreaming the Future* 저자

"생명은 자연의 소리들을 울린다. 그리고 이 책은 나에게 그 울림을 남겨주었다. 우리의 자연 상태는 우리가 자연의 법칙들과 조화를 이루며 우리의 존재를 자연에 맞출 때다. 그때 우리는 평화를 얻는다. 이 책은 우리가 평화를 찾는 여행에서 새로운 발걸음을 내딛게 한다."

- Polly Higgins, *Eradicating Ecocide*, *Earth is our Business* 저자

"우리를 아프게 만드는 것은 경제나 과학으로 쉽게 측정할 수 있는 것보다 깊다. 이 책은 우리들 중에 가장 현명한 사람들이 그 위기의 깊이와 구원의 원천에 관해 들려준다."

- David W. Orr, Oberlin College 교수, *Earth in Mind* 저자

"탁월한 대변인들의 글을 모은 이 책은 우리와 어머니 지구의 관계에 대한 기본적인 의식을 갖도록 깨우치는 일종의 주술적 성격을 갖고 있다. 그 메시지는 우리 인류가 생명의 주기 속에서 단지 작은 부분에 지나지 않는 위치를 차지하고 있다는 것을 포함해서 성스러움이 얼마나 중요한지에 대한 깨달음과 지혜와 오래된 가르침을 통해 거의 초자연적인 특성을 반영한다."

- Mona Polacca, Indigenous World Forum on Water & Peace

"이 책에 실린 생태 영성의 개척자들은 아프리카 사람으로부터 선불교의 영적 전통에 속하는 이들까지 다양하지만, 지역의 차원과 지구적 차원의 환경문제들의 궁극적 원인을 다루고 있다. 그것은 인간이 자연을 단지 영혼이 없는 물질로서 객관화하고 상품화하고 소비하는 것으로만 생각하는 인간의 소외에서 비롯된다. 따라서 궁극적인 해결

책은 성스러운 자연에 대한 영적인 재발견, 그것을 다시 느끼며 다시 연결되는 길이다. 매우 훌륭하게 만들어진 이 책은 대학에서 자연과학도와 인문과학도, 종교 전문가들과 세속의 전문가들, 그리고 일반 대중의 심금을 울리는 지혜와 지식임을 증명할 것이다."

— Dr. Leslie Sponsel, *Spiritual Ecology: A Quiet Revolution* 저자

"환경 위기는 현대인들 대부분의 영혼 속에 자리 잡고 있는 영적인 위기와 뗄 수 없으며, 사실상 일차적으로 이런 내면의 위기가 밖으로 드러난 것이다. 이 책은 이 분야의 가장 권위 있는 사람들이 환경 위기가 본질적으로 영적인 성격을 갖고 있다는 것에 관해 쓴 글을 모은 것이다. 그들이 이 책에서 매우 생생하게 들려주는 지구의 외침소리를 더욱 많은 이들이 들을 수 있게 되기를 바란다."

— Seyyed Hossein Nasr, *Man and Nature* 저자

"전 세계 생태운동에서 가장 존경받는 이들이 쓴 이 책은 우리가 지구의 문제들 때문에 압도당하는 때에 활력, 희망, 기쁨을 주는 원천이다. 그들은 우리에게 새롭게 책임을 일깨워주며, 우리가 살아야 할 이상, 세계 모든 문화들의 영원한 영적 전통을 깨닫게 해준다. 이 책은 우리가 소중하게 간직하고 묵상하며 그에 따라서 살아내야 하는 책이다."

— Tom Cheetham, *All the World an Icon* 저자

"우리가 우리 자신들로부터, 또한 서로 간에, 그리고 지구로부터 끊어내면서 선택한 탐욕과 파괴와 무지의 길은 우리를 목숨과 미래를 위한 전쟁 속으로 내몰았다. 이 책의 우렁찬 호출은 우리를 안내하며 영감을 불어넣고 동기를 부여하여, 하나 되며 평화로운 새 세상을 만들기 위해 사회 전체의 근본적인 믿음을 바꾸게 할 것이다. 이 책은 우리 시대에 가장 큰 영감을 불어넣는 책 가운데 하나로서, 단지 책이

아니라 우리 자신을 지구와 연결시키는 도구이다! 이 책을 읽고 이 책을 살아내라! 우리 세대와 다음 세대의 생존이 여기에 달려 있다."
- Xiuhtezcatl Martinez, 12살의 원주민 환경운동가

"우리는 생태적으로 불확실한 시대를 살고 있으며, 우리에게는 성스러움과 다시 연결될 기회가 절실하다. 과학자들이 현대의 예언자들로서 우리가 왜 지구 행성을 구하기 위해 행동해야 하는가를 말해주듯이, 이 책의 현인들은 왜 그 일이 가치 있는 일인가를 깨닫게 해준다."
- Canon Sally 목사, Interfaith Power & Light 창설자

"우리의 생명이 의존하고 있는 지구와 그 환경, 종 다양성, 자원, 생명지원체계에 끼친 우리의 영향을 성공적으로 관리할 수 있는 시간이 점차 촉박해지고 있다. 우리에게 요청되는 행동들은 우리의 가장 깊은 도덕적 및 영적 원리들에 굳게 뿌리내리고 있어야만 한다. 이 중요한 책은 그처럼 절박하게 필요한 것이다."
- Maurice Strong, *Where on Earth Are We Going?* 저자

"이 책은 우리의 신음하는 지구에 대해 깊이 주목할 것을 요청하는 시적이며 매섭고 지적인 목소리로 가득하다. 그 요청에 귀를 기울이며 응답하는 것 자체가 참된 깨달음의 길이다. 우리가 본래 이 살아 있는 세계에 속해 있으며 그 성스러움이 모든 생명을 통해 빛나고 있음을 깨우쳐준다." - Tara Brach, *Radical Acceptance* 저자

"이 책은 인류의 생존에 중요한 책이다. 우리는 어머니 지구와 다시 연결되어야 하며, 또한 지구를 약탈할 자원이 아니라 모든 생명의 원천으로 대접해야 한다. 이 책의 집필자들은 우리 시대의 진정한 영웅들이다. 그들은 깊은 성찰을 통해 우리와 지구의 참된 연결을 이해하

게 되었다. 만일 우리에게 미래가 있다면, 이것이 우리의 미래의 열쇠다. 우리가 자녀들과 손주들에게 무엇이든 남겨주려면, 누구나 이 책을 읽고 이해하고 살아내야만 한다."

- Hanne Strong, Earth Restoration Corps 창설자

"나는 이 마술과도 같은 책에 놀라고 있다. 내가 오래 전에 이 아프리카에서 선택한 영혼의 길, 즉 지구의 노래들에 귀를 기울이며 그 영혼과 연결되고 모든 생명들에 대한 외경심과 돌볼 의무를 되찾아 희망의 잃어버린 연결고리를 찾는 길을 이 책에서 보았으니 말이다."

- Kuki Gallmann, *I Dreamed of Africa* 저자, 아프리카의 사람들과 자연의 공존에 헌신하는 Gallmann Memorial Foundation 설립자

"이 책은 우리의 지구가 보내는 SOS에 응답하여 새로운 사고, 영적인 위안, 그리고 행동하라는 영감어린 외침으로 구명 뗏목을 마련해 준다. 이 책에 수록된 글들은 우리의 눈부시게 빛나는 초록별을 구하는 동시에 그 참맛을 보게 한다. 나는 세상의 통증을 느끼고 나가서 일하기를 원하는 모든 이들에게 이 책을 적극 추천한다."

- Mary Pipher, *The Green Boat* 저자

"지구는 성스러운 곳이다. 이것이 이 시의적절한 책이 영광스럽게 외치는 영원한 만트라다."

- Laurie Lane-Zucker, Seven Pillars House of Wisdom 사무총장

"《생태 영성》은 단순히 지켜보아야 할 하나의 중요한 운동이 아니라, 우리 시대에 가장 중요한 발전이다. 환경, 문화, 종교를 가르치는 학자들은 이 귀중한 책을 통해 많은 혜택을 받을 것이다. 세상에서 가장 열정적인 생태 예언자들의 통찰력을 담고 있는 이 책은 생명계

전체가 평화와 번영을 이루는 미래로 나아가는 길을 제시한다. 학문적이지만 읽기 쉬운 이 책을 읽으면서 내가 기뻤던 것처럼, 나의 학생들 역시 이 책과 공명하게 될 것이다."

– Sarah McFarland Taylor, Northwestern University 종교학 교수

"이 책은 기상나팔 소리처럼 긴박하며 희망을 담고 있다. 그 비전은 환경적으로 또한 영적으로 지속가능한 미래를 나타낸다."

– Fletcher Harper 목사, GreenFaith 소장, www.greenfaith.org

"생명의 모든 고통과 환희 가운데 진정으로 생명과 친밀하고자 하는 사람들의 말을 통해 전해지는 것이 있는데, 우리는 그런 말을 필요로 한다. 그런 오솔길을 기꺼이 만들어 우리도 그 새로운 길을 따르며 느낄 수 있게 해주는 이들이 우리에게 필요하다. 이 책은 여러 지도자들이 부드럽게 끌어당기며 가슴으로 외치는 소리를 통해 우리들 자신이 서로 연결되어 있다는 것을 통렬하게 깨닫게 해준다. 지구는 울부짖고 있다. 열린 가슴으로 이 책을 읽고 그 어머니를 느끼라고."

– Calre Dakin, TreeSisters 설립자, www.treesisters.org

"나는 학술적으로 생명을 지키기 위한 생명의 표징들을 찾느라 지구를 탐사했다. 그 표징들은 지구 전역에서 벌어지는 수많은 사회운동 속에서 찾아볼 수 있는데, 열정적인 목소리들이 점차 합창을 이루면서 그런 운동들을 신바람나게 한다. 이 책은 그런 많은 목소리들을 들을 수 있게 하는데, 어떤 목소리는 잘 알려진 목소리이며 또 어떤 목소리들은 그렇지 않지만, 모두가 현명한 사람들이다. 이 책은 공공도서관들과 대학도서관들과 교실들만이 아니라, 운동가들이 영감을 얻고 행동하기 위해 모이는 곳이면 어디에서나 읽힐 것이다."

– Bron Taylor, *Dark Green Religion* 저자

생태 영성

지구가 울부짖는 소리

르웰린 보간리 엮음 · 김준우 옮김

한국기독교연구소

생태 영성

엮은이/ 르웰린 보간리
옮긴이/ 김준우
펴낸이/ 김준우
초판 1쇄 펴낸날/ 2014년 8월 1일
펴낸곳/ 한국기독교연구소
등록번호/ 제8-195호(1996년 9월 3일)
경기도 고양시 일산동구 고봉로 32-9, 331호 (우 10364)
전화 031-929-5731, 5732(Fax)
E-mail: honestjesus@hanmail.net
Homepage: http://www.historicaljesus.co.kr.
표지 디자인 / 김보령
인쇄처/ 조명문화사 (전화 02-498-3017)
보급처/ 하늘유통 (전화 031-947-7777, Fax 031-947-9753)

Spiritual Ecology: The Cry of the Earth
Edited by Llewellyn Baughan-Lee
Text Copyright ⓒ 2013 by The Golden Sufi Center.
P.O. Box 456, Point Reyes, California 94956
www.goldensufi.org
All rights reserved. Korean Translation copyright ⓒ 2013 by Korean Institute of the Christian Studies. The Korean translation right arranged with the Golden Sufi Center. Printed in Seoul, Korea.

이 책의 한국어판 저작권은 The Golden Sufi Center사와의 독점계약으로 한국어 판권을 한국기독교연구소가 소유합니다. 저작권법에 따라 국내에서 보호받는 저작물이므로 무단전재와 무단복제를 금합니다.

ISBN 978-89-97339-17-4 94230
ISBN 978-89-87427-87-4 (세트)

값 15,000원

Spiritual Ecology

The Cry of the Earth

A Collection of Essays
Edited by Llewellyn Vaughan-Lee

Point Reyes, CA: The Golden Sufi Center, 2013.

Korean Translation by Kim Joon Woo

2014
Korean Institute of the Christian Studies

이 책은 청파교회(담임 김기석 목사)의
출판비 후원으로 간행되었습니다.

목차

서문 / 르웰린 보간리 - 15

1장. 자연의 법칙에 귀를 기울이라 / 오렌 리옹 - 23

2장. 경이로운 세상 / 토마스 베리 - 31

3장. 마음을 모으라는 종소리 / 틱낫한 - 43

4장. 케냐 라이키피아의 계시 / 타말레 브오야 - 49

5장. 지붕 끝에서 / 존 스탠리 & 데이비드 로이 - 55

6장. 우주 안에서 인간 역할의 진화 / 터커 & 스윔 - 69

7장. 제네시스 농장 인터뷰 / 미리암 맥길리스 - 85

8장. 하느님의 사랑 / 웬델 베리 - 107

9장. 성스러운 장소들의 시대에는 / 위노나 라듀크 - 117

10장. 안나다나: 음식이라는 선물 / 반다나 시바 - 139

11장. 지구의 화두(話頭) / 수잔 머피 - 145

12장. 생태학의 세 차원 / 사티쉬 쿠마르 - 169

13장. 자기의 녹색화 / 조애나 메이시 - 187

14장. 지구를 상상하기 / 지닌 마리 호젠 - 205

15장. 가이아와 "세계의 혼" / 줄스 캐시포드 - 223

16장. "세계의 혼"을 돌보는 일 / 빌 플로트킨 - 237

17장. 지구를 위한 약(藥) / 산드라 잉거만 - 263

18장. 페르시아와 인도의 비전 / 피르 이나야트 칸 - 281

19장. 만물은 하느님의 몸 / 리처드 로어 - 297

20장. 지구의 부르짖음 / 르웰린 보간리 - 307

에필로그 / 마지막 기도 - 323

옮긴이의 말 / 앉아서 기다리면 떼죽음뿐입니다 - 324

Acknowledgment - 335

서문

고통스러워 몸부림치는 지구는 지진, 쓰나미, 홍수와 폭풍, 전대미문의 폭염과 가뭄을 통해 그 극단적인 불균형의 신호들을 우리에게 보내면서 울부짖고 있다. 생태계 전체가 심지어 그 '임계점' 혹은 돌이킬 수 없는 변화와 전혀 예측할 수 없는 결과를 초래할 '분기점'에 다가가고 있다는 징후들이 이미 여러 곳에서 나타나고 있다.[1]

---

[1] 역자주: 지구의 기후가 흔히 급작스럽게 변한다는 사실은 대다수 과학자들이 동의하는 점이다(Clive Hamilton, *Earth Masters*, Yale University Press, 2013, p. 189). 그러나 IPCC 제5차 보고서(2013)는 기후변화의 양성 피드백, 특히 "핵재앙을 능가할 시한폭탄"으로 불리는 영구동토층의 메탄가스 방출을 계산하지 않은 채 결론을 내렸다. 이미 영구동토층이 녹기 시작하여 이산화탄소보다 온실효과가 20배가 넘는 메탄이 방출되고 있는 현실에서, "21세기 말까지 영구동토층 감소 면적이 최소 37%에서 최대 81%에 이를 것"으로 전망했으면서도, "영구동토층의 해빙 효과는 불확실성이 있다"며 예측에 포함시키지 않았다. 그럼에도 불구하고 이 보고서는 21세기 말에는 세계평균기온이 1986-2005년 대비 섭씨 1도~3.7도 상승할 것으로 예상했다. 세계 이산화탄소 배출량은 2000-2011년에 연평균 3.1%씩 증가하여 IPCC의 최악의 시나리오(2.5% 상승)보다 더욱 악화되고 있다. 그러나 2010년 이후 메탄가스의 기하급수적인 방출로 인한 양성 피드백을 계산한 연구들(UNEP, 2010; Malcolm Light, 2012; Nafeez Ahmed, 2013; Nick Breeze, 2013; Guy McPherson, 2013)에 따르면, 2040년을 전후로 섭씨 4도 상승하여 "여섯 번째 대멸종"이 거의 끝나며 인류 대부분도 죽게 될 것으로 예상한다. 캘리포니아대학교의 나오미 오레스케스 교수는 기후붕괴를 막기 위한 지오엔지니

우리들 중에 어떤 사람들은 지구가 울부짖는 소리를 듣고 그런 신호들에 대해 응답하면서 개인적으로 또한 집단적으로, 우리의 지속 불가능한 유물론적 생활방식과 또한 그런 생활방식이 생태계를 황폐하게 만들고, 오염을 더욱 증가시키며 종자들의 멸종을 초래하는 방식들에 대해 주의를 기울이며, 생각들만이 아니라 행동으로 대처하고 있다. 그러나 아직은 슬프게도 그런 반응들의 상당부분은 그 불균형을 초래한 똑같은 사고방식, 즉 우리는 세상으로부터 따로 떨어져 분리되어 있는 존재들이며, 지구의 문제들은 우리가 풀어야만 하는 "저 밖의" 어떤 문제들이라는 사고방식에서 비롯된 것이다.

세상은 풀어야 할 문제가 아니다. 세상은 우리가 그 속에 속해 있는 살아 있는 실체다. 세상은 우리 자신의 일부분이며, 또한 우리는 고통 받고 있는 전체 세상의 한 부분이다. 우리가 지구로부터 분리되어 있는 존재라는 이미지의 뿌리에까지 파고들기 전에는 치유가 불가능하다. 우리가 삼라만상으로부터 분리되

어링 작업에도 불구하고 여러 부작용들로 인해 중단할 수밖에 없기 때문에 21세기 말까지 섭씨 5도 상승하고, 메탄 방출로 인해 6도 추가 상승할 것으로 예상한다(*The Collapse of Western Civilization*, 2014, p. 29). 미국과 영국의 안보 전문가들조차 인류문명이 63-75년을 넘기지 못할 것으로 전망한다 (Gwynne Dyer, *Climate Wars*, 2008, p. 195). 기후변화의 할아버지라 불리는 제임스 핸슨은 지구에 이미 "금성 신드롬"이 시작되었다고 보는데, 금성도 처음에는 바다를 포함해서 지구와 비슷한 화학적 조건이었지만, 땅 속의 모든 이산화탄소가 방출되는 탈주효과 때문에 섭씨 450도에 이르게 되었다고 한다. 이미 탈주가 시작된 메탄수화물은 "지구 역사상 지금이 가장 많이 장전되어 있다"(*Storms of My Grandchildren*, 2009, pp. 163, 225). 대부분의 학자들은 194개 국가들이 세운 온실가스 배출량 감축목표서약(C-ROADS)을 지킨다 해도, 육지 온도는 2050년까지 산업혁명 이전보다 평균 섭씨 2.2도 상승하며, 2100년까지는 섭씨 4.1도 상승할 것으로 예상한다. 지구 역사에서 몇 차례 대멸종은 수천 년에 걸쳐 섭씨 6도 상승했기 때문이었는데, 200년 동안에 6도 이상 상승하면, 대파국을 피할 수 없다. 한편 기상청은 한반도 기후가 21세기 말까지 섭씨 3도~5.9도 상승할 것으로 전망했다.

어 있다는 생각의 가장 깊은 뿌리는 우리가 삼라만상의 성스러운 성격을 망각한 것인데, 삼라만상의 성스러움은 우리 자신의 성스러움이기도 하다. 서양의 유일신 문화가 세상의 많은 신들과 여신들을 억누르고 성스러운 숲들을 가차 없이 베어내고 하느님을 하늘 위로 쫓아버렸을 때, 우리가 시작한 역사는 성스러움을 제거한 세상을 우리에게 가져다주었는데, 이런 세상은 토착민들로서는 도저히 상상할 수 없는 세상이었다. 자연세계와 그 지혜를 간직한 사람들은 이 세상과 이 세상에 서식하는 모든 생명체들이 성스러우며 함께 속해 있다는 것을 안다. 우리가 자연세계로부터 분리됨으로써 우리는 기술과 과학의 열매들을 얻을 수 있었는지 모르지만, 그로 인해 우리는 생명의 영적인 차원과 우리가 본래적으로 연결되어 있다는 마음을 빼앗겼다. 즉 우리의 영혼과 세계의 혼이 하나로 연결되어 있으며, 우리 모두가 하나의 살아 있는 영적 존재의 부분이라는 인식을 빼앗겼다.

바로 이처럼 삼라만상 전체가 지금 우리를 부르고 있으며, 우리에게 응답하라고 외친다. 우리는 우리 자신의 뿌리로 되돌아가 우리가 삼라만상의 성스러움과 맺고 있는 관계를 회복해야 한다. 오직 그 성스러운 삼라만상 전체와 그에 대한 경외심에서부터만 우리는 치유작업을 시작할 수 있으며 세상이 다시 균형을 되찾도록 할 수 있다.

이 책은 지구의 울부짖음에 대해 응답하는 글들을 모은 것이다. 각각의 글은 성스러움에 대해 각자 나름대로 주의를 기울이며 그 울부짖음에 대해 서로 다르게 응답함으로써, 우리도 다시 지금 여기에 마음을 모으고 또한 지구를 우리의 가슴과 영혼 속에 품을 뿐만 아니라 우리의 정신과 손 안에 품을 수 있도록 해준다.

    이런 응답들은 문제에 대한 해결책으로 제시된 것이 아니다. 왜냐하면 세상은 하나의 문제가 아니라 고통스럽게 몸부림치는 살아 있는 존재이기 때문이다. 쓰나미와 산호초의 파괴처럼 지구의 균형이 깨졌다는 신호들은 단지 물리적 징후들만이 아니다. 틱낫한 스님이 말하는 것처럼, 그런 신호들은 "마음을 모으게 하는 벨소리"로서 우리로 하여금 주의를 기울이고 깨어나 귀를 기울이라는 외침이다. 지구는 우리가 주의를 기울일 것을 요구한다. 지구는 우리가 착취하여 상한 그 몸과 우리가 그 성스러운 특성을 망각하여 더럽힘으로써 상처받은 그 영혼을 치유하는 일을 돕기를 원한다. 무엇이 성스러운지를 우리가 기억할 때 비로소 우리는 우리가 처한 지금의 곤경을 조금이나마 실제로 인식할 수 있다.

    이 책의 각 장은 우리가 영혼도 없이 유물론적으로 살고 있는 황무지로부터, 의미와 성스러운 목적이 풍요한 땅, 그 땅에 서식하는 수많은 생명체들의 이름과 장소를 알고 있는 땅으로 우리가 즉시 출발해야 하는 여행의 서로 다른 길로 간주할 수 있다. 지금 우리가 살고 있는 세상에서는 우리 각자가 자신의 염려 속에 서로 고립된 채 살아간다. 그러나 우리의 목적지에서는 우리를 지지하고 양육하는 상호관계의 패턴을 느끼며 또한 하나의 살아 있는 공동체로서 함께 친교를 나눌 수 있을 뿐만 아니라 성스러운 의미와 목적으로 충만한 세상의 신비와 아름다움을 느낀다. 우리가 그 목적지에 도달할 때만 비로소 우리는 이 세상을 치유할 희망을 가질 수 있으며, 또한 이 부서지기 쉬운 세상의 놀라운 아름다움을 파괴하는 유물론의 악몽으로부터 벗어나 자유롭게 되도록 도울 수 있다. 그래야 비로소 우리는 지구의 보호자로서의 우리의 오래된 유산을 되찾을 수 있다.

이 책의 각 장은 이 여행을 떠나기 위해 필요한 깨달음에 관해 서로 다른 관점들을 제공해준다. 우리가 제일 먼저 듣게 될 오렌 리옹 추장(Chief Oren Lyons)은 오논다가 족(뉴욕 주 시라큐스 인근에 살고 있는 원주민 부족 – 옮긴이)의 거북이 씨족의 신앙지킴이로서, 그의 말은 권위가 있을 뿐 아니라 현재 그 땅의 지혜를 간직한 분으로서 자연의 법칙이 가장 우선한다는 사실에 대해 우리가 다시 정신을 되찾게 해준다. 토마스 베리(Thomas Berry) 신부는 오늘날 생태 영성의 원조 가운데 한 분으로서, 북아메리카에 정착한 유럽인들이 그 땅의 장엄함과 그 원주민들의 영성을 깨닫지 못한 것에 대해 슬퍼하며, 우리가 경이감과 외경심을 회복하는 것이 얼마나 절박한 과제인지를 호소한다. 선불교의 틱낫한(Thich Nhat Hanh) 스님은 우리에게 어서 잠에서 깨어나 지구가 고통스럽게 보내는 신호들을 직시하고 자비와 친절에 기초해서 새로운 길을 닦으라고 촉구한다. 우리는 다양한 관점들, 즉 불교도, 켈트족, 그리스도인, 아메리카 원주민, 페르시아, 인도, 이슬람 신비주의 전통의 관점을 듣게 될 것이며, 또한 여러 렌즈들, 즉 시스템 이론, 성스러운 땅, 상상력, 식량의 성스러움, 원형들의 세계, 그리고 살아 있는 지적인 우주의 새로운 이야기의 렌즈들을 통해 볼 것이다. 우리는 아프리카 추장, 농부이며 시인, 지구 중심의 영성에 근거한 가톨릭 수녀, 프란치스코회 수도승, 아메리카 무당, 인도의 물리학자이며 활동가, 사막의 안내인을 비롯해서 여러 사람들의 목소리와 비전을 듣게 될 것이다.

편집인으로서 나는 지구의 물리적 위기만이 아니라 영적인 위기에 대한 응답들을 모은 이 책에 자신들의 목소리를 들려준 모든 집필자들에게 큰 감사를 드린다. 그들 모두는 서로 다른 방식으로 똑같은 메시지를 나름대로 들려주는데, 그것은 우리의 자연적 영성, 자연에 속한 영을 시급하게 되찾을 필요가 있다는 것이다. 우리의 발이 다시 한 번 성스럽게 걷는 방법을 배우고 또한 우리의 가슴이 삼라만상의 진짜 음악을 들을 수 있게 될 때만 비로소 우리는 다시 세상에 균형을 되찾게 할 수 있다.

　동시에 이 책에는 경고도 있는데, 어떤 때는 분명히 표현되어 있으며, 어떤 때는 보다 감추어져 있다. 만일 우리가 모든 생명체 속의 성스러움을 망각한 채, 영과 물질 사이를 분리시킨 것을 회복시키지 않는다면, 우리의 지구는 점점 더 균형을 잃게 될 것이다. 그 영혼이 우리의 영적인 연결에 목말라 하기 때문에, 우리가 알고 있는 생명은 산산조각이 나기 시작해서 죽게 될 것이다. 이런 일이 이미 작은 규모로 일어나기 시작했지만, 우리는 그 속도가 얼마나 빨라질 것인지, 언제 우리가 '임계점'에 도달할 것인지 알지 못하고 있다. 우리는 물리적이며 성스러운 세상의 수호자로서의 우리의 위치를 되찾는 일이 시급하다. 도대체 우리가 왜 여기에 있는가를 기억할 필요가 있다. 웬델 베리는 이렇게 말했다.

"지구를 돌보는 일은 인간의 가장 오래되었으며 가장 가치 있으며 또한 가장 큰 기쁨을 주는 책임이다. 남아 있는 것을 아끼고, 그것이 새로워지도록 양육하는 일은 우리의 유일한 희망이다."

르웰린 보간리

보시오, 나의 형제들이여, 봄이 왔다오.
대지를 태양이 포옹하기 시작했으며
우리는 그 사랑의 결과를 조만간 보게 되지요.
모든 씨앗들은 깨어났으며 모든 동물들도 마찬가지라오.
바로 이런 신비한 힘을 통해서
우리들 역시 존재하고 있기 때문에
우리는 이웃들 심지어 우리의 동물 이웃들에게까지
우리 자신의 권리와 똑같은 권리를
이 땅에 서식하는 모두에게 양도하는 것이라오.

— Tatanka Yotanka, Sitting Bull

오논다가 족(뉴욕 주 북부 시라큐스 인근에 살고 있는 원주민 부족 – 옮긴이)의 거북이 씨족의 신앙지킴이 오렌 리옹(Oren Lyons) 추장은 그 씨족의 관습과 전통을 지키는 책임을 맡고 있으며 또한 그들의 메시지를 세상에 전하는 대표자다. 여기서 그는 자연의 영적인 법칙들과 그 법칙들의 절대적인 성격에 관해 말한다. 우리는 생활방식을 바꾸어야만 하며, 또한 어머니 지구에 맞서는 전쟁을 중단해야만 한다. 우리는 다시 한 번 어떻게 자연을 공경할 수 있으며 어떻게 감사하고 생명을 향유할 수 있는지를 배울 필요가 있다.

오렌 리옹

자연의 법칙에 귀를 기울이라

네야웬하 스칸노. 이 말은 "건강한 것에 대해 당신께 감사합니다."라는 뜻이다. 이런 인사말 자체는 아메리카 원주민들이 어떻게 생각하며 그들의 공동체가 어떻게 작동하는가를 보여준다.

당신에게 일어나는 일과 지구에서 일어나는 일은 우리에게도 일어나는 일이기 때문에, 우리는 공동의 이해관계를 갖고 있다. 우리는 어떤 방식으로든 권력을 가진 사람들로 하여금 그들이 가고 있는 방향을 바꾸도록 설득시키려고 노력해야만 한다. 우리는 보다 책임적인 방향을 선택할 필요가 있으며 또한 우리의 자녀들과 민족들을 위해 미래가 있다는 것을 확실히 하기 위해 미래의 현실들을 다루기 시작해야만 한다. 그런 일이 우리가 존재하는 이유다. 그런 일을 하는 것은 우리의 이익을 위해서만이 아니라 당신들의 이익을 위해서이기도 하다.

우리가 같은 인간으로서, 같은 종자로서 직면하고 있는 관심과 투쟁에서, 우리는 함께 힘을 모아야 하며 지금처럼 함께 만나고 생각을 나누고 배워야 한다. 그 모든 것은 의지에 달렸으며 당신의 가슴 속에 있는 것에 달렸다. 아메리카 원주민들이 오늘날까지 살아남은 것은 우리가 강한 의지를 갖고 있기 때문이다. 우리는 우리가 동화되어야 한다는 것에 대해 동의하지 않는다. 우리는 우리의 생활방식을 포기해야 한다는 것에 대해서도 동의하지 않는다. 그와 똑같은 의지가 당신의 가슴 속에도 틀림없이 있을 것이다. 미래가 없다는 것에 대해 당신이 동의하지 않는 의지 말이다.

나는 개인적으로 우리가 현재 돌아올 수 없는 지점에 도달했다고는 믿지 않지만, 그 지점에 다가서고 있다는 것은 믿는다. 돌아올 수 없는 지점에서부터 당신이 멀리 있을수록, 당신에게는 더욱 많은 선택의 여지가 있다. 우리가 매일 돌아올 수 없는 지점에 더욱 가까이 다가갈수록, 선택의 여지는 좁아진다. 그리고 우리가 전혀 선택의 여지가 없는 순간이 올 것이다. 더 이상 선택의 여지가 없게 될 것이다. 그 순간이 되면, 사람들은 모두 울부짖게 될 것이다. 쉐난도 추장은 나에게 "나는 큰 문제가 무엇인지는 모른다. 그러나 어찌 되었든 간에 너무 늦었다."고 말했다. 그래서 나는 "아저씨, 그게 무슨 말입니까?" 하고 물었다. 그는 "그러니까, 그들이 너무 많이 피해를 입혔다. 그들은 고난을 당할 것이다." 하고 말했다. 일종의 단순한 관찰이지만, 충분히 진실을 말한 것이다. 너무 많은 피해를 입혔으며 사람들은 고난을 당할 것이지만, 그는 오래전에 우리가 예언들을 통해 들었던 것, 즉 땅이 황폐하게 될 것이라는 예언에 대해 행동으로 실천하지 않았다. 땅이 어느 정도까지 황폐하게 될 것인지를 당신이 말할 수 있을 것이라고 우리는 들었다. 당신에게 경고할 두

가지 매우 중요한 체계가 있을 것이기 때문이라고 했다.

하나는 바람이 더욱 강해질 것이다. 바람은 더욱 강해지고 그 속도가 빨라질 것이라고 했다. 바람이 더욱 강해지는 것을 당신이 보게 될 때는 당신이 위험에 처한 것이다. 그들은 땅이 황폐하게 된 것을 아는 또 하나의 방법은 사람들이 그들의 자녀들을 대하는 방법을 통해서라고 말했다. 사람들이 자녀들을 대하는 태도를 잘 살펴보는 것은 매우 중요하며, 그 태도를 보면 땅이 황폐하게 바뀌고 있다는 것을 알게 된다고 했다. 오늘날 우리가 신문을 펼칠 때, 사람들이 온통 어린이들과 성을 착취하고, 집 없는 어린이들이 수백만 명에 이른다는 것을 알 수 있다. 우리에게 이것은 사람들이 얼마나 심각하게 타락했는지를 보여준다. 사회는 신경을 쓰지 않고 있다.

그래서 우리는 이런 신호들을 심각하게 받아들이고, 스스로 조직하고 최선을 다해야 한다. 우리는 함께 모여 서로에게 도덕적인 지원을 충분히 해서 집에 돌아가 다시 시작할 수 있어야 한다. 모든 일은 집에서 시작되기 때문이다. 바로 당신 집에서 시작하는 것이다. 당신에서부터 시작하고 그 다음에는 당신의 가족이 시작하는 것이다. 그 다음에는 당신의 가족으로부터 밖으로 나아가며 확대되는 것이다. 그것이 풀뿌리운동이다. 당신은 돌아가서 전하기 시작하고 더욱 고무되어 당신의 입장에서 보다 엄중하게 되어 사람들이 귀를 기울일 것을 주장하기 시작한다. 교육은 중요하며, 우리에게 무엇이 필요한지를 사람들에게 교육시키는 것은 대단히 중요하다.

자연세계의 영적인 측면은 절대적이다. 그 법칙들은 절대적이다. 모든 인간을 위한 우리의 가르침들은 서로 잘 어울리라는 것이다. 이런 법칙들이 무엇인지를 이해하라. 그 법칙들과 잘 어울려 지내고, 또한 그 법칙들을 지지하고 더불어 일하라. 옛날 어른들은 만일 우리가 그렇게 살면 생명이 무궁하다고 말했다. 생명은 계속되는 재생의 거대한 주기, 계속 재생하고 또 재생하는 위대한 생명의 강력한 주기 속에서 계속되기 때문이다.

만일에 당신이 그 재생에 어설프게 손을 대기를 원한다면, 만일에 당신이 그 생명의 주기를 방해하고 싶다면, 그것은 당신의 선택이지만, 돌아올 결과는 매우 혹독한 것일 수 있다. 왜냐하면 자연의 법칙들은 절대적이기 때문이다. 자연의 법칙에는 출정 영장(구속적부 심사를 위해 피구속자를 법정에 출두시키는 영장 – 옮긴이)이 없다. 당신은 방해를 하든가 아니면 하지 않든가 둘 중의 하나를 할 뿐이다. 방해를 한다면 당신이 그 대가를 치러야 한다. 이처럼 매우 단순한 것이다. 따라서 우리가 해야 할 일은 우리의 지도자들이 (정책을) 바꾸도록 만드는 일이며, 만일 그들이 바꾸지 않는다면, 우리는 더 훌륭한 지도자들을 세워야 한다. 당신 자신의 지도자들을 세워라. 훌륭한 지도자들을 세우는 일은 당신의 책임이다. 그들이 실질적으로 사태의 진전 방향을 바꿀 수 있도록 지도자들을 그 자리에 세워야 한다.

나는 오논다가 족 출신으로서, 우리가 사는 지역에서 누구나 씨앗을 심었을 때를 기억한다. 나는 말 잔등에 걸었던 쟁기들 뒤에 서 있었다. 당시에는 돌을 던질 나이가 되면 곧바로 쟁기를 잡았다. 쟁기를 잡는 일은 어려웠다. 나는 잘 기억한다. 힘든 일이었다. 씨앗을 심고 경작하는 일은 힘든 노동이다. 일찍 일어나야 하며 수많은 일을 감당해야 하지만, 품성을 기르는 데는 매우 좋은 훈련이다. 어른이 되고 또한 책임을 지게 되는 데는 더없이 좋은 훈련이다. 그러나 오늘날 다시 농업으로 되돌아가기는 어렵다. 그러나 농사를 지을 줄 아는 사람만이 먹을 수 있게 될 때가 반드시 올 것이다.

그 때가 멀지 않았다. 따라서 식량과 감사와 영적인 법칙을 중심으로 문명 전체를 세웠던 아메리카 원주민 모두는 다시 일어나야만 하며 또한 그것이 얼마나 중요한 것인지를 서로에게 상기시켜야만 한다. 모든 공동체들이 기도에 관해 말한다. 우리는 그것을 단지 기도라고 부르는 것이 아니라 항상 그것을 실천한다. 우리는 새벽 노래, 아침 예식들, 곧 다가올 감사의 노래들을 부른다. 여름 내내 감사를 노래하며 봄철 내내 감사를 노래한다. 우리의 모든 예식들은 감사다. 우리는 일 년 열두 달 감사의 노래를 부른다.

봄철에 나무에 수액이 오를 때 우리는 예식을 통해 감사한다. 나무들의 추장, 모든 나무들의 지도자인 단풍나무에게 감사한다. 모든 나무들에게도 감사한다. 씨앗을 뿌리며 감사한다. 첫 열매인 딸기들에게도 감사한다. 벌, 옥수수, 덜 여문 옥수수에게도 감사한다. 수확하면서 감사한다. 거기에는 공동체, 과정, 추장들, 씨족의 어머니들을 비롯해서 모두가 모인다. 가족들이 모인다. 당신은 무엇에 대한 공경을 어떻게 가르치는가? 우리는 감사를 드림으로써 가르친다.

우리는 그것을 해야만 한다. 우리는 감사하는 마음으로 살아야만 한다. 이것이 우리가 말하려는 것이다. 옛날 어른들은 우리에게 두 가지를 가르쳤다. 첫째는 감사하는 마음이 우리의 예식들이라는 것이다. 우리는 감사를 중심으로 부족을 건설했으며, 당신들도 그렇게 할 수 있다. 둘째는 인생을 즐기라는 것이다.

이것이 규칙이며 법이다. 당신은 인생을 향유하도록 되어 있다. 당신은 당신이 할 수 있는 만큼 일을 한 후에 일터에서 벗어나 인생을 즐긴다. 당신 자신을 그렇게 심각하게 받아들이지 말라. 그저 최선을 다 하면서 인생을 즐기면 된다. 이것이 당신과 내가 공동체를 이루는 길이다. 나는 (늙어가면서) 의기소침하게 되며 피눈물을 흘리게 되며 힘들게 어슬렁거릴 테지만, 사람들과 만나서 이야기를 나누며 모든 적극적인 에너지를 듣게 되면 다시 기운을 차리게 될 것이다. 나는 집에 돌아가, 저기에 착한 사람들이 한 무리 있는데 그들은 우리를 벗어나도록 돕기 위해 힘껏 애쓰고 있다고 말할 수 있다. 나의 부족 사람들에게 게으름을 떨쳐버리고 무엇인가 일을 하라고 말할 것이다. 오늘날 사람들이 게으른 것은 사실이다. 그들은 어떻게 일해야 하는지를 더 이상 알지 못한다.

세상이 이런 식으로 돌아가며 앞으로도 그럴 것이다. 힘든 노동은 무엇이든 해낸다. 그것이 관습법이었다. 그래서 나는 당신 자신을 새롭게 하고 우리 공동체 안에서 평화를 만들기 위해, 당신은 당신의 지도자들과 모든 사람들에게, 우리가 어머니 지구와 전쟁을 벌이는 한, 세상에 평화는 절대로 없다고 말해야 한다. 어머니 지구와 전쟁을 벌이는 짓은 파괴하며 타락시키며, 죽이는 짓일 뿐만 아니라 독을 바르는 짓이다. 우리가 그런 짓을 할 때, 우리는 평화를 얻지 못할 것이다. 첫 번째 평화는 당신의 어머니 지구와 평화롭게 지낼 때 찾아온다.

다나이토(이제 내 말이 끝났다).

이처럼 놀라운 날을 주신 하느님께 감사합니다.
나무들의 녹색 혼령들이 뛰는 것에 감사합니다.
하늘의 푸르른 진실한 꿈, 그리고
자연의 무한한 긍정의 만물을 주신 것에 감사합니다.

- E. E. Cummings

토마스 베리(Thomas Berry, 1914-2009) 신부는 지구 중심의 영성에서 가장 큰 영향을 끼친 사상가 중의 한 분으로서, 지구를 우리의 영성의 제일 중요한 원천으로 본다. "지구에 영성이 없다면, 우리들 자신 속에도 영성이 없다." 우리는 자연세계 속에서 찾아볼 수 있는 계시를 망각했다. 우리를 둘러싸고 있는 광활한 우주는 하느님의 일차적인 계시이다. 우리는 우주와 성스러운 방식으로 깊이 서로 연결되어 있는 데서 비롯되는 경이감을 회복할 필요가 있다.

토마스 베리

경이로운 세상

당신은 무엇을 보는가? 밤에 하늘을 올려다볼 때, 한밤중의 하늘에서 밝게 빛나는 별들을 볼 때, 당신은 무엇을 보는가? 동쪽 지평선 위로 새벽이 동터올 때 당신은 무엇을 보는가? 여름에 날이 저물어 새들이 서쪽으로 날아가거나, 가을에 잎사귀들이 갈색으로 변해서 바람에 휘날릴 때, 당신은 무슨 생각을 하는가? 저녁 바다를 바라보면서 당신은 무엇을 생각하는가? 당신은 무엇을 보는가?

옛 사람들 가운데 많은 이들은 이런 자연현상들 속에서 그 덧없는 현실 너머의 세계, 우리와 함께 하는 세계, 낮에는 태양과 구름이 그리고 밤에는 별들과 행성들이 놀라움 속에 상상으로 빚어내는 세계, 인간을 근원적으로 감싸 안는 세계를 보았다. 이 다른 세계는 수호자, 교사, 치유자였다. 이 세계는 인간이 그로부터 태어나고 양육되고 보호받는 원천이었으며, 또한 우리가 되돌아가는 운명이었다.

무엇보다도 이 세계는 인간이 위기의 순간들에 필요로 하는 영혼의 힘을 제공해주었다. 눈에 보이는 세계와 우주적 세계와 더불어 인간의 세계는 존재의 뜻 깊은 세 가지 공동체를 형성했다. 이것이 가장 분명하게 표현된 것이 공자의 사상인데, 공자는 인간이 하늘과 땅과 이루는 삼재(三才)의 한 부분이라고 보았다. 이런 우주적인 세계를 이루고 있는 힘들은 인간 세계와 관계를 맺는 인격들로 다루어졌다. 제례(祭禮)를 통해 인간들은 서로 간에 그리고 대지의 힘과 우주적인 힘들과 소통할 수 있었다. 이 셋이 함께 하나의 완전한 공동체인 우주를 형성했다.

인간은 스스로 이 우주의 중심에 자리 잡았다. 우주는 어디에서든 중심이 된다는 것을 이해했기 때문에. 이처럼 인간을 중심으로 삼은 것은 어디에서든 일어날 수 있었다. 예를 들어, 북아메리카 원주민들은 네 방향의 힘들에게 성스러운 파이프 연기를 바쳐서 성스러운 공간 안에서 자신들의 터전을 확보함으로써 그 힘들과 의식적으로 마주 대할 수 있었다. 그들은 사냥 나갈 때 그 힘들에게 안내를 구했으며, 전쟁 때는 강인함을, 아플 때는 치유를, 결정을 내릴 때는 지원을 간구했다. 이처럼 인간과 우주의 힘들과의 관계를 의식하는 것은 다른 문화들 속에서도 찾아볼 수 있다. 인도, 중국, 그리스, 이집트, 로마에서도 성스러운 중심을 표시하기 위해 기둥들을 세웠는데, 이런 기둥들은 인간의 일들을 위한 준거점이 되었으며 또한 하늘과 땅을 함께 묶어주는 것이었다.

또한 계절의 변화에 따라 태양, 대지, 바람, 물, 나무, 동물들이 가져다주는 선물들을 통해 삶을 유지하게 된 것에 대해 차례로 돌아가면서 그 다양한 힘들에게 개인적인 감사를 표현하여 인간 공동체들이 자신들의 위치를 확인하는 다른 제례들도 있었다. 분명히 이들은 우리들과는 달리 세상을 보는 이들이다.

우리는 이 세상 만물의 깊은 실재와의 연결성을 잃어버렸다. 결과적으로 우리는 지금 아무것도 거룩하지 않으며, 아무것도 성스럽지 않은 황폐한 대륙 위에 서 있는 우리 자신을 발견한다. 우리는 더 이상 본래적인 가치를 지닌 세계, 경이로운 세계, 손때 묻지 않고 결딴나지 않고 사람이 사용한 적이 없는 세계를 갖고 있지 않다. 우리는 모든 것을 사용했다. 지구를 '개발'함으로써 우리는 지구를 새로운 불모지로 만들었다. 과학자들은 우리가 지구의 역사에서 여섯 번째의 대멸종기 한복판에 있다고 말한다. 6천 5백만 년 전에 공룡들이 멸종한 이래로 생명체들이 오늘날처럼 대규모로 멸종당한 일은 한 번도 없었다.

우리 앞에 있는 단 하나의 문제는 생존이다. 단지 육체적인 생존만이 아니라, 봄에는 제비꽃이 피어나고 별들이 그 모든 신비 가운데 빛을 발하는 성취하는 세계, 살아 있는 세계, 의미 있는 세계 속에서 생존하는 것이 문제다. 다른 문제들은 그 중요성이 줄어들고 있다. 법, 통치, 종교, 교육, 경제, 의술, 과학, 예술 분야에서 그렇다. 이런 분야들이 무질서하게 된 것은, 우리가 알고 있다, 우리가 이해한다, 우리가 본다고 우리 스스로에게 말했기 때문이다. 실제로 우리가 보는 것은 이 땅에 살았던 우리 조상들처럼 착취할 수 있는 대륙이다.

우리가 약 500년 전에 이 대륙에 처음 도착했을 때, 우리는 유럽의 군주정부와 그 충성과 굴종의 세계에서 도망칠 땅을 보았다. 여기 우리들 앞에는 풍요의 땅, 우리가 소유해서 원하는 만큼 사용할 수 있는 땅이 있었다. 우리가 군주의 지배에서 벗어나게 되자, 우리는 모든 것의 지배자가 되었다. 우리는 뉴잉글랜드의 스트로부스 소나무 숲을 보았는데, 지름이 1.8미터나 되는 그 소나무들을 보면서 우리는 목재로 만들 생각을 하기에 바빴다. 우리는 경작하기 위한 목초지를 보았으며 또한 수많은 물고기들이 가득한 강들을 보았다. 우리는 대륙을 바라보면서 마치 그 대륙이 선택된 민족에 의해 착취를 기다린다고 생각했다.

우리가 이 대륙에 처음 정착했을 때, 우리는 가장 종교적인 사람들이며 우리의 정치적 전통들에서 가장 자유롭고, 우리의 대학들에서 가장 학식이 있으며, 우리의 기술 분야에서 가장 능력이 있으며, 모든 경제적 이득을 착취하기 위해 가장 잘 준비된 사람들이라고 생각했다. 우리가 이 땅에 정착한 것은 이 대륙을 위한 하느님의 축복이라고 생각했다. 실제로는 우리가 무고한 대륙 위에서 가장 약탈적인 사람들이었다.

우리가 미국의 "명백한 운명"을 생각할 때, 우리는 어떤 현자가 우리의 참된 역할에 관한 충고를, 이 대륙의 바닷가에 처음 도착한 유럽인들에게 그런 명백한 운명을 가르쳐주었다면 좋았을 것이라고 생각한다. 우리는 지난 500년 동안 생명을 잘 가꾸는 종자가 되기 위한 안내를 받았다면 좋았을 것이다. 우리가 이 대륙의 바닷가에 처음 도착했을 때, 우리는 우리들 자신과 서양 문명의 전체 진행 방향을 이 대륙에서 보다 온전하게 존재하는 방향으로 적응시킬 독특한 기회를 갖고 있었다.

그런 방향으로 적응하는 대신에 우리는 계몽주의 철학자들의 권고를 따랐는데, 그들은 자연을 통제할 것을 촉구했다. 즉 프란시스 베이컨(1561-1626)은 인간의 노동이 땅을 가치 있게 만드는 유일한 길이라고 주장했으며, 르네 데카르트(1596-1650)는 물질의 세계로부터 인간의 의식적인 자아를 분리시키도록 촉구했다. 1776년에 우리가 독립선언서를 선포했을 때는 아담 스미스(1723-1790)의 《국부론》에 담긴 충고를 받아들였는데, 이 책은 오늘날까지 경제에 엄청난 영향을 미쳤다. 우리의 정치적 독립은 자연세계에 대한 경제적 지배를 위한 이상적인 상황을 마련해주었다.

성서 전통의 상속자들로서 우리는 지구가 우리에게 속한 것이라고 믿었다. 우리는 이 대륙이 그 자체의 법칙들을 갖고 있으며 우리가 그 법칙들에 순종할 필요가 있다는 사실을 전혀 이해하지 못했다. 또한 이 대륙은 우리가 이해할 필요가 있는 자체의 계시 경험을 갖고 있다. 우리는 최근에야 비로소 지구의 위대한 생명 공동체에 대해 생각하기 시작했다. 우리는 이 대륙을 지배하는 원초적인 법칙들에 복종해야만 한다는 생각을 여전히 잘 하지 못하고 있으며, 가장 작은 곤충들부터 하늘을 나는 거대한 독수리까지, 이 땅의 모든 생명체들을 공경해야만 한다는 생각을 잘 하지 못하고 있다. 우리는 산맥과 강, 숲과 목초지, 사막과 해변의 장엄함 앞에서 머리 숙여야 하는 우리의 의무를 깨닫지 못하고 있다.

이 대륙의 원주민들은 우리에게 대지의 가치를 가르치려고 노력했지만, 불행하게도 우리는 그들을 이해하지 못했으며, 우리의 명백한 운명이라는 꿈에 사로잡혀 눈이 멀었다. 대지의 가치를 깨닫기는커녕 우리는 모욕감을 느꼈는데, 그 이유는 원주민들이 근면하게 노동하기보다는 차라리 단순하게 살라고 주장했기 때문이다. 우리는 원주민들에게 우리의 방식을 가르치려 했을 따름이지, 그들이 그들의 방식을 우리에게 가르칠 수 있다는 생각은 전혀 하지 못했던 것이다. 우리가 정착하도록 안내한 원주민들에게 항상 의존했지만, 우리는 성스러운 땅, 성스러운 공간 속으로 들어가고 있다는 생각을 결코 하지 못했다. 우리는 그들처럼 이 땅을 경험했던 적이 없었던 것이다. 일차적으로 우리가 사용하기 위해 존재하는 땅이 아니라 우리가 공경하고 서로 교제하도록 존재하는 땅이었는데 말이다.

르네 데카르트는 우리에게 개똥지빠귀가 노래하는 것이나 늑대가 내달리는 모습, 혹은 엄마 곰이 새끼들을 끌어안는 데는 아무런 살아 있는 원리가 없다고 가르쳤다. 송골매가 하늘 높이 솟아오르는 것에도 아무런 살아 있는 원리가 없다는 것이다. 우리가 서로 교제할 것도 없으며 공경할 것도 없다는 것이다. 꿀벌은 단지 꽃에서 화밀(花蜜)을 모아 꿀로 만들어 벌집을 유지하는 것이며, 단풍나무는 단지 수액을 내주는 수단에 불과하다는 것이다. 유명한 과학자가 표현한 것처럼, "우리의 모든 상상력과 풍요함과 능력에도 불구하고 우리는 박테리아들의 군락, 핵을 지닌 세포들로 이루어진 구성단위에 불과하다."[2]는 것이다.

이처럼 우주에 대한 환원주의적이며 또한 역학적인 견해들에 맞서기 위해, 우리는 우리의 보는 능력, 우리의 비전을 회복할 필요가 있다. 떼이야르 샤르뎅(1881-1955)은 《인간의 현상》 첫머리에서 이렇게 말한다. "생명의 전부는 보는 것에 있다고 말할 수 있다. 이 때문에 생명계의 역사는 더욱 완벽한 눈이 정교하게 된 역사로 볼 수 있다... 보든가 아니면 멸망한다. 이것이 존재의 신비한 선물을 통해 우주의 모든 요소들에게 주어진 상황이다."[3] 우리는 이 땅 전체를 보기 시작할 필요가 있다. 이 대

---

2) Margulis, Lynn, and Sagan, Dorion, *Microcosmos: Four Billion Years of Microbial Evolution* (Berkeley: University of California Press, 1997), p. 191.

3) Teihard de Chardin, Pierre, *The Human Phenomenon*, trans. Sarah Appleton-Weber (Eastbourne, East Sussex: Sussex Academic Press, 1999), p. 3.

륙을 보기 위해서는 우리가 동쪽의 아팔라치아 산맥과 서쪽의 로키 산맥 사이에 놓여 있는 중앙의 대계곡에 서 있는 우리 자신을 상상할 필요가 있을 것이다. 여기서 우리는 광활한 미시시피 강에 놀랄 것인데, 그 강은 이 계곡을 지나 대륙 남쪽의 엄청난 만(gulf)으로 들어간다. 그 지류로서 북서쪽에서부터 흘러내리는 미주리 강을 포함하여 이 거대한 물줄기는 지구상에서 가장 큰 강 중 하나인데, 동부의 뉴욕과 아팔라치아 산맥에서부터 서부의 몬태나와 로키 산맥까지 거의 대륙 전체에서 물을 받아낸다.

이 지역에는 대평원이 포함되는데, 인디애나로부터 미시시피 강에 이르는 큰 초원과 그 강을 건너 산맥들에까지 펼쳐지는 짧은 초원이다. 이 지역은 특별한 방식으로 경의를 표해야 할 지역이다. 미시시피 강 서쪽은 지구에서 그 흙이 가장 깊고 비옥한 지역 중 하나다. 다른 지역들에서는 흙의 깊이가 대략 몇 센티미터 정도이지만, 이 지역은 몇 미터에 이른다. 오랜 세월 동안 산맥들에서 씻겨 내려온 돌들이 흙으로 만들어진 것이다. 수많은 사람들이 이 지역에 의존해 살아간다. 이처럼 귀한 토양은 조심스럽게 돌보아야만 한다. 이 지역에서 생산되는 밀과 옥수수의 교역 중심은 19세기 초에 뉴욕에서 시작되었지만, 점차 서쪽으로 확대되어 지금은 지평선 너머로까지 펼쳐진 캔자스의 경작지에 둘 수도 있다.

우리가 미시시피 유역에서 서쪽으로 향하면, 이 대륙의 신비와 모험과 약속을 체험할 수 있다. 동쪽으로 향하면, 이 대륙의 역사, 정치적 지배와 상업적인 관심들을 경험할 수 있다. 서쪽으로는 하늘을 찌를 듯한 삼나무, 세쿼이아, 전나무, 소나무가 무성하며, 동쪽으로는 떡갈나무, 너도밤나무, 플라타너스, 단풍나무,

가문비나무, 포플라, 솔송나무들이 무성하다. 이 모든 숲들과 이 대륙을 둘러싸고 있는 바다는 경이로운 세계를 증언한다.

우리는 또한 사막이나 높은 산에, 혹은 해변에도 갈 수 있으며, 아마도 생전 처음으로 동녘 하늘이 붉게 물드는 것을 볼 수 있을 것이다. 처음에는 지평선 위로 희미하게 붉은 광채가 점점 타오르다가 마침내 거대한 황금빛 태양이 떠오른다. 저녁에는 서쪽에서 불타는 석양을 볼 수도 있다. 또한 먼 하늘에서부터 내려온 별들, 우리가 발꿈치를 들고 손을 뻗치면 손에 닿을 듯 가까이 있는 별들을 볼 수도 있다.

그리고 우리는 계절의 변화를 보기 시작할 수도 있다. 봄이 깨어나기 시작하면 데이지 꽃들이 초원을 뒤덮으며 말채나무들이 그 연한 꽃을 피우기 시작한다. 여름철 폭풍우가 지평선 위에 쏟아지고 번개가 하늘을 가로질러 요란한 불빛 무늬를 만들 때 우리는 공포의 순간을 경험할 수 있는데, 그런 순간들에는 어둠이 우리를 깊은 숲 속에 감싸버리는 것을 느끼게 되거나 우리 주변의 세상이 엄청난 힘들을 퍼붓는 것을 경험하게 된다. 우리가 이 모든 것을 바라볼 때, 우리는 미래로 들어가는 우리의 길을 상상하기 시작할 수 있을 것이다.

이 미래와 관련해서 우리는 두 가지 점을 지적할 수 있다. 첫째로, 지구 행성은 단 한 번만의 프로젝트라는 점이다. 사실상 두 번째 기회는 없다. 많은 것이 치유될 수 있는 이유는 지구가 비록 제한되어 있기는 하지만 그 회복력이 엄청나다는 점 때문이다. 지구는 결코 과거의 모습으로 되돌아갈 수 없을 것이다. 우리가 지구를 황폐하게 만든 방식은 이전에는 결코 일어났던 적이 없었던 방식이다. 과거의 대멸종 사태들에서는 땅 자체가 여전히 변화될 가능성을 지니고 있었지만, 지금은 그럴 가능성이 훨씬 더 희박하다. 둘째로, 우리는 지구의 과정을 너무 깊이 방해해왔고 그 원초적인 힘을 쇠약하게 만들었기 때문에, 지구는 더 이상 그 자체의 힘으로 지구의 과정을 계속할 수 없게 되었다. 우리는 훨씬 더 포괄적인 방식으로 지구의 미래에 몰두해야만 한다.

만일 우리가 지구의 생명체들을 보호하고 돌보지 않는다면, 미래에는 지구에서 생명이 발전할 가능성이 거의 없다는 것이 명백하다. 이 일을 위해서는 우리 영혼의 깊은 곳에서 변화가 일어나야만 한다. 우리는 기술이 필요하지만, 이 일은 기술로 될 일이 아니다. 우리의 기술은 우리를 배반했다. 이 일은 성스러운 모험이며 야생의 세계에 의지할 일이다. 우리가 필요로 하는 변혁은 자연 보호론자 알도 레오폴드(1887-1948)가 자신이 쏜 총에 맞아 죽어가는 늑대의 눈에서 사위는 불빛을 보았을 때 경험했던 것과 같은 변혁이다. 그 순간 이후로 그는 자신이 이 대륙에 초래한 참화를 보기 시작했다. 우리는 레오폴드처럼 야생의 세계 자체가 그 자체의 존재를 위한 새로운 생명력의 원천이라는 것에 대해 눈을 뜰 필요가 있다. 창조적인 것은 야생의 세계이기 때문이다. 헨리 데이비드 소로우(1817-1862)가 말한 것처럼, "세계의 보존은 야생에 있다."4) 야생의 세계에 대한 이런 경험을 통해 얻게 되는 교감을 통해 우리는 그 놀라운 아름다움을 느끼는데, 그런 교감은 그 현실에 대한 파악 너머에 있는 것으로서 거룩하고 성스러움을 가리키는 것이다.

---

4) Thoreau, Henry David, *Walking: A Little Book of Wisdom* (New York: Harper Collis, 1994), p. 19. 이 글은 원래 그가 죽은 후에 *Atlantic Monthly*에 발표되었다.

우리의 우주는 성스러움을 가장 잘 드러내는 실체다. 이런 깨달음은 코스모스, 즉 우주 전체나 그 한 부분을 이해하는 지적인 방법을 확립하는 데 근본적인 깨달음이다. 그렇기 때문에 만물의 기원에 관한 이야기는 가장 중요하게 영혼을 살찌우는 원리, 원초적인 어머니의 원리로 경험되었으며, 인간의 의식이 발전하던 최초의 단계에서 위대한 어머니(the Great Mother)라고 불렸던 것이다. 원주민들은 그 기원에 관한 이야기를 옥수수 어머니(the Corn Mother) 혹은 거미 부인(Spider Woman)으로 경험했다. 옥수수 어머니를 경배하는 이들은 아기의 요람에 옥수수수염을 놓아 그 아기가 자신의 존재의 깊이를 느끼기 위해 필요한 평화와 안전을 마련해준다. 그 순간부터 그 아기는 자궁의 따스함과 안전으로부터 벗어나 인생의 냉랭하며 변화하는 세계로 들어간다. 옥수수수염은 성스러운 현존(presence)이며 축복이다.

우리는 이 성스러운 품 안에서 안전한 것이 단지 인간 세계만이 아니라 지구 전체라는 것을 기억해야만 한다. 우리는 인생의 전 과정을 통해 이런 안전과 이런 현존을 필요로 한다. 이런 성스러움은 깊은 경이감을 불러일으킨다. 우리가 무엇인가를 알 수는 있지만, 우리가 아는 것은 오직 사물의 그림자뿐이다. 밤바다에 나가 해변에 혼자 서 있을 때, 우리는 성난 파도가 점점 더 높아지다가 결국에는 그 한계를 넘지 못하고 다시 내부의 평화로 되돌아가고 달이 그 파도를 잔잔한 현존으로 다시 부르는 것을 볼 수 있다. 우리가 한 순간이라도 깨닫게 되는 비전도 마찬가지다. 잠시 후에는 사라지고, 만물을 하나로 끌어안는 현존에 대해 더욱 깊은 깨달음으로 다시 되돌아올 따름이다.

매일 사제들은 그 법을 세밀하게 살펴보고
복잡한 경전들을 끊임없이 노래한다.
그러나 그 일을 하기 전에 사제들은
바람과 비, 눈과 달이 보낸
사랑의 편지들을 읽는 법을 배워야 한다.

- Ikkyu

선불교 승려이며 시인이자 평화운동가인 틱낫한(Thich Nhat Hanh) 스님은 우리에게 지구를 파괴시키는 꿈에서 깨어나라고 촉구한다. 우리가 마음을 모으는 일을 통해 우리의 집단적 의식을 바꿀 수 있으며, 우리의 행성의 운명을 결정할 능력을 우리에게 줄 수 있기 때문이다.

틱낫한

마음을 모으라는 종소리

　마음을 모으라는 종소리가 울리고 있다. 지구 전역에서 우리는 홍수, 가뭄 그리고 대규모 산불을 겪고 있다. 북극에서는 빙하가 녹고 있으며, 막강한 태풍과 폭염으로 인해 해마다 수천 명씩 죽어가고 있다. 숲은 빠르게 사라지고, 사막은 넓어지고, 매일 종자들이 멸종하고 있지만, 우리는 여전히 그 종소리를 무시한 채 소비를 계속한다.
　우리 모두는 우리의 아름다운 녹색의 행성이 위험에 빠졌다는 것을 알고 있다. 우리가 지구 위에서 살아가는 방식이 동물들과 식물들에게 엄청난 영향을 끼쳤다. 그러나 우리는 마치 우리의 일상생활이 세계의 상태와는 아무런 관련이 없는 것처럼 행동한다. 마치 몽유병 환자들처럼 우리가 무슨 짓을 하는지, 혹은 우리가 어디로 가고 있는지를 알지 못한다. 우리가 깨어날 수 있는가 없는가는 우리의 어머니 지구에 마음을 모으고 살아갈 수 있는가에 달려 있다. 우리 자신의 생명을 포함해서 모든 생명의 미래는 우리가 마음을 모으고 걷는 것에 달려 있다. 우리는 지구 전역에서 울리고 있는 마음을 모으라는 종소리를 들어야 한다. 우리의 자녀들과 손주들을 위해 미래가 가능한 방식으로 살아가는 방식을 배우기 시작해야만 한다.

나는 오랫동안 부처님과 더불어 앉아서 지구온난화라는 전 지구적 문제에 관해 그의 가르침을 듣고자 했다. 그의 가르침은 매우 분명하다. 만일에 우리가 이제까지 살아왔던 것처럼 미래에 대한 아무런 생각 없이 숲을 파괴하고 위험할 정도로 많은 양의 이산화탄소를 방출하면, 끔찍한 기후변화는 불가피하다. 우리의 생태계의 상당부분이 파괴될 것이다. 해수면은 더욱 높아질 것이며 해안 도시들은 물에 잠길 것이며, 수억 명의 난민들이 집을 떠날 수밖에 없게 되어, 전쟁과 전염병이 창궐할 것이다.

우리는 집단적인 각성이 필요하다. 우리들 중에는 이미 깨어난 사람들이 있지만 아직은 충분하지 않다. 대부분의 사람들이 아직 잠들어 있기 때문이다. 우리는 통제할 수 없는 체제를 만들었다. 그 체제는 우리를 노예들로 만들고 희생자들이 되게 한다. 우리들 대부분이 집, 자동차, 냉장고, 텔레비전 등을 갖고 싶어 하는데, 그러기 위해서는 우리가 우리의 시간과 삶을 희생해야 한다. 우리는 항상 시간에 쫓기고 있다. 예전에는 우리가 차를 마실 시간이 있었으며, 고요하며 영적인 분위기에서 친구들과 함께 하는 즐거움을 누릴 수 있었다. 정원에 난초 한 송이가 피어난 것을 축하하기 위해 파티를 열기도 했다. 그러나 오늘날에는 우리가 더 이상 그런 일을 할 시간이 없다. 우리는 시간이 돈이라고 말한다. 우리가 사는 세상에서는 부자들이 더욱 큰 부자가 되고 가난한 사람들은 더욱 가난하게 되며, 또한 우리는 당장의 문제들에 워낙 사로잡혀 있어서 인류의 다른 가족들이나 우리의 행성 지구에 무슨 일이 벌어지는가에 대해 생각할 여유가 없다. 닭장 속에 갇힌 닭들이 곡식 몇 알을 놓고 싸우지만 몇 시간 내에 모두 죽게 될 것이라는 사실을 모르고 있듯이 말이다.

중국, 인도, 베트남을 비롯해서 개발 도상국가들의 사람들은 여전히 '아메리칸 드림'을 꿈꾸고 있는데, 모두가 자기 소유의 자동차, 은행계좌, 이동전화, 텔레비전 세트를 갖는 그 꿈이 마치 인류의 궁극적 목표인 것처럼 생각한다. 앞으로 25년이 지나면, 중국 인구는 15억이 될 것인데, 그들 모두가 자기 소유의 자동차를 운전하고 싶어 한다면, 중국은 매일 9천9백만 배럴의 원유를 필요하게 될 것이다. 지금 세계가 하루에 생산하는 원유는 8천4백만 배럴에 불과하다. 따라서 중국, 인도, 혹은 베트남 사람들에게 아메리칸 드림은 불가능하다. 아메리칸 드림은 더 이상 미국인들에게도 가능하지 않다. 우리는 계속해서 이런 식으로는 살 수 없다. 지속가능한 경제가 아니기 때문이다.

우리는 다른 꿈을 꾸어야만 한다. 형제애와 자매애의 꿈, 서로 사랑하는 친절함과 자비의 꿈을 꾸어야 한다. 이런 꿈은 지금 여기에서 당장에 가능한 꿈이다. 우리는 법(Dharma)을 갖고 있으며, 수단도 갖고 있으며, 이런 꿈을 살아낼 충분한 지혜도 갖고 있다. 마음을 모으는 일은 깨어남, 각성의 핵심에 자리잡고 있다. 우리는 숨 쉬는 훈련을 통해 현재의 순간에 존재함으로써 우리들 속에서 그리고 우리들 주변에서 일어나는 일들을 인식할 수 있다. 만일에 우리들 속에서 일어나는 일이 절망이라면, 우리는 그것을 알아차리고 즉시 대응해야 한다. 우리는 그런 정신 상태를 직면하고 싶지 않을 수는 있지만, 그것은 현실이며 또한 우리는 그것을 변화시키기 위해 그 현실을 인정해야만 한다.

우리는 지구온난화에 관해 절망에 빠질 필요는 없다. 우리는 행동할 수 있기 때문이다. 만일에 우리가 한 장의 탄원서에 서명하고 잊어버린다면, 별 도움이 되지 않는다. 우리는 개인적 차원과 집단적 차원에서 긴박한 행동을 취해야만 한다. 우리 모두는 평화 속에서 살고 또한 환경적으로 지속가능한 세상에서 살 수 있기를 염원한다. 그러나 우리들 대부분이 아직 갖고 있지 않은 것은 우리의 일상생활 속에서 지속가능한 삶을 현실로 만들려는 구체적인 방식들이다. 우리는 스스로를 조직하지 않았다. 우리는 우리가 먹는 물을 오염시키는 화학물질들에 대해, 우리 동네에서 벌어지는 폭력에 대해, 수많은 인명피해를 내는 전쟁에 대해 우리의 정부들과 기업들을 비난만 할 수는 없다. 지금은 우리들 각자가 깨어나서 우리 자신의 삶 속에서 행동을 취할 때다.

우리는 주변에서 벌어지는 폭력과 부패와 파괴를 목격하고 있다. 우리 모두는 우리가 매일 보는 미신, 잔인성, 권력의 남용을 통제하기에는 우리의 법들이 충분히 강력하지 않다는 것을 알고 있다. 우리를 깊은 절망에 빠지지 않도록 막아줄 수 있는 것은 오직 신앙과 결기뿐이다.

불교는 가장 강력한 형태의 휴머니즘이다. 불교는 우리로 하여금 책임감, 자비심, 그리고 사랑하는 친절함을 갖고 살아가는 방법을 배울 수 있게 도와준다. 모든 불교도들은 환경의 보호자여야 한다. 우리는 우리 행성의 운명을 결정할 힘을 갖고 있다. 만일에 우리가 우리의 참된 상태에 대해 눈을 뜬다면, 우리의 집단적 의식에 변화가 생길 것이다. 우리는 사람들이 깨어 일어나도록 하기 위해 무엇인가를 해야만 한다. 우리는 부처님을 도와서 꿈속에 사는 사람들을 깨우도록 해야만 한다.

초록빛으로 살아가도록 만들어진 사람들 속에
지금은 더 이상 어떤 종류의 생명도 없다.
오로지 시들어버린 불모지뿐이다.
바람에는 정말로 끔찍한 악과 이기적인 행동들의 악취가
넘친다. 폭풍우들이 위협한다. 공기는 사람들의 더러운 냄새를
뿜어댄다. 대지를 상처내지 말라.
대지를 파괴하면 안 된다.

– Hildegard von Bingen

케냐에서 열린 〈지구평화 여성 지도력〉 모임에서 우간다의 부간다 족 추장인 타말레 브오야(Tamale Bwoya)는 그가 전날 밤에 꾸었던 꿈 이야기를 들려주었다. 그 꿈은 지구의 운명이 균형에 달려 있으며, 부정적인 행동들을 계속하면 지구 위의 생명을 파괴시킬 것임을 계시한 꿈이었다. 그는 꿈에서 세계 전역에서 모인 그 사람들은 절박한 시대에 지구를 치유하고 구원할 성스러운 책임을 맡고 있는 새로운 '추장들'이라는 말을 들었다.

타말레 브오야

케냐 라이키피아의 계시

2012년 3월 4일 새벽 세 시쯤, 나 타말레 브오야 추장은 "추장, 깨어나라!"는 소리에 잠이 깼다. 나는 일어나서 천막 안에 있는 침상에 앉았다.

자연이 그 스크린을 올렸다. 그 스크린 위에서 나는 판결을 내릴 배심원들을 보았다. 그 피고석에는 세상의 모든 인종들의 사람들이 있었는데, 그들 각자는 똑같은 옷을 입었지만 그 색깔만 달랐다. 그들은 판결을 기다리고 있었다. (이 사람들은 지상의 사람들이 각각 지구에서 잘못한 것들에 대해 직접적으로 책임이 있는 사람들의 청사진이었다.)

그 목소리는 다시 말했다. "세상은 추장들의 손에 맡겨졌지만, 그들은 많은 일을 하지 못했다. 너는 인류가 자연과 관계를 회복시킬 준비가 되어 있다고 보증할 수 있는가?"

내 속에서는 사람들이 자연의 생명에 대해 취했던 태도들을 바꾸기는 매우 어려운 것처럼 보였다. 식물 왕국과 동물 왕국이 파괴되고, 또한 근대화, 과학적 발명, 사회 정치적 탐욕과 증오로 인해 생태계 전체가 파괴되고 있다. 나는 대답할 수 없었다. 대신에 내 눈에서는 눈물이 흘러내리기 시작했다. 나의 내면 깊은 곳에서, 나는 인간의 행동들과 실수들에 대해 죄의식을 느꼈다.

피고석을 차지하고 있는 사람들에게는 똑같은 기회들과 판결이 내려졌다. 매우 흥미롭게도, 특정한 인종의 잘못들이 물통 속의 저울 위에서 모두 합해져서, 인류가 개별적인 인종 단위 별로 판결을 받는 것이 아니라 전체로서 판결을 받게 되었다. 판결 배심원들은 좀 더 높은 위치에 앉아 있었고, 지구는 멀리 밑에서 약간 어둡게 보였다. 왼편에는 모두 눈처럼 흰 옷을 입은 여인들(케냐에 살고 있는 인도의 여인들처럼)이 있었지만, 그 머리에는 아무것도 쓰고 있지 않았다. 이 여인들은 기록하느라 매우 분주했다. 그들은 인간이 지구에서 행한 일들을 기록하는 것처럼 보였으며, 그 점수들이 자동적으로 저울에 반영되었다.

그 물통 속의 저울은 인간의 모든 긍정적이며 부정적인 활동 모두를 기록하며, 각 인종들의 영향은 그 인종과 상관없이(아프리카인이든, 인도인이든, 유럽인이든) 저울의 눈금에 직접 변화를 가져올 수 있었다.

그 물통 속의 저울은 인간의 활동 전체를 기록하고 있었다. (긍정적 + 부정적 = 저울 눈금의 변화). 그 물통 속의 저울은 물이 넘치는 눈금이 있어서, 그 눈금에 닿으면 물이 넘치는데, 단 한 방울만 넘쳐도 판결을 내리는 배심원들에게 눈에 보이지 않는 엄청난 힘을 미쳐 인류와 모든 야생의 생명체들을 사라지게 할 것이다. 그 눈금에 이르면, 어느 특정 인종이 자연을 더욱 많이 파괴시키거나 덜 파괴시킨 것과는 상관없이 모든 인류가 유죄판결을 받아 사라지게 될 것인데, 제일 먼저 판결의 배심원들부터 사라지기 시작해서 인간이 감독하고 돌보는 야생 생명체들이 그 뒤를 이어 사라지게 될 것이다.

그 시점에 이르면 세상의 모든 나쁜 것들과 핏자국과 증오 같은 것들이 깨끗이 없어질 것이다. 지구의 산맥들과 생명이 없는 물질들은 인간과 함께 유죄판결을 받지 않을 것이다. 대신에 모든 것은 자동적으로 그 원래의 형태들과 장소들로 되돌아갈 것이다. 인간은 그냥 사라질 것이며 또한 모두는 얇은 공기 속으로 사라질 것이다. 더 이상 자동차나 고층건물들을 볼 수 없을 것이다. 지구상에서 더 이상 핵무기 군사기지들이나 비행기들을 볼 수 없을 것이다. 세상은 그 본래의 형태로 되돌아갈 것이다. 모든 야생 생명체들과 인간이 만든 물체들도 함께 사라질 것이다.

물통 속의 저울에서 물이 넘치는 눈금에 이르기까지는 현재 공간이 별로 남아 있지 않다. 인류가 환경(자연)을 파괴시키는 속도를 계속 유지한다면, 몇 년 지나지 않아 인류는 더 이상 살아남지 못할 것이다. 유일한 기회는 만일 인류가 오늘 그 생활방식을 바꾸어 자연과 환경을 존중함으로써, 그 눈금이 자동적으로 내려가고 인류에게 보다 큰 기회를 주는 경우만 남아 있다.[1]

---

1) 역자주: 2014년에 벚꽃이 두 주 빨리 피고 한반도 중부지방에서 장마가 실종되고 폭염과 가뭄이 계속되는 사태는 기후붕괴가 시시각각 악화되고 있음을 뜻한다. 권 다이어(2010)만이 아니라 나오미 오레스케스(2014) 교수에 따르면, 가뭄은 식량난과 기아사태와 식량 폭동으로 이어지게 되어, 25년 후부터는 식량과 물의 배급제 실시, 열대성 질병의 확산, 해충의 증가로 인한 숲의 파괴, 주민들의 대규모 이주와 페스트 창궐, 사회적 무질서로 이어져, 결국 정부 전복 운동과 계엄령 선포를 통한 파시즘 국가로 귀결될 가능성이 크다. 또한 최근의 연구 결과에 따르면, 21세기 말까지 그린랜드 빙하와 남극 빙하가 녹아내려 해수면이 7미터 상승할 것으로 예상된다. 그러나 생태 위기가 악화될수록 그 위험성을 경고하는

잠시 침묵한 후에, 나는 "누가 추장들입니까?" 하고 물었다. (왜냐하면 처음에 나는 세상이 추장들의 손에 맡겨졌다는 말을 들었기 때문이다.) 나는 세계 전역에서 라이키피아 자연 보호 모임에 참석한 남녀들의 모습을 보았는데, 그 목소리는 다시 "**저 사람들이 너희 세대의 추장들이다.**"라고 말했다.

잠시 침묵한 후에, 나는 자연이 그 스크린을 닫는 것을 보았으며, 얼마 후 나는 침상에 누워 자려고 했지만 깊은 생각에 사로잡혔다. 그 목소리는 다시 말했다. "**그 메시지는 너를 위한 것이 아니다. 너는 그것을 기록하여 사람들에게 전해주어야만 한다.**"

나는 다시 일어나 작은 횃불을 켜고 그 메시지를 기록했다.[2]

기후 및 생태 과학자들에 대한 에너지 재벌들과 정부의 압력은 더욱 커지고 있다. 세계 굴지의 재벌들은 주로 석유재벌들과 자동차 제조회사들이기 때문이다. 처음에는 이런 재벌들이 전략무기를 개발하던 유명한 과학자들을 동원하여, 산업문명에 의한 기후변화 자체를 부인하는 다양한 전략을 구사했다. 재벌의 지배를 받는 대형 언론들도 "공정한 보도"를 명분으로 기후변화에 대한 의심을 여론화하는 데 크게 기여했다. 에너지 재벌들은 석탄과 석유 대신에 이산화탄소 배출량이 화석연료의 절반에 달하는 천연가스를 거쳐 재생 에너지로 전환할 수 있다고 선전함으로써 재생 에너지로의 전환을 가능한 한 늦추는 한편, 점차 법 제정을 통한 직접적 압력을 넣기 시작했다. 2011년 브리티쉬 페트롤리움(BP)의 원유 유출 사건이 초래한 피해를 조사한 과학자들의 연구 결과들이 법적으로 압류되는 사건이 발생했다. 과학자들의 연구 범위와 방법에 대한 법적인 제한 조치도 시작되었다. 대표적인 것이 2011년 미국 하원 법안 819호, 즉 "해수면 상승 부인 법안"(Sea Level Rise Denial Bill)이며, 2012년에 통과된 "정부 지출 책임법"(Government Spending Accountability Act)으로서, 정부 기관의 과학자들은 자신들의 연구 결과를 발표하는 회의에 참석하는 것에 제한을 받게 되었다. 조만간 기후붕괴를 경고하는 과학자들에게 경제발전에 위협이 된다는 혐의를 뒤집어 씌워 처벌하는 법이 통과될 것이다. 결국 개인과 기업의 자유를 위해 정부의 규제와 간섭을 최대한 철폐한 신자유주의로 인해 권력은 상위 1%에 집중되고 마침내는 개인과 기업의 자유가 극히 제약을 받는 파시즘 체제가 되어 상위 1%의 생명과 권력을 지키는 체제가 될 가능성이 크다. Naomi Oreskes and Erik M. Conway, *The Collapse of Western Civilization*, (New York, NY: Columbia University Press, 2014), pp. 11-12, 24-26, 30, 49.

2) 이 비전에 대한 보다 긴 설명과 이미지를 보기 위해서는 www.spiritualecology.org/article/revelation-laikipia-kenya를 보라.

내게 심장을 주어
나는 감사함을 쏟아낼 수 있다네.
내게 생명을 주어
나는 세상의 구원을 위해 일하면서
내 평생을 살 수 있다네.

- Sheikh Ansari of Herbat

존 스탠리(John Stanley)와 데이비드 로이(David Loy)는 과학적인 현실주의와 참여 불교의 생태적 메시지를 결합시켜서, 우리의 지구를 위한 새로운 이야기를 제시하는데, 지구 이야기는 그 중심에 사랑과 연기(緣起)가 자리잡고 있다.

존 스탠리 & 데이비드 로이

지붕 끝에서: 인간 영혼의 진화상의 위기

우리는 통제할 수 없는 체제를 만들었다. 그 체제는 우리를 노예들로 만들고 희생자들이 되게 한다. 우리가 사는 세상에서는 부자들이 더욱 큰 부자가 되고 가난한 사람들은 더욱 가난하게 되며, 또한 우리는 당장의 문제들에 워낙 사로잡혀 있어서 인류의 다른 가족들이나 우리의 행성 지구에 무슨 일이 벌어지는가에 대해 생각할 여유가 없다. 닭장 속에 갇힌 닭들이 곡식 몇 알을 놓고 싸우지만 몇 시간 내에 모두 죽게 될 것이라는 사실을 모르고 있듯이 말이다. - 틱낫한

구석기시대부터 인류 문화는 살아 있는 세계와 맺고 있는 성스러운 관계를 표현하는 제례들(rituals)을 지켜왔다. 왜 이런 영적이며 생태적 본능들이 우리의 선조들에게는 반드시 지켜야 할 가치를 지녔는가? 도대체 왜 현대 사회에서는 그런 영적이며 생태적 본능들과 만나기가 그처럼 어려운가? 왜 인류는 자연에서부터 생성되었으며 또한 자연에 의존해 있을 뿐 아니라 자연으로 되돌아간다는 것을 기억하는 것이 그처럼 어렵게 되었는가?

자연세계와 친근함을 느끼는 것이 우리의 자연스러운 상태다. 이런 사실은 어린이들이 온갖 종류의 식물들과 동물들을 보며 기뻐하고 매혹당하는 것에서 분명히 드러나는데, 이처럼 자연세계를 음미하는 것이 어린이들에게만 국한된 것은 물론 아니다. 자연을 사랑하고 깊은 영적인 체험을 하는 것과 우리의 도덕적 감각 사이에는 밀접한 연관성이 있다. 그것은 인간 정신의 핵심적인 부분이다. 그것은 우리에게 말을 잃게 할 수도 있다.

'영혼'과 '영적'이라는 말을 사용한다고 해서 우리가 종교적 신념체계나 초자연적인 어떤 것을 뜻하는 것은 아니다. 우리가 영적인 동물이라는 사실을 뜻하는 것이다. 다윈(Darwin) 이후에는 (종교적 근본주의자들을 제외하고) 누구든지 우리의 생물학적인 진화의 계보를 무시하는 것이 더 이상 불가능하다. 우리는 인간 영장류들이다. 우리는 지구 위에서 지배적인 동물이다. 우리는 또한 인간의 경험을 갖고 있는 영적인 존재이기도 하다.

그렇다면 도대체 왜 '인간 제국'(human empire)은 그처럼 걱정될 만큼 생태학적으로 과잉 초과한 상태에 도달하게 되었는가? 분명하며 당혹스러운 사실은 이른바 우리의 지도자라는 사람들 혹은 통치자들이 인간이 살 수 있는 미래를 만들기 위해 필요한 조치들을 취하는 데 동의하지 않을 것이라는 사실이다. 그러는 동안에 언론사들은 과학적 진실들이나 해결책들에 관해 우리에게 알려주지 않았다. 매스컴과 광고는 그 해결책이 더욱 많은 기술과 향락주의에 있다고 선전한다. 매스컴은 과도한 개인주의를 부추겨서 공동체가 해체되고 있을 정도이다. 이처럼 모든 것이 너무나 인간의 딜레마에 빠져 있는 상태에서 시인 루미(Rumi)의 충고는 그 어느 때보다도 더욱 적절한 것처럼 보인다.

앉아서, 조용히, 귀를 기울여라.
너는 술에 취해 있고
우리는 지붕의 끝에 있기 때문이다.

나누어진 뇌와 그 결과들

직관적인 정신은 성스러운 선물이며 합리적인 정신은 충성스런 하인이다. 우리는 하인을 명예롭게 대접하는 세상을 창조했지만, 그 선물은 망각해버렸다.

– 알베르트 아인슈타인

《주인과 심부름꾼》(The Master and his Emissary)에서 신경심리학자 이언 맥길크리스트(Iain McGilchrist)는 풍부한 과학적 증거들을 통해 다음 두 가지 현실은 우리의 뇌가 두 개의 반구(半球)로 이루어져 있다는 사실 때문이라고 주장했다. 대뇌(大腦) 반구들은 특수화되어 있으며 그 각각은 몸의 반대편 신경을 통제한다. 호모 사피엔스의 25만 년의 역사에서, 대뇌 반구들은 생산적인 공진화의 오랜 역사를 갖고 있다. 총괄적이며 감정을 이입하는 우뇌는 직관, 공감, 관계성과 창조성에 맞추어져 있다. 좌뇌는 우리에게 언어학적 의식, 수학, 주로 사용하는 손을 통제하여 복잡한 도구들을 만들게 한다.

맥길크리스트는 우리의 우뇌와 좌뇌 사이의 진화적 관계가 왕국을 사심 없이 통치하는 현명한 영적인 주인의 이야기와 닮았다고 주장한다. 즉 자신의 왕국의 먼 지역들을 정부 관리들이 잘 통치하는지를 직접 감독할 수 없다는 사실을 깨닫고 그 주인은 그 일을 자신의 가장 총명한 심부름꾼에게 맡긴다. 그러나 시간이 지나면서 그 야심 많은 심부름꾼은 자신의 목표와 가치들을 가장 우선시한다. 마침내 그는 충분한 권력과 지위를 얻어 사람들을 속이고 그 주인을 옥에 가둔다. 결과는 폭정이며 마침내 붕괴되고 파멸된다.

이런 반구들 사이의 내부적인 권력투쟁은 서양역사에서 일어난 일을 암시한다. 이것이 좌뇌의 언어적 사고와 계산과 기술이 포괄적으로 승리하게 된 것이다. 그 결과 이른바 계몽주의, 뉴턴 역학과 석탄에 의한 산업혁명을 초래했다.

우리가 지금 살고 있는 세상은 좌뇌가 건설한 세상으로서, 좌뇌는 옛날의 세계의 혼(*Anima Mundi*)과 그 역학 모델을 대체해버렸다. 좌뇌가 몰입하는 경쟁과 통제가 제도화되었다. 그것이 우리의 생활방식이 되었다. 우뇌가 관심을 기울이는 공감의 관계와 폭넓은 비전은 주변적인 지위로 쫓겨났다. 20세기는 좌뇌가 전 지구적인 제국을 건설하려는 프로젝트였던 것으로 이해할 수 있다. 그 프로젝트는 석유, 광고, 소비주의를 동력으로 삼은 산업의 성장경제를 통해 진행되었다. 이처럼 두뇌의 한 쪽만이 권력과 이득을 차지하려는 야심은 너무나 우리를 중독시키는 것이어서 지금 우리는 "지붕의 끝에" 서 있게 된 것이다.

뇌의 두 반구 사이의 차이점은 우리로 하여금 아시아의 영적 전통, 즉 작은 자아와 큰 자아 사이의 관계에 대한 영적 전통과 비교하도록 초대한다. 예를 들어, 대승불교와 불이일원론(不二一元論) 베단타 철학은 모두 우리를 제한시키는 보통의 에고-자아(ego-self)와 무제한적 '원 자아'(*original self*)를 구분한다. 에고-자아의 특징은 아인슈타인이 "(타인과) 분리되어 있다는 시각적 환상"이라 부른 것이다. 그러나 우리는 그런 환상에 사로잡혀 있을 필요는 없다. 실제로 인간 영혼의 진화상의 위기에 대한 핵심은 우리가 더 이상 그런 환상에 사로잡힌 채로는 살아남을 수 없다는 점이다. 다행스럽게도 에고-자아는 다시 길들일 수 있으며 보다 포괄적 정체성을 발전시킬 수 있다. 나는 단지 나 자신 이상이다. 나는 당신과 연결되어 있다. 나는 우리의 한 지체다.

우리가 완전히 참여하는 방식으로 묵상할 때, 우리는 시간에 대한 감각을 잃어버린다. 그럴 때 두뇌는 새로운 신경 조직망을 만들어낸다. 두뇌의 기능과 구조 모두가 변하는 것이다. 이런 변화가 실시간 두뇌 스캐닝 장치에서는 보다 커다란 조화를 이루는 복잡성으로 나타난다. 생물학적 진화는 실제로 영적 진화의 반영으로 일어난다.

이런 발견들은 개인적인 변화의 길을 따르는 이들 모두에게 중요한 의미를 지닌다. 이것은 또한 만일 인류 문명이 "지붕 끝에서" 안전하게 내려오려면 반드시 필요한 사회 변혁을 위해서도 중요하다. 우리의 원 자아는 전체 생명계를 포함하고 있다는 점을 인식해야만 한다. 이처럼 통전적인 세계관에 기초한 이런 종류의 공감이 가장 중요하다. 만일 이런 공감이 없다면, 우리는 이미 시작된 생태적 및 사회적 붕괴에서 살아남지 못할 것이다.

기후는 모든 것을 변화시킨다

만일 지구온난화를 통해 섭씨 6도가 상승하면, 인류를 포함해서 지구 생명체 종자들의 95%가 멸종할 것이다. 이미 다섯 차례 대멸종이 벌어졌으며, 이번이 여섯 번째 대멸종이다. 불교 전통에 따르면, 출생도 없고 죽음도 없다. 멸종 이후에는 사물들이 다른 형태들로 나타날 것이다. 그러므로 당신은 우리 인류가 단 백 년 만에 지구에서 사라질 수 있다는 사실을 깨닫기 위해 매우 깊게 숨을 들이마셔야 한다. 당신은 절망에 압도당하지 않은 채 이 엄연한 사실을 받아들일 방법을 배워야만 한다. 이 때문에 우리는 들숨과 날숨을 통해 현재의 순간 속에서 영원과 접촉하는 방법을 배워야만 한다. - 틱낫한

2012년에 세계는 불길한 문지방을 넘어섰다. 대기 중의 이산화탄소 농도가 400ppm을 넘어선 것이 북극 지역의 관측소들에서 기록되었다. 이것은 인류가 농업과 문명을 발전시킬 수 있었던 지난 12,000년 동안의 최대 농도보다 최소한 50ppm이 높은 것이다. 또한 2012년에는 북극해의 빙하가 1990년 여름보다 55% 더 녹아내렸으며, 미국은 장기간의 대규모 가뭄으로 인해 밀과 콩 생산량이 대폭 줄었다. 다시 말해서, 엄청난 기후변화가 "새로운 정상적인 것"이 되었다.

특히 북극지방과 관련하여, 영국의 선임 기후학자인 케임브리지대학교의 피터 와드함스 교수는 북극의 빙상이 2016년 여름에는 모두 사라질 것 같다고 경고했다. 이것은 대부분의 과학자들이 예상하는 것보다 10년이나 앞당겨진 것이다. 북극지방에서 기온이 상승하면 "양성 피드백"을 촉발시켜서 시베리아 동토대를 녹게 만들어 오래된 메탄가스를 방출시키게 된다. 메탄가스처럼 강력한 온실가스가 새로 방출되면 지구 기후의 임계점에 도달할 수 있다. 틱낫한 스님이 정확하게 지적한 것처럼, 이제는 지구온난화로 인해 섭씨 6도 상승할 가능성을 더 이상 배제할

수 없게 된 현실이다.

언론 회사들과 화석연료 산업(세계에서 가장 대표적인 굴지의 대기업들이다 - 옮긴이)이 공모하여 진실을 은폐하고 선전에서 승리하고 있다. 그들이 승리함으로써 전 지구적으로 농업을 황폐하게 만들고 있다. 메리 로빈슨과 데스몬드 투투 대주교와 같은 분들은 제3세계의 가난한 사람들이 지난 몇 년 동안 그 영향을 받고 있다고 지적하고 "기후 정의"(climate justice)를 요청했다. 이제 분명해진 사실은 현재 진행되고 있는 기후변화가 농업에 끼치는 영향은 전 세계적으로 계속해서 더욱 악화될 것이라는 사실이다. 대기권의 화학적인 구성은 부자 나라들이나 가난한 나라들이나 똑같이 영향을 끼친다. 안정된 기후(인류 역사에서 오직 지난 7천 년 동안 - 옮긴이)가 인류에게 주었던 것들을 지구온난화가 모두 빼앗아 가는데, 첫째는 농업이며 그 다음에는 인류 문명이다.

이제까지 인간의 모든 세대들이 자연스럽게 가졌던 확신은 **우리의 자녀들이 우리의 미래**라는 확신이었다. 그런데 도대체 어떻게 오늘날처럼 전 지구적으로 문명화된 사회가 세대간의 정의를 배반하는 전대미문의 몽유병 환자들의 사회가 될 수 있단 말인가? 우리가 스스로에게 물어볼 필요가 있는 질문은 도대체 누구의 이익을 위해서 우리가 인간이라는 종자의 미래와 맺은 오래된 계약을 희생시키고 있는가 하는 질문이다. 도대체 왜 우리는 사실을 직시할 용기를 갖지 못하고 있으며, 또한 화석연료 산업이 지배하는 것에 우리의 운명을 내맡기고 있는가? 이런 종류의 진정한 도전을 통해 인간의 영혼이 다시 활력을 찾게 될 것이다.

위대한 생물학자 에드워드 윌슨은 우리의 진화적인 유산의 결과로 나타난 세 가지 중요한 특성이 인간이라는 종자의 성격을 규정한다고 결론지었다. 한 집단 내의 자연선택은 자기에 대한 관심을 선호했다. 그러나 집단들 사이의 자연선택은 협동과 이타주의라는 공감의 특성을 선호했다. 그런 특성 때문에 인간의 영혼과 인간의 두드러진 사회적 지성이 발전한 것이다. 개인 안에서 그리고 사회 안에서도, 이런 본능적 행동들 사이의 투쟁은 불가피하다. 그러므로 모든 사회들은 자기중심성을 억제하거나 그 방향을 돌리기 위한 사회화의 규칙들을 발전시켰다. 그러나 인간의 탐욕과 공격성을 억제하기 위해 사용되었던 오래된 종교적 상징들은 더 이상 오늘날의 최첨단 광고 산업과 경쟁할 수 없다. 자기에 대한 관심을 역사상 그 어느 시대보다 칭찬하는 소비주의는 끝없는 경쟁을 위한 정신적 환경을 만들어낸다. 소비주의는 공감, 이타주의, 협동정신을 파괴하고 있다.

그러나 인간은 동물들 가운데 가장 사회적인 동물이다. 우리의 이타주의적인 본능이 너무 강하기 때문에, 그 본능을 표현하기 위한 크고 더욱 가치 있는 영역을 창출했는데, 예컨대 의술, 교육을 비롯해서 타인들을 돕는 직업들이다. 이타주의적인 활동은 개인의 면역체계를 강화시키고 수명을 증가시킬 수 있는 가장 유력한 요인들 가운데 하나다. 그러므로 우리가 집단을 위한 자기희생에 대해 큰 예식을 통해 영예롭게 만드는 것은 전혀 놀랄 일이 아니다. 이타주의와 협동은 인간의 생존을 위한 두 가지 핵심 요인들이다.

기후 혼란은 여러 인권, 즉 식량, 물과 위생, 사회적 및 경제적 발전에 대한 권리에 엄청난 위협이 되고 있다. 최근에는 인권에 대한 재판이 기후변화를 우리의 권리들에 대한 당장의 위협으로 간주해야 한다는 주장이 제기되었다. 또한 인권선언문에 입각하여 협조해야 할 의무를 부과해야 한다는 것이다. 정부들에게는 화석연료 회사들과의 부패한 관계를 끝내도록 요구해야 한다. 정부들은 전쟁을 준비하는 규모와 속도로 탄소 이후 사회(post-carbon society)를 건설할 각오를 해야 한다. 이런 점은 우리가 필요로 하는 모든 기술을 이미 우리가 갖고 있다는 사실을 세계 전역에서 기술자들이 이미 확증해주었다는 점에 근거할 수 있다. 기후는 모든 것을 변화시키기 때문에, 현재와 같은 전 지구적 위기상황은 인권선언에 새로운 조항을 덧붙여 인간이 안전한 기후에 대한 권리를 갖고 있다고 명시할 필요가 있다.

우리 시대의 지배적인 기관은 더 이상 종교, 정부, 혹은 대학이 아니다. 전 지구적인 기업체들이다. 기업체들의 행동에 관해 면밀하게 조사한 보고서들을 보면, 그들의 행동은 사이코패스의 특징들과 비슷하다. 타인들에 대한 공감이 전혀 없는 상태다. 물론 모든 기업체들이 마치 사이코패스처럼 작동하는 것은 아니다. 그러나 세계 굴지의 화석연료 재벌들은 부, 권력, 파괴적인 의도를 두루 갖춘 참으로 위험한 원흉들이다. 그들은 기후과학을 훼손하기 위해 막대한 돈을 사용하며, 정치제도들을 타락시키고 정부들을 부패시킨다. 이처럼 구조적인 문제를 해체할 힘을 우리는 도대체 어디에서 찾을 수 있는가? 톰 하르트만을 비롯한 많은 학자들은 그런 기업체들의 특허권을 취소하고 수정해야만 한다고 주장했다. 도대체 왜 직무태만을 일삼는 회사들이 공공선과 지구를 파괴함으로써 막대한 이윤을 얻는 법적인 특허권을 갖고 있는가?

진화생물학은 이타주의, 협동, 도덕적 존재라는 것이 자기에 대한 관심의 범위를 확대시킨 특별한 원천들이었다는 사실을 밝혀주었다. 이것을 통해 우리는 더욱 큰 그림을 그릴 수 있다. 그 그림은 지금 지구상의 모든 복잡한 생명체들의 생존에 관심을 기울이고 있다.

우주는 진화 과정이다

우주는 현상의 세계에서 유일하게 자기를 지시하는 실재다. 우주는 컨텍스트가 없는 유일한 텍스트다.

— 토마스 베리

대부분의 종교는 진화에 대해 불편하게 생각한다. 진화는 종교 자체의 창조 이야기를 특히 문자적으로 이해할 때, 서로 양립하지 않는 것처럼 보이기 때문이다. 그러나 만일에 종교들이 오늘날 현실적합성을 지니려면, 생물학적 진화를 받아들이고 또한 그 진화의 영적인 차원과 의미에 초점을 맞출 필요가 있다.

대부분의 과학자들 역시 과학적 유물론이라는 제한적 신념을 갖고 있다. 이 특정한 도그마와 권위주의적인 종교 사이에는 수백 년 동안 권력투쟁이 진행되었다. 그로 인해 초래된 문화 전쟁은 우리의 실제적인 진퇴양난의 곤경을 혼란스럽게 만든 지엽적인 사태 가운데 하나다. 인류 자신의 멸종을 포함해서 모든 생물체들의 멸종이라는 전대미문의 위기에 직면해서, 우리는 과학적 모델 속에 의미와 정신을 다시 되돌릴 필요가 있다. 오늘날 인류는 단지 종교나 과학이 혼자서 일방적으로 제공했던 삶의 진실보다는 더욱 깊은 의미의 진실을 제공받을 자격이 있다.

우리가 밤하늘을 올려다보면, 별들 사이의 공간이 검은 것처럼 보이지만, 전파망원경으로 보면 그 공간에는 희미한 배경의 적열(赤熱)이 담겨 있는 것을 볼 수 있는데 이것은 우주의 초단파 배경 발광(發光)이다. 이것은 빅뱅 당시 우주가 폭발할 때 방출된 원초적 빛이다. 그 빛이 우주적인 유물로 살아남았는데, 우주는 137억 년 전에 시작된 이후로 계속 확대되어 왔기 때문이다.

우리의 우주는 하나의 진화적 과정이다. 우주는 점진적으로 원자로부터 별들로, 그리고 태양계로, 그리고 마침내는 우리가 살고 있는 지구처럼 독특한 행성으로 더욱 복잡한 단계로 진화해왔다. 우주가 지구처럼 모든 생명체들의 세계를 창출했다는 것은 놀라운 일이 아닌가? 한편 지구 위에서는 다양한 생태계의 생물학적 진화를 거쳐, 수백만 종자들과 그 수를 헤아릴 수 없는 엄청난 개체 생명체들이 생성되었다. 또한 인간이라는 종자는 문화적 진화를 발전시켰다. 문화적 진화의 특수한 경우가 탁월성, 창조성, 숙달과 지혜를 발전시킨 것인데, 이런 특질들은 붓다, 바흐, 간디, 아인슈타인처럼 고도로 진화한 인간들 속에서 찾아볼 수 있는 특질들이다.

전 지구적인 생태학적 위기는 동시에 인간이라는 종자의 결정적인 영적 위기이기도 하다. 우리는 하나의 종자로서 "성장하거나 아니면 깨끗이 사라지라!"고 도전받고 있다. 우리의 오래된 사회적 패턴들은 개인적인 행복을 타인들의 행복과 경쟁하도록 만들었다. 인류의 미래에 관해 협의하기 위해 개최되는 지구적 차원의 정상회담들이 보여주는 것처럼, 민족국가의 이익은 여전히 인류라는 집단의 행복을 빼앗아간다. 그러는 동안에 인류가 생태학적 과잉이라는 새로운 현실은 우리가 세계의 전체 생명계와 얼마나 철저하게 서로 의존되어 있는가를 보여준다. 우리가 자연세계로부터 분리되어 있다는 온갖 종류의 낡은 이야기들은 우리가 지금 직면한 전대미문의 위기사태를 초래했다.

지금 우리가 받고 있는 도전은 최상의 과학과 비이원론적인 최상의 영적 전통들(불교, 불이일원론 베단타 철학, 도교, 이슬람 수피와 기타 신비주의 전통)을 결합시켜 새로운 이야기를 창조하는 일이다. 우주를 창조하신 하느님의 이원성보다 더욱 깊이 바라보며, 지상의 윤회로부터 우리가 벗어날 수 있는 열반의 이원성보다 더욱 깊이, 그리고 과학적 유물론의 이원성보다 더욱 깊이 바라볼 때, 우리는 우주가 스스로 인식하는 창조적 과정이라는 사실을 깨달을 수 있다. 이처럼 순수한 창조적 잠재력은 우리들 안에도 있다. 그 잠재력은 우리의 제한시키는 정체성과 인간 조건의 게임들로부터 깨어나 스스로를 해방시킬 수 있다.

지붕 끝에서 우리는 예민하게 마음을 모을 필요가 있다. 우리는 우리의 가치들을 알 필요가 있다. 그래야 우리가 명료하게 되고 올바른 결정을 내릴 수 있다. 선불교의 틱낫한 스님은 참여불교라는 말을 만들었다. 그는 사랑과 연기(緣起)가 생태적 영성의 핵심이라고 다음과 같이 지적한다.

우리가 어머니 지구의 덕성, 재능, 아름다움을 깨달을 때, 우리들 속에서는 무엇인가 태어난다. 일종의 연기(緣起)와 사랑이 태어난다. 우리는 서로 연결되기를 원한다. 그것이 사랑의 의미다. 하나가 되는 것이다... 그러면 당신은 지구의 이익을 위해 무슨 일이든 할 것이며, 또한 지구는 당신의 행복을 위해 무슨 일이든 할 것이다.

당신이 보는 삼라만상은
그 뿌리가 보이지 않는 세계에 있으니
그 형상들은 변할 수 있지만 그 본질은 똑같다오.
모든 황홀한 광경은 사라질 것이며
모든 달콤한 말도 시들어버릴 테지만
슬퍼하지는 말아요.
삼라만상이 생겨난 원천은 영원하여
자라나고 새로운 줄기를 뻗고
새로운 생명과 새로운 기쁨을 주니까요.
당신은 왜 우시나요?
그 원천이 당신 안에 있고
이 세상 전체가 그로부터 솟아나는데
원천은 가득하고 그 물은 언제나 넘쳐흐르는데
슬퍼하지 말고 충분히 마셔요.
그 원천이 마르게 될 거라고는 생각지 말아요.
끝없는 바다니까요.

- 루미

저술가이며 학자인 메리 에블린 터커(Mary Evelyn Tucker)와 수리 우주론자 브라이언 토마스 스윔(Brian Thomas Swimme)은 지구와 우주의 펼쳐지는 이야기에서 인간의 역할에 초점을 맞추고 있다. 우리의 현재의 위기는 이 이야기에서 우리의 위치에 대한 새로운 의식으로 전환되는 과정에 속한다. 우리가 우주와 지구와 맺고 있는 근본적인 관계에 대해 깨닫는 것이 우리로 하여금 우리 공통의 미래를 위한 책임을 지도록 도와줄 것이다.

메리 터커 & 브라이언 스윔

우주 안에서 인간 역할의 진화

현재 진행되고 있는 광범위한 환경 파괴, 기후변화, 인간의 잠재력을 말살하는 빈곤, 사회적 불평등, 무제한의 군사주의 등, 전 지구적인 위기들이 서로 연결되어 있는 도전들이라는 점을 생각하면, 생태계의 번창함과 진정한 지속가능한 발전을 방해하는 장애물들이 정말로 막강하다는 것을 알게 된다.

이처럼 가공할 만한 도전들 한복판에서, 폴 크루첸이 인류대(人類代, Anthropocene)라고 이름붙인 시대에,[1] 우리는 진화 역사의 다음 단계로 나아가도록 부름받고 있다. 이 새로운 시대는 우리의 의식과 가치들의 변화, 우리의 세계관과 윤리를 확장시킬 것을 요구한다. 진화 과정 중에 있는 생명의 추동력은 우리 자신을 고립된 개인들과 서로 경쟁하는 민족국가들로 보는 것에서부터 벗어나 우리가 하나의 종자로서 공통적인 기원 이야기를 갖

---

[1] Crutzen, P. J., The effects of industrial and agricultural practices on atmospheric chemistry and climate durring the Anthropocene, *Journal of Environmental Science and Health*, Part A 37, 423-424 (2002).

고 있을 뿐만 아니라 공동 운명을 지닌 집단으로서 존재한다는 사실을 깨닫게 한다. 인간 공동체는 이제 엄청난 다양성 속에서 우리의 본래적인 통일성을 깨닫게 되었다. 그리고 매우 특별한 것은 우리가 이런 통일성이 진화 과정 자체의 역동성으로부터 생겨난 것임을 볼 수 있는 기회를 얻게 되었다는 것이다. 다윈의 《종의 기원》이 발표된 이후 지난 150년 동안, 우리는 우주와 지구의 진화2)에 관한 과학적 이야기를 처음으로 발전시켜왔다.3) 우리는 여전히 그 이야기의 큰 의미, 즉 우리가 이 우주적 진화 과정과 근원적으로 연결되어 있는 의미를 새롭게 발견해나가고 있다.

1966년에 처음으로 우주에서 찍은 지구의 사진을 보게 되었을 때, 인류는 지구라는 행성에 속해 있다는 새로운 인식을 갖게 되었다. 그뿐 아니라 진화에 대한 우리의 지식이 계속 확장됨으로써 우리는 생명계 전체에 대한 인식을 갖게 되었다. 우리는 오랜 세월이 지나면서 펼쳐지는 진화의 능력을 통해서 생명체들이 더욱 복잡해지고 의식이 더욱 발달하는 과정 속에 우리가 포함되어 있다는 것을 느끼기 시작했다. 우리 몸의 요소들과 모든 생명체들의 요소들은 초신성(超新星, supernova)의 폭발로부터 생성되었다. 우리는 또한 진화가 변이(變移)과정들을 거쳐서 일어나는데, 예를 들면 무기물로부터 유기물로, 단세포 유기체로부터 식물, 동물로 발전하는 과정으로서, 이런 과정이 우주와 지구와 인류의 진화 과정 전체에 걸쳐 일관되게 발생했다는 사실도 깨

---

2) Christian, D., *Maps of Time: An Introduction to Big History*, (Berkeley: University of California Press, 2005).
3) Brown C. S., *Big History: From Big Bang to the Present*, (New York: New Press, 2007).

닫게 되었다. 그런 변이과정들은 위기를 만나 발생하며, 엄청난 대가를 지불하면서 또한 창조성의 새로운 형태들을 낳는다. 우리 시대의 핵심적 현실은 우리가 지금 그런 변이의 순간을 지나고 있다는 점이다.

이 순간을 중심으로 인간을 임의적이며 목적이 없는 우주 속에 고립된 존재로 보는 과거의 패러다임에 대해 도전하는 새로운 의식이 깨어나고 있다. 텔루스 연구소의 폴 라스킨은 이런 현실을 위대한 변이(Great Transition)라고 불렀으며,4) 심층생태학자이며 시스템 이론가인 조애나 메이시는 위대한 전환(Great Turning)이라고 불렀다.5) 많은 사상가들은 우리의 의식이 점진적으로 초개인주의와 독립성을 가치 있게 여기는 것으로부터 광범위한 규모로 상호의존성과 친족관계를 받아들이는 것으로 변화하고 있다고 주장한다. 이것은 시간이 좀 걸릴 것이지만, 생태과학자들은 우리에게 생명계의 상호연결성을 보여주고 있다. 계몽주의가 가치 있는 것으로 주장했던 생명, 자유, 행복의 추구는 이제 그 내용이 바뀌고 있다. 생명은 이제 지구의 온생명을 포함하며, 개인의 자유는 공동체에 대한 책임을 요구하며, 행복은 물질적 재화 이상을 뜻하는 것으로 정의되고 있다.6) 보다 큰 공동선에 대한 의식이 생겨나고 있는데, 그것은 지구 행성의 미래에 대한 의식과 지구의 취약한 생명계에 대한 의식이다.

이런 의식을 통해, 우리는 서로 경쟁하던 민족국가가 지배하던 시대로부터 지속가능하며 다문화적인 지구적 문명의 시대로

---

4) Great Transition Initiative [online], www.gtinitiative.org.
5) Macy, J., *The Great Turning*, (Berkeley: Center for Ecoliteracy, 2007).
6) Layard, R., *Happiness: Lessons from a New Science*, (New York: Penquin, 2006).

나아가고 있다. 그런 전환은 비록 투쟁과 갈등을 드러내지만, 〈우주의 여정 Journey of the Universe〉에 대한 우리의 새로운 인식 속에서 이루어지고 있다.7) 지속가능성을 모색하는 작업에 헌신하는 백만 개 이상의 조직들은 이런 변화를 단적으로 보여준다. 이런 조직들은 폴 호켄이 《축복받은 불안》에서 지적한 것처럼 모든 차원에서 생겨나고 있는데, 국제적 차원과 국가적 차원만이 아니라 생태지역 차원과 마을의 차원에서도 조직되고 있다.8)

우주론적 컨텍스트: 진화와 멸종

지난 세기 동안에 과학의 여러 분야들이 함께 직조하여, 137억 년 전에 시작된 역사적 우주의 이야기를 만들어내기 시작했다. 윌슨은 이 이야기를 진화의 서사시(the Epic of Evolution)라고 불렀으며,9) 에릭 체이슨은 우주적 진화(Cosmic Evolution)라고 불렀다.10) 이 우주 이야기의 중요성이 인간에게 동터오기 시작한 것은 우리가 그 전개되는 과정의 굉대함과 복잡성에 대해 눈을 뜨기 시작했기 때문이다.

인류 사회가 이 이야기를 접할 수 있게 됨과 동시에, 우리는 지구 전역에서 벌어지고 있는 다차원적인 환경 위기와 급속도로 진행되는 멸종과 서식지 파괴에 대해 깨닫게 되었다.11) 우주가

---

7) Journey of the Universe [online], www.journeyoftheuniverse.org.
8) Hawken, P., *Blessed Unrest: How the Largest Social Movement in History is Restoring Grace, Justice, and Beauty to the World*, (New York: Penguin, 2008).
9) Wilson, E. O., *Consilience: The Unity of Knowledge*, (New York: Vintage, 1999).
10) Chaisson, E. J., *Cosmic Evolution: The Rise of Complexity in Nature*, (Cambridge, MA: Harvard University Press, 2002).

진화해온 굉대한 시간을 우리가 깨닫게 된 것처럼, 이 굉대한 과정에서 우리가 얼마나 뒤늦게 도착했는지를 깨닫고 있다. 지구가 이토록 풍성한 생명을 내기까지 40억 년이 넘게 걸렸다는 사실을 우리가 깨닫게 된 것처럼, 생명계가 미래에 번창하는 것을 지금 우리가 얼마나 빠르게 파괴하고 있는가에 대해서 깨닫기 시작했다.

그러므로 우리는 이제 한 발 물러서서 우리의 우주론적인 컨텍스트에 순응할 필요가 있다. 만일 과학적 우주론이 우리에게 우주의 기원과 펼쳐짐에 대한 이해를 일깨워준다면, 과학적인 우주론에 대한 철학적 성찰은 우리에게 이 우주 안에서의 우리의 위치에 대한 의식을 일깨워준다. 만일에 우리가 다른 생명체들을 멸종시키고 우리 자신의 둥지를 파괴함으로써 그 이야기에 철저하게 영향을 끼친다면, 이것은 우리의 윤리적 민감성이나 성스러움에 대한 우리의 감각에 어떤 의미를 갖는가? 과학이 생명의 그물이 복잡하게 얽히고설킨 것을 드러냄으로써 우리는 비록 부분적으로는 무의식적으로라도 그 그물을 풀어내고 있다는 것을 깨닫게 되었다. 최근까지 우리는 경제 발전과 급속한 산업화를 추구한 것이 얼마나 해로운 결과를 초래했는지를 완전히 깨닫지 못하고 있었다.

우리가 이 복잡한 생태계 속에 얼마나 깊이 뿌리박고 있는지, 또한 우리가 얼마나 다른 생명체들에게 깊이 의존하고 있는가를 깨닫기 시작하면서, 우리는 하나의 종자로서 우리 자신의 존속

---

11) Steffen, W., Rockstrom, J., & Constanza, R., How defining planetary boundaries can transform our approach to growth, *Solutions* [online] 2(3)(May 2011), www.thesolutionsjournal.com/node/935.

의 기초를 파괴하고 있다는 사실을 깨닫게 되었다. 생물학이 진화에서 다양한 종자들이 펼쳐내는 보다 완벽한 그림과 생태계에서 종자들이 차지하는 독특한 생태적 지위(ecological niche)12)를 드러냄으로써, 우리는 진화 과정 속에서 우리 자신의 생태적 지위에 대해 질문을 제기하게 되었다. 환경 위기의 규모를 더욱 폭넓게 파악하게 됨으로써, 우리는 이 파괴에 우리 자신이 어떻게 연결되어 있는지를 깨닫기 시작했다. 우리가 이 지구 위에 존재하는 것이 항상 친절한 것은 아닌 존재가 되었다.

우주와 지구의 진화

우리가 이처럼 우리의 우주론적 컨텍스트와 우리의 환경 위기에 대해 동시에 깨닫게 된 것은 뉴욕 시의 자연사박물관의 두 가지 중요한 영구적인 전시를 통해서도 분명하게 드러난다. 하나는 로즈 센터(Rose Center)에 세워진 우주관(Hall of the Universe)과 지구관(Hall of the Earth)이며, 다른 하나는 종 다양성관(Hall of Biodiversity)이다.

우주관(Hall of the Universe)은 건축학적으로 매우 두드러진다. 거대한 유리 상자 속의 중심에 천체를 담은 구(球)가 있으며 그 주변 공간에 우리의 태양계 행성들이 매달려 있다. 우주관 속의 세계와 바깥의 세계가 멋지게 뒤섞여, 그 높이 솟아 있는 거대한 유리들을 통해 볼 수 있는 뉴욕 시의 거리 풍경을 배경으로 우리

---

12) 역자주: 생태적 지위란 어떤 생물종이 살아갈 수 있는 조건 외에 식생과 천적관계 등을 따져 결정된다. 따라서 작은 서식지 안에 다양한 생물이 공존하는 것은 생태적 지위가 서로 다르기 때문이다. 그러나 호반새, 원앙, 파랑새처럼 생태적 지위가 일부 겹치거나 동일한 종자들 사이에선 경쟁이 일어나게 된다.

의 태양계가 걸려 있다. 관람객들은 우선 태초의 불덩어리를 시뮬레이션 해놓은 것을 지나 나선형 계단을 오르게 된다. 큰 곡선을 그리는 통로를 지나가면 관람객들은 내려가는 계단을 통해 120억 년의 〈우주의 여정〉, 즉 그 불덩어리 속에서 거대한 폭발이 일어난 것으로부터 갤럭시들이 형성된 것을 지나 마침내 우리의 태양계와 지구가 등장한 것에 이르게 된다. 그 마지막은 지난 6천5백만 년 동안의 신생대를 통해 생명이 진화한 것과 유리 서클 아래 사람의 머리카락 하나가 있는 것으로 끝나는데, 그 머리카락은 인류 전체의 역사가 우주의 전체 여정에서는 털끝에 불과한 것임을 보여준다. 이런 극적인 효과는 현기증을 일으키게 만드는데, 그것은 헤아릴 수 없이 굉대한 우주의 시간 속에서 인류의 역사를 다시 바라보도록 요청하기 때문이다.

지구관(Hall of the Earth)은 지구의 놀라운 탄생 과정, 수퍼 대륙 판개아(Pangaea)의 진화, 각 대륙들의 형성, 마침내 생명의 출현을 보여준다. 지구관은 대륙판들이 뒤엉켜 있는 것을 보여주는데, 이런 것은 50년 전만 해도 별로 받아들여지지 않았던 것이다. 또한 심해 배출구 주변의 지구열에 의존하는 생명체들을 보여주는데, 이런 생명체들이 발견된 것은 불과 10년 전이었다. 이런 전시는 지구의 진화에 관한 우리의 지식이 얼마나 새로운 것이며 또한 지난 100년 동안에 얼마나 많은 것들이 발견되었는지를 보여준다.

우주관과 지구관이 보여주는 진화과정이 광대한 것과는 대조적으로, 종 다양성관(Hall of Biodiversity)은 지구가 출생시킨 생명체들의 놀라운 다양성을 보여준다. 동물, 물고기, 새, 파충류, 곤충들을 매우 다양하게 진열해놓은 것은 관람객들의 주의를 사로잡는다. 그 전시관 속에 한 안내판은 우리가 현재 대규모 멸종으로 인해 여섯 번째 대멸종의 한복판을 살아가고 있다고 알려준다. 이제까지의 대멸종 기간들은 운석의 충돌과 기후변화 등 여러 요인들 때문에 벌어졌지만, 현재의 대멸종은 주로 인간에 의한 것이라고 지적한다.

이런 사실을 깨달을 때, 한 종자로서의 우리의 역할에 대해 질문을 제기하게 될 뿐만 아니라 한 종자로서 인류의 생존가능성도 의문시하게 된다. 일본에 떨어뜨린 핵폭탄의 위력을 알고 있는 우리들로서는 이제 인간이라는 종자의 파멸을 실제로 상상하게 된 첫 번째 세대가 되었다.

그러나 이 전시는 우리가 이 멸종사태와 서식지 파괴의 흐름을 막을 수 있다고 지적한다. 관람자들은 통로를 지나면서 한편에서는 현재의 파괴를 기록하고 있는 충격적인 사진들과 통계들을 보며, 또 한편에서는 회복 과정들을 강조하는 사진들과 통계들을 볼 수 있다. 이처럼 대조적인 전시를 보면서 인간이 지구 위에서 치유하는 존재가 될 것인지, 아니면 해로운 존재가 될 것인지 그 선택은 우리들에게 달려 있음을 깨닫게 된다.

이처럼 우주적인 진화와 생명체 종자들의 대규모 멸종에 관한 전시를 통해, 우리가 유한한 행성 위에서 다른 종자들 중에 한 종자로서 우리 자신과 우주에 대해 거시적으로 이해하는 데 과학이 큰 도움을 주고 있다는 사실을 분명히 알게 된다. 로즈 센터에 전시된 우주와 지구의 진화가 하나의 펼쳐지는 이야기이며 그 속에 인간이 참여하고 있다는 사실 자체는 놀라운 것이다. 실제로 우주관 안내 비디오는 우리가 "우주의 시민들"로서 우주진(stardust)과 갤럭시들의 진화 속에 생성되었으며, 또한 지구의 지속성에 대해 책임이 있다는 사실을 말해준다. 그뿐 아니라 종다양성관이 인간은 현재의 멸종사태를 막는 데 도움을 줄 수 있다고 주장하는 것은 "객관적이며 편견 없는" 과학에 기초한 박물관이 되기 위한 대담한 조치인 셈이다.

과학자들은 더 이상 자신들이 연구하고 있는 것으로부터 완전히 떨어져 있지 않다. 과학자들은 우리에게 생명의 말로 표현할 수 없는 아름다움과 복잡함, 그리고 생명체들이 수십억 년에 걸쳐 다양한 형태로 등장하였음을 깨닫게 해준다. 그들은 멸종사태 한복판에서 인간의 역할에 대해 보다 통합적으로 이해하도록 방법을 제시한다. 자연사박물관의 이런 변화 가운데 일부분은 1990년대 후반에 그 관리자들이 조류학자 한 사람을 찾을 때 생겨났다. 최종 후보자 여섯 명 가운데, 네 명은 자신들이 연구하는 동안에 그 새들이 멸종했다. 이런 사실은 박물관 관리자들에게 너무 충격적이어서 그냥 무심하게 멸종을 지켜볼 수만은 없다는 사실을 깨달았다.

따라서 이처럼 과학의 새로운 거시적 차원은 세 가지 서로 교차하는 국면들이 관련되어 있는데, 그것은 최상의 과학적인 방법들을 통해 우주의 이야기를 이해하는 것, 그 이야기를 전체(우주, 지구, 인간)로서의 이야기로 통합시키는 것, 그리고 그 이야기를 지속시키는 것에 대한 우리의 책임감을 갖고 그 이야기를 성찰하는 것이다.

환경윤리학자들과 세계 종교학자들 역시 이처럼 우주에 대한 거시적인 이야기를 이해하는 데 공헌하도록 부름받고 있다. 종교와 윤리 모두를 위한 도전은 우주의 시민들로서의 우리의 역할을 새롭게 설정하는 일, 그리고 지구 공동체의 구성원들로서의 우리의 생태적 지위를 새롭게 만들어내는 일이다. 이런 과제를 위해 우리는 어디에서 왔으며 어디로 가고 있는가 하는 우주론적 질문들에 대해 다시 검토할 것을 요청한다. 다시 말해서, 그런 과제는 우주의 진화라는 보다 큰 맥락 속에서 우리 인간의 역할과 지구 위의 생명의 자연적 과정이라는 보다 근접한 맥락 속에서의 인간의 역할을 다시 생각하도록 만든다. 137억 년의 우주 역사와 관련하여 인류는 무엇인가? 46억 년의 지구 역사의 틀 속에서 우리의 위치는 무엇인가? 우리는 생명 과정의 안정과 보전을 어떻게 북돋아줄 수 있는가? 이런 질문들은 우주 이야기에 대한 새로운 의식 밑에 깔려 있는 질문들이다. 우주 이야기는 단순히 진화에 대한 역동적인 이야기만이 아니라, 지속적이며 지속가능한 미래를 위한 인간의 에너지와 깊이 연관된 변혁적인 우주론적 이야기이다.

우주론적 이야기들

인류 문화의 초창기 때부터 사람들은 우주 안에서의 우리의 위치를 이해하고 정의하기 위해 노력해왔다. 우리가 발전시킨 우주론들은 우리가 어디로부터 와서 어디로 가고 있는지를 묘사한 이야기들이다. 우리가 수천 년 동안 고이 간직해왔던 종교 전통들과 문화 전통들은 우리가 경험하는 세상 속에서 의미를 발견하려는 깊은 욕구를 증언해준다.

그러나 지난 2백 년 동안에는 과학적 패러다임이 뿌리를 내렸으며 많은 경우에 주도적인 세계관이 되었다. 과학적 방법을 통해서 과학은 그 자체가 설명하는 것을 객관화하는 경향이 있다. 따라서 최근까지는 과학적 우주론과 종교적 우주론이 서로 불편한 상태로 공존해왔다. 일부 과학자들과 철학자들은 우주가 일정한 자연 법칙들을 따르는 것처럼 보이지만, 대체적으로 물체들이 임의적이며 우연히 융합한 것으로서 우주에는 별다른 의미도 없으며 커다란 목적 같은 것은 없는 것이 분명하다고 결론내렸다. 과학적 사실들은 인간의 가치들과는 별개다. 〈우주의 여정〉에 대한 관점의 목표 중 하나는 이런 과학적 세계관에 맞서서 역동적이며 창조적인 우주를 제시하는 것이다. 최상의 현대 과학에 의존해서 우리는 우리들 자신이 어떻게 이처럼 계속되는 여정의 한 부분이며, 그 미래 형태를 어떻게 형성하고 있는지를 발견했다. 이것은 새롭게 등장하는 우리의 지구 공동체를 위한 생태적, 경제적, 사회적 변혁의 중요한 맥락이 될 수 있다.

목표: 통합적인 이야기를 제공하는 일

〈우주의 여정〉의 목표는 최근의 과학적 지식에 입각하여 우주와 지구의 진화 이야기를 적합하며 감동적인 방식으로 전해주려는 것이다. 〈우주의 여정〉을 통해 등장한 이야기는 경외감과 흥분, 두려움과 환희, 소속감과 책임감을 불러일으키는 매우 시적인 이야기다.

이런 우주 이야기는 매우 드라마틱한 이야기다. 수십 억 년의 진화과정에 걸쳐서, 승리와 재앙 사이의 간극은 단지 머리털 하나 정도에 불과하다. 폭력과 창조성이 곳곳에 스며들어 있다. 첫 번째 원자가 형성된 것에서부터 생명의 창발(emergence)까지 물질이 스스로를 조직하고 또 다시 조직하는 능력은 놀랄 만하다.

우리는 태초에 방출된 에너지가 마침내 인간 속에서 우주 자체의 변화과정을 성찰하고 탐색할 수 있게 되었다는 것을 깨닫게 되었다. 단순한 수소가 생기 넘치는 살아 있는 행성이 되었으며, 그 행성 위에 등장한 인간은 이제 어떻게 그런 우주 진화의 과정이 생겨났는지를 탐구할 수 있으며, 또한 생명을 지속시키는 미래를 상상할 수 있게 되었다.

우리가 우주와 맺고 있는 근본적인 관계에 대해 눈을 뜨게 됨으로써 생명과 새롭게 관계를 맺는 수단을 얻게 되었다. 〈우주의 여정〉은 우리로 하여금 우리가 그 한 부분을 차지하고 있는 지구와 우주에 대해 더욱 깊이 연결될 수 있게 해준다. 그렇게 연결됨으로써 우리는 지구 행성 위에서 지속가능한 존재가 될 필요가 있다는 사실을 더욱 잘 이해하게 된다.

이처럼 우주, 지구, 인간의 기원과 발전에 대한 통합적 이야기는 우리 시대에 새로운 영감을 불러일으키는 비전이 될 수 있었다.[13] 그 이야기가 우리에게 우리 모두가 공유하고 있는 진화적인 유산과 유전적 계보에 대한 인식을 주기 때문이다. 이처럼 우리가 다른 사람들만이 아니라 다른 모든 생명체와도 친척관계를 맺고 있다는 것에 대해 새롭게 이해하게 되면, 우리의 과거를 재발견하며 또한 미래를 지속시키는 기초를 놓을 수 있다.

이처럼 우리는 갤럭시들로부터 별들과 행성들과 생태계에 이르기까지 서로 의존되어 있다는 과학적 관점을 통해 새로운 영감을 받아 우리가 어떻게 개인적으로 생명의 그물망 속에 얽혀 있는지를 느낄 수 있다. 우리는 이처럼 계속되는 여정의 한

---

13) Christian, D., Big history for the era of climate change. *Solutions* [online] 3(2) (March 2012), www.thesolutionsjournal.com/node/1066.

부분이다. 이런 관점을 통해 우리는 현재 환경에 대한 우리의 파괴적인 습관들이 지속 불가능한 것임을 알 수 있다. 진화적 과정 속에서 우리가 초래하고 있는 피해는 막중하며 실제로 대파국을 초래하는 것이다.14) 따라서 우리는 생태적, 경제적, 사회적 변화가 반드시 필요할 뿐만 아니라 불가피하다는 것을 깨닫게 된다. 그러나 이런 변화를 위해서는 우리의 시각을 넓히고 우리의 세계관을 확대할 필요가 있다. 우리가 지속가능한 미래를 위한 토대를 만들어낼 때 우리는 이미 이런 변화 과정 속에 들어와 있다.

---

14) 역자주: Matthew Fox 교수는 2014년 7월 20일 명동 가톨릭회관에서 열린 간담회에서, 마지막 빙하기 당시의 기후변화에 대한 인간의 적응력을 신뢰한다고 말했다. 그가 언급한 마지막 빙하기는 73,000년 전에 수마트라 섬의 토바 화산이 폭발하여 초래된 "화산 겨울"과 그로 인한 빙하기로서, 당시에는 6년에서 10년 사이에 지구 평균기온이 섭씨 3~5도 정도 급격하게 내려갔는데, 이로 인해 초래된 빙하기에서 살아남은 사람들은 제임스 핸슨에 따르면 2,000명, 클라이브 해밀턴에 따르면 10,000명에 불과했다(Clive Hamilton, *Earth Masters*, Yale University Press, 2013, p. 186). 그러나 현재 급속도로 진행되는 기후붕괴는 수십억 명의 목숨이 달린 문제이다. 세계 인구는 2050년에 90억 명에 이를 것으로 예상되는데 기후붕괴로 인해 세계 인구 대다수가 떼죽음 당할 것으로 예상하는 과학자는 제임스 러브록을 비롯해서 Tyndall Center for Climate Change의 케빈 앤더슨 교수이다. 케빈 앤더슨 교수는 21세기 후반에 5억 명 정도만 살아남고 85억 명 이상이 떼죽음을 당할 것이라고 경고한다(Joanna Macy & Chris Johnstone, *Active Hope*, New World Library, 2012, p. 22). 이것은 21세기까지 지구 평균기온이 나오미 오레스케스 교수의 예측대로 11도 상승할 경우 대규모 가뭄으로 인한 식량난과 식수난으로 인한 떼죽음만이 아니라, 해수면도 7미터 상승하게 되어, 핵발전소들의 침수와 폭발로 인한 죽음, 그리고 해안 대도시 주민들이 대규모로 내륙으로 이주하게 되어, 유럽, 아시아, 북아메리카 지역에서 두 번째 흑사병(*Yesinia pestis*)이 유행하게 되어, 중세시대 첫 번째 흑사병이 유럽의 지역에 따라 인구의 절반을 죽였던 것과 비슷한 결과를 초래할 것으로 예상되기 때문이다(Naomi Oreskes and Erik Conway, *The Collapse of Western Civilization*, Columbia University Press, 2014, p. 31). 이처럼 기후붕괴로 인해 조만간 대규모적인 떼죽음이 예상되는 상황에서 생태 영성이 인간의 적응력에 대한 신뢰를 희망의 근거로 제시할 때, 그 희망이 "인민에 대한 아편"이 되지 않기 위해서는 반드시 에너지 재벌들의 지배를 타파하기 위한 정치적 연대로 구체화될 수 있는 사회경제적 전략과 결부되어야만 할 것이다.

우리는 오직 우리 자신들에게만 말을 한다.
우리는 강물과 이야기를 나누지 않으며,
바람 소리와 별들에게 귀를 기울이지 않는다.
우리는 위대한 대화를 차단시켰다.
그 대화를 차단시킴으로써 우주를 산산조각 내버렸다.
지금 벌어지고 있는 모든 재앙들은
그런 영적인 "자폐증"의 결과다.

— 토마스 베리, 《지구의 꿈》

미리암 맥길리스(Miriam MacGillis) 수녀가 제네시스 농장(Genesis Farm)에서 하는 작업은 토마스 베리 신부의 지구 중심의 전통 속에서 계속된다. 미리암 수녀는 우주 안에서 우리의 위치에 관한 베리 신부의 "우주 이야기"에 대한 중요한 해석자들 중 한 사람이다. 즉 인간에 대한 베리 신부의 새로운 이해를 구체적으로 실천하려는 것이다. 미리암 수녀는 또한 우리의 영성을 실천적인 것으로 만들 필요가 있다고 말하는데, 이것은 우리의 이야기가 지구 이야기의 한 부분이라는 점을 잘 알기 때문이다.

미리암 맥길리스

제네시스 농장 인터뷰

르웰린 보간리: 오늘날 생태계를 위한 작업들은 대부분 우리가 당면한 위기의 물리적인 차원에만 초점을 맞추지만, 수녀님은 지구와 그 내적인 심적이며 영적인(psychic spiritual) 차원에 관해 말합니다. 그게 무슨 뜻인지, 그리고 그것이 현재의 절박한 상황과 어떻게 연결되는지 설명해주실 수 있을까요?

미리암 수녀: 네. 이 문제에 대한 나의 이해는 토마스 베리 신부님의 저술을 통해서 직접 배운 것이며, 그 사상을 브라이언 스윔과 메리 에블린 터커를 비롯한 과학자들과 저술가들이 더욱 발전시킨 것을 통해서 배운 것입니다. 우주의 영적인 차원은 베리 신부님의 짧은 글 〈우주와 인간의 역할을 이해하기 위한 열두 가지 원리들〉(*Twelve Principles for Understanding the Universe and the Role of the Human*)에 잘 드러나 있지요. 그 글은 우주 안에서 영적이며 심적인 측면이 없었던 순간은 단 한 번도 없었다고 말합

니다. 이 영적이며 심적인 측면은 우주가 물리적으로 복잡해지는 과정, 즉 갤럭시들, 별들, 태양계, 지구, 생명, 인간의 생명, 그리고 인간의 의식이 물리적으로 복잡해지는 과정과 함께 진화해왔습니다. 인간의 마음과 영은 우주에 덧붙여진 것이 아니라, 우주 자체로부터 창발한(emerged) 것입니다.

수리 우주론자 브라이언 스윔은 우주가 생성된 직후 처음 몇 초 동안에 발생한 아름다운 역동성과 또한 그것이 빠르게 식었고 또한 팽창된 것이 어떻게 138억 년에 걸친 진화를 이끌어갈 구조들을 만들었는지를 설명해줍니다. 그는 만일에 그 팽창률이 천억 분의 일 정도만 빨랐더라면 우주는 (풍선이 터지듯) 폭발하고 말았을 것이며, 반대로 아주 조금만 느렸더라면 (바람 빠진 풍선처럼) 쭈그러들고 말았을 것임을 보여줍니다.

이것은 우주가 공간적 팽창과 시간적인 그 모든 변화들을 거치면서 그 자체가 하나라는 뜻입니다. 우주는 하나의 **단일체**(a single unity)이지요. 하나의 활동하는 몸이라고 말할 수도 있습니다. 그래서 더욱 복잡해지고 더욱 큰 창조성 속으로 창발하는 과정 속에 생겨나는 것들은 무엇이든지 우주 자체의 활동으로 보아야 한다는 말입니다. 나는 이런 관점이 근본적이라고 믿는데, **전체가 하나라는 것**(the unity of the whole)이 우리의 이해를 위한 초석이 되는 것입니다. 그래서 만일에 당신 르웰린 씨가 130억 년 뒤에 나타나서 지구 생태계의 위기는 영적인 토대를 필요로 한다는 것을 깨달았다면, 그런 관찰을 할 수 있게 만드는 것은 **당신 속에 있는 지구로서의 우주**(the Universe as Earth in you)인 것입니다.

그래서 우리는 도대체 왜 우주론을 그토록 강조하는 것이 그처럼 중요한지를 알 수 있습니다. 사람들은 항상 사물의 깊은 의미를 알고 싶어 하지요. 우리가 아주 어려서부터 묻는 질문들은 세계는 무엇인가? 세계는 어디에서부터 와서 어디로 가는가? 왜 그런가? 나는 누구인가? 우리는 어디에 있는가? 왜 우리는 죽는가? 죽음이란 무엇인가? 하는 물음들이었지요. 이런 질문들은 인류가 역사를 거치면서 계속 물어왔던 질문들입니다. 그리고 사람들은 그 대답들을 만들어왔습니다. 그 대답들이 공중에서 떨어진 것이 아니지요. 사람들이 만들어내는 대답들은 우리가 살고 있는 외적인 세계, 즉 지리, 장소, 형태, 빛, 사건들, 우리의 경험들과 같은 외적인 세계와 매우 직접적으로 연결되어 있습니다. 이런 모든 요인들이 삼라만상이 그런 방식으로 존재하는 것에 대한 이유들을 찾는 데 도움을 주며, 우리는 이것을 우주론이라고 말하지요. 그래서 지구의 인간의 문화들과 우주론들이 서로 각기 완전히 다를 수 있는 것입니다.

세상의 시작에 관한 서양의 이야기들을 설명하면서 토마스 베리 신부님이 매우 분명하게 밝히는 것이며, 또한 내가 그 이야기들 속에서 성장한 것이 왜 나에게 그처럼 중요했는가 하는 것은, 창세기에 나오는 것처럼 하느님께서는 원래 완전한 정원, 영원한 지복(至福)의 상태를 만들려고 하셨다는 점입니다. 이 믿음에 따르면 태초에는 죽음이나 고통이나 부정적인 것이 전혀 없었으며, 이것이 원래 하느님의 의도였다는 것이지요. 그러나 인간의 경험은 분명히 그렇지 않았습니다. 세상은 고통과 폭력이 넘쳐났으며, 아이들은 죽어나가고 메뚜기 떼가 날아와서 쑥대밭으로 만들어 놓았지요... 그래서 도대체 왜 이런 일들이 벌어지는가?

베리 신부님은 이런 이해가 **완전하며 초월적인** 신 존재 개념에 달려 있다고 말합니다. 그래서 사람들은 "도대체 완전하며 초월적인 신적 존재가 어떻게 슬픔, 죽음, 고통, 질병이 있는 세상을 만들 수 있었는가?" 하고 묻습니다. 이 질문에 대한 유대-그리스도교의 대답은 최초의 세계는 완전히 달랐으며, 창조주처럼 완전했음에 틀림없는데, "무슨 일"이 벌어졌기 때문이라고 말하지요. 우리가 지금 경험하는 세계, 즉 어린이들이 죽고 메뚜기 떼가 쑥대밭을 만드는 세계는 **비정상적인** 세계라는 말입니다. 태초의 정원은 정상적이었으며 지복의 상태였다는 것이지요.

또한 이 설명에서 그 일어난 "무슨 일"이란 첫 부모들의 불신앙 때문에 최초의 세계가 변했다는 것을 말합니다. 마찬가지로 중요한 것은 원래의 세계가 물질로 만들어졌기 때문에, 그 세계는 하느님의 본성의 초월적 부분에 참여하지 않았다는 것입니다. 창세기 이야기에서 비록 세계는 **보시기에 좋았다**고 표현되어 있지만, 하느님께서는 아담에게 직접 초월적인 영혼을 불어넣어 주십니다. 이 영혼, 그 영과 마음은 초월적인 창조자로부터 영을 직접 주입한 것이지요. 그러나 나머지 세계는 그 영혼을 받지 못합니다. 그래서 틈이 벌어지기 시작한 것이지요. 베리 신부님은 이것을 "인간과 비인간의 세계 사이에 철저한 불연속"이라고 설명합니다.

따라서 만일에 신적인 요소가 물질 속에 없다면, 만일에 신적인 요소가 초월적이라면, 인간들은 어떻게 의미 있는 인생을 살 수 있겠는가? 어떻게 행복을 재창조할 수 있는가? 어떻게 더 나은 세계를 만들 수 있는가? 이 질문들에 대한 대답은 서양문명이 진보와 발전을 정의한 것에서, 또한 그 정의가 어떻게 우리로 하여금 "타락한" 자연세계를 완전하게 만들어갈 수 있도록 추동했는가에서 찾아볼 수 있습니다. 우리는 자연세계를 다시 디자인하고 개량하여 그 원래의 상태, 즉 완전하며 영원한 지복의 상태에 대한 우리의 생각에 가깝도록 다시 돌이키려고 시도했지요. 베리 신부님과 브라이언 스윔 박사는 디즈니 월드(Disney World)가 이처럼 깊은 무의식적 충동을 반영한다고 지적했지요.

서양의 우주론과 그 우주론이 유대교와 그리스도교 안에서 발전한 것과 관련하여 또 하나 그분들이 지적한 것은 천년왕국(千年王國)에 대한 비전입니다. 이 비전은 하느님의 개입을 기대하며, 미래의 어느 순간에 이르면 원래의 완전한 상태가 회복될 것이라는 약속이지요. 이처럼 인간이 고통을 겪으며 수고하는 상태가 끝나기를 간절히 바라는 염원은 현재의 질서가 끝날 것이 그 특징입니다. 그러면 지구는 "사라지고" 새로운 하늘과 새로운 지구가 나타나고 원래의 지복의 상태가 회복될 것이라는 믿음이지요. 그러나 이런 일은 사람이 이룰 수 있는 것이 아니라 오직 초월자만이 하실 수 있는 일이지요. 초월자가 그 일을 하시기에 너무나 오랜 시간이 걸리기 때문에, 사람들은 자신들의 노력을 통해 디즈니 월드를 만든 것입니다.

르웰린 보간리: 그러나 수녀님이 이해하는 새로운 우주론은 모든 것이 우리들 속에 있다, 심지어 우리의 영적인 이해조차도 우주의 표현이며, 실제로 우주의 영적인 몸속에 있다는 것이군요.

미리암 수녀: 네, 그렇습니다. 새로운 우주론은 우주가 그 모든 활동의 원천이라고 말합니다. 만일 영이 현존하면, 이것은 우주

의 한 차원이지요. 지구는 영을 통해 생명이라는 완전히 새로운 차원을 열었으며 또한 그 영이 인간의 표현 속에서 자기를 의식하는 차원을 열었습니다. 인간은 이처럼 훨씬 깊은 차원에서 영의 영역에 참여하는 것이지요. 인간은 전체 속에 또한 전체의 차원 속에 뿌리내려야 하는 것이지요.

르웰린 보간리: 유대-그리스도교 이야기에서 비롯된, 삼라만상 속의 거룩함을 우리가 부정하게 된 결과는 무엇이라고 생각합니까? 그런 부정이 피조물들 자체에 어떤 영향을 끼쳤다고 생각하시는지요? 우리는 그런 부정이 생태계의 파괴라는 외적인 재앙으로 드러난다는 것을 알 수 있습니다. 그러나 그런 부정이 피조물 자체의 내적인 영적 본질, 즉 수녀님이 우주의 깊은 영적인 내면이라고 부르는 것에는 어떤 영향을 끼쳤는지요?

미리암 수녀: 우리는 항상 의미 있는 온전함에 목말라하는데, 삶의 현실을 그대로 받아들여, 혼란과 파괴, 죽음과 질병, 고통만이 아니라 행복과 건강, 아름다움, 사랑과 환희처럼 정상적인 차원도 완전히 받아들이는 온전함을 갈망하지요. 그러나 우리의 믿음은 고통이 징벌이며 비정상적인 것이라거나 일시적인 것이지만, 이 세상은 조만간 끝날 것이며 우리는 다시 완전한 세계를 되돌려 받을 것이기 때문에 그런 고통을 극복해야 한다고 가르치는 경향이 있습니다. 지금과 같은 지구는 아닐 것이라는 말이지요. 베리 신부님은 서양 정신 속에 자리잡고 있는 이처럼 깊은 정신적 충동을 지적하고 또한 그 충동이 어떻게 무의미한 추구를 통해 우리의 공허한 부분을 채우려고 했는지를 지적합니다.

전형적으로 우리가 믿고 있는 종교적 의미들은 여전히 우리가 자연으로부터 분리되어 있는 것에 근거해 있으며, 또한 우리가 하느님을 추구하는 것 역시 자연으로부터 분리되어 있기 때문에, 그런 종교적 의미들은 우리로 하여금 진정으로 자연을 존중하도록 만들지 않습니다. 우리는 뒷마당에 나가서 흙 앞에 무릎을 꿇고 우리가 성스러운 신비에 직면해 있다는 것을 알아차리지 않습니다. 우리에게 흙은 단지 쓰레기에 불과하며, 깨우침을 주는 것이 아니지요. 부동산에 속하는 것이니까요. 그런 행동을 하는 사람은 그 땅을 **소유한** 사람이지요.

르웰린 보간리: 수녀님께서 말씀하신 것은 매우 중요하다고 생각합니다. 수녀님은 사람들이 (디즈니 월드를 만들려 했지만) 실제로는 황무지를 만들었다고 말씀하시는데, 내가 오랫동안 생각한 것은 우리가 내면의 황무지를 만든 만큼 외부적인 황무지를 만들었다는 생각입니다.

미리암 수녀: 그렇지요. 정확한 말씀입니다. 내면의 황무지와 외적인 황무지는 서로 맞물려 있습니다.

르웰린 보간리: 그래서 우리는 베리 신부님이 말씀하시는 삼라만상의 신비와 경이감을 되찾아야만 하는 것이지요.

미리암 수녀: 그렇습니다. 베리 신부님이 말씀하신 것은 내 생각에, 우리의 전통 종교가 그 우주론적인 뿌리 속에 삼라만상을 공경하는 것을 한 번도 갖고 있었던 적이 없었다면, 우리는 전통

종교만을 통해서는 그런 신비와 경이를 경험할 수 없다는 것입니다. 서양의 종교전통들은 초월적인 영역의 성스러움에 대해서, 또한 사람들이 서로를 어떻게 성스럽게 대해야 하는지에 대해서는 놀라운 깨달음을 준다고 생각합니다. 그러나 자연세계나 우주 안에 뿌리박고 있는 깊은 영성과 윤리에 대해서 깨달음을 줄 수 있다고는 생각하지 않습니다. 왜냐하면 서양 종교전통들의 본래 이야기는 자연세계나 우주 속에 영을 뿌리내렸던 적이 결코 없기 때문입니다.

그러나 우리가 일단 우주를 실제로 창발한 우주로서 발견하기 시작하고, 하느님이 그 기원(origin)이라는 믿음을 갖고 있다면, 하느님으로부터 생겨난 것은 **성스러운 계시**(sacred revelation)여야 한다는 것을 이해할 수 있습니다. 우리가 일단 우주의 어떤 것을 하느님께서 **그것에 의해 창조하신 과정**이라고 파악하기 시작하면, 우주는 베리 신부님이 주장하신 것처럼 **첫 번째**(primary) 성스러운 계시가 됩니다. 지구는 **첫 번째** 계시, **첫 번째** 성스러운 경전이 됩니다.

르웰린 보간리: 수피들(이슬람 신비주의가들)은 실제로 "당신이 어디로 향하든, 거기에는 하느님의 얼굴이 있다"고 말합니다.

미리암 수녀: 그렇습니다.

르웰린 보간리: 그렇다면 우리가 세계를 계시의 장소라고 이해하는 것을 어떻게 되살려낼 수 있을까요?

미리암 수녀: 베리 신부님과 브라이언 스윔 교수는 우리가 우주 자체를 이해하지 않고서는 그것을 알 수 없다고 말합니다. 우주 자체가 일차적인 본문이며 첫 번째 성스러운 경전이라는 말이지요. 이런 점은 우리의 종교전통들 속에서 강조되지 않았던 점입니다. 이런 점은 과학을 통해서 분명하게 배울 수 있습니다. 우리가 그것을 알게 된 것은 우리의 지각하는 범위를 확장시킨 강력한 과학적 도구들을 통해 관찰함으로써 가능하게 되었지요. 이제 우리는 우리가 묵상하는 것의 아름다움과 지혜에 놀라게 되었지요.

르웰린 보간리: 그러나 동시에 우리는 그 깊은 영적인 내면을 별로 이해하지 못하는 것 같습니다.

미리암 수녀: 그런 방식으로 가르치지 않았기 때문입니다. 그런 방식으로 해석되지도 않고 있지요. 이처럼 깊은 작업을 하는 극소수의 과학자들은 흔히 탐구를 위한 탐구, 묵상을 위한 묵상의 학문적 자유를 누리지 못합니다. 과학자들의 연구를 지원하는 자금은 대부분 기업체가 자신의 경제적 이익을 얻기 위한 연구를 해주기를 바라기 때문에 지원하고 있지요.

르웰린 보간리: 수녀님은 우리가 삼라만상의 성스러움과 신비와 경이감을 인식하는 데 가장 큰 장애물이 무엇이라고 생각하시는지요?

미리암 수녀: 진화 이야기에 대한 완전한 이해가 부족한 것이지

요. 단지 우연하게 결정된 물리적인 무의미한 진화가 아니라, 애당초부터의 창조적인 진화과정에 대한 이해가 부족합니다.

르웰린 보간리: 진화과정 속에 있는 지적인 요소를 말씀하시는 건가요?

미리암 수녀: 그렇습니다. 진화과정은 자기를 조직하는 능력을 갖고 있는데 그것은 극히 신비한 것이지요. 우리는 그것을 정의할 수 없으며, 아무도 그것을 볼 수 없습니다. 자기 조직화의 능력은 다른 종류의 신앙과 큰 겸손을 요청합니다. 그러나 그 능력은 수천 년 동안 우리의 전통을 지탱시켰던 과거의 개념들을 분명히 산산조각을 냅니다.

르웰린 보간리: 따라서 우리는 우리의 개념적인 틀 전체가 산산조각이 나고 깨어지는 것을 대비해야만 한다는 말씀이군요.

미리암 수녀: 그렇지요. 또한 우리는 그것을 해석하도록 도와줄 사람들을 필요로 합니다.

르웰린 보간리: 수녀님은 이런 비전을 제네시스 농장에서의 작업을 통해 어떻게 표현하십니까? 그 비전을 수녀님이 하시는 작업, 땅, 지구, 씨앗들과 어떻게 소통하시는가요?

미리암 수녀: 육감적으로 하지요. 우리는 이것을 하기 위한 레시피(recipe) 책이나 지도가 없이 그냥 본능적으로 합니다. 예를

들어, 우리가 살고 있는 이 땅은 내가 속한 도미니코 자매회가 기부로 받은 땅입니다. 우리가 처음 한 일은 이 땅을 보존지역으로 편입시켜서 개발을 할 수 없도록 만든 것이지요. 그래서 심지어 도미니코 자매회가 이 땅을 잃게 된다 해도, 개발제한구역으로 정해져 있기 때문에 주 정부가 보호권을 갖도록 했지요. 이 땅은 쇼핑몰이나 공동주거단지가 될 수 없고 농장으로 남게 되는 것입니다. 만일에 누군가가 당신의 장서에 성스러운 책들을 기증한다면, 당신은 아무도 그 책들을 훼손하지 못하도록 만들 것입니다. 비유하자면 그렇다는 말씀이지요.

이십 몇 년 전에 우리는 또 이 땅의 한 구역을 야생지로 지정하여 "사람은 이곳에 출입할 수 없다"고 말했습니다. 그 구역은 성역(sanctuary)이지요. 그곳을 남겨두는 것은 우리가 아직 그 안에 들어가기에는 충분히 성숙하지 않았기 때문입니다. 그곳을 그대로 남겨두면 원하는 대로 될 것이며 그 자체를 드러낼 것입니다. 그래서 지금부터 백 년이나 이백 년 후에, 그곳에 무엇이 있을지 누가 알겠어요? 그것은 우리의 호기심을 절제하고 땅을 마음대로 사용하고 싶은 욕망을 절제하고, 심지어 알고 싶어 하는 우리의 욕망을 절제하려는 것이었습니다.

그래서 이런 일들은 단순해 보입니다. 우리는 또한 삼십 년 동안 여기에서 춘분과 추분, 하지를 지켰습니다. 이 땅의 일부분인 사람들로서 우리는 태양의 주위를 돌고 있는 특정한 순간에 모든 생명체들의 공동체와 하나라는 것을 경축하는 것이지요. 우리가 봄철에 만물이 새롭게 되는 단계에 진입하든지, 여름철 만물이 무르익는 단계에 들어가든지, 가을의 내향적 단계에 들어가든지, 겨울철 잉태의 단계에 들어가든지, 우리는 단순히 그에 발맞추는 것입니다.

르웰린 보간리: 파종과 수확의 주기와 함께 가는 것인가요?

미리암 수녀: 태양의 주기는 그런 파종과 수확의 주기와 함께 가지만, 경작과 수확의 주기는 비교적 최근의 인간 경험입니다. 그 이전에는 단지 지구가 숲, 바다, 동물들, 새들, 미생물들, 강물에 했던 것만 있었지요. 우리는 가능한 한 처음의 관계를 회복하려는 것입니다.

르웰린 보간리: 그러니까 수녀님을 찾아오는 사람들은 지구와 자신들 속에서 그런 처음의 주기들을 상기하게 되는군요. 지구 안에 있는 처음 주기들과 다시 연결된다는 말씀이지요?

미리암 수녀: 그렇습니다. 그것이 우리 인류라는 종자의 집단적 의식 속에 우리가 물려받은 것이며, 또한 그것은 우리가 보통 인식하지 못한다 하더라도, 우리 몸의 DNA 속에 새겨져 있는 것입니다. 그것은 이 땅에 살고 있는 모든 생명체들의 DNA와 기억 속에 새겨져 있지요. 우리는 그 기억을 지니고 다닙니다. 우리는 그 기억 전체를 우리 자신 속에서 회복하려 하며, 그 현상과 다시 연결되려 하는 것이지요. 그리고 그것은 그 성격상 성스러운 것입니다. 완전히, 전체적으로 성스러운 것이지요.

그리고 우리는 전혀 한 번도 교배시킨 적이 없는 매우 오래된 여러 씨앗들을 심은 작은 텃밭이 있습니다. 지구의 씨앗들은 지금 끔찍한 위험상태에 처해 있는데, 우리는 씨앗들에게 벌어지고 있는 사태에 대해 커다란 경보를 울리고 있는 지구적 운동의 매우 작은 부분에 불과합니다. 오늘날 지역의 작은 종자회사들이 모두 대기업들에 흡수되어 종자들의 교배가 더욱 심해지고 있을 뿐만 아니라, 몬산토(Monsanto)처럼 더욱 많은 회사들이 지구의 종자들을 모두 사들여 유전자 조작을 한 후 특허를 내어 소유권을 주장하고 있기 때문입니다.

이처럼 종자들과 동물들, 그리고 모든 생명체들에 대해 유전자 조작을 하는 것은 DNA 기억을 방해하는 것입니다. 이런 일이 실제로 지금 벌어지고 있습니다. 몬산토는 온갖 종류의 종자들에 대해 특허를 갖고 있으며, 또한 정부의 정책에 개입하여 어디서든 그런 종자들을 뿌릴 권리를 갖기 위해 노력하고 있습니다. 그러면 조작된 식물의 꽃가루가 공기, 물, 흙에 퍼지게 되고 새나 벌을 통해 다른 식물들에게 옮아가게 됩니다.

우리는 사람들이 종자들의 성례전적인 측면을 이해하도록 돕고 있는데, 이것은 종자들 속에 계시된 첫 번째 성스러운 계시입니다. 인간이 등장하기 이전에, 식물들이 한 장소에 적응하기 위해 얼마나 많은 세대를 거쳐 그 생태계의 구성원이 되었으며, 또한 얼마나 창조적인 노력 끝에 그 모든 생명들의 공동체 속에서 자기를 내어주고 동시에 그 생태계를 통해 양육되었는가를 생각하면, 이것이 첫 번째 성스러운 공동체라는 것을 알 수 있습니다. 이것이 바로 종교의 건강과 그 지속가능성, 그 재생 능력의 일차적인 원천이지요. 눈 한번 깜빡할 사이만큼 전에 인간이 공동체를 이루었을 때, 또한 자연은 자신들이 사용하고 조작하기 위한 것이라고 생각했을 때, 우리는 생명이라 부르는 이 놀라운 유산을 해명하기 시작했습니다. 그래서 나는 유전자 조작 기술이란, 폭력적인 과정을 거쳐 생명체의 종자들로 하여금 강제로 다른 종자들의 특성을 갖게 만드는 것으로서 인간이 개입하지 않고서는 결코 일어날 수 없는 일이며 신성모독이라고 말하고 싶습니다. 그것은 생명의 핵심을 바꿔버리는 것으로서, 나는 악이라는 말은 좋아하지 않지만 신성모독이지요. 어느 모로 보나 신성모독입니다.

따라서 씨앗들을 구출하고 보호하며, 보다 안전한 피난처를 만들려고 하는 것이지요. 그리고 우리는 사람들로 하여금 이것을 이해하도록 교육 프로그램도 진행하고 있습니다.

르웰린 보간리: 우리의 생태계 속에서 첫 번째로 성스러운 것을 다시 천명할 필요가 있다는 말씀이군요.

미리암 수녀: 그렇습니다. 나는 우리가 우주 이야기를 이해하게 되면, 우리가 씨앗을 조작하지 않으리라는 것이 자명하다고 믿기 때문입니다. 우리가 그것을 이해하지 못하면, 유전자 조작을 반대하는 것이 단지 많은 이슈들 가운데 하나가 될 따름이며, 우리는 계속해서 불을 끄는 일을 해야 합니다. 매우 많은 사람들은 이런 생태적 위기들 속에서 힘닿는 대로 불을 끄고 있습니다. 그러나 우리가 생태계 위기를 초래하는 체제 아래서는 근본적인 사고구조를 바꾸어야 한다는 것이 명백합니다. 우리는 서양의 기본적인 산업주의적 사고구조를 바꾸도록 도전을 받고 있습니다. 이 도전은 엄청난 도전이구요.

르웰린 보간리: 그 말은 우리에게 필요한 새로운 비전이 에덴으

로 돌아가는 것이 아니라는 뜻인가요? 우리가 그 원래의 땅으로 되돌아갈 수는 없지만, 그러나 어떤 방식으로든 간에 우리가 지구적인 문화로서 땅의 신성함을 깨닫게 하며 우리의 몸을 뒷받침하는 그 참된 본성을 깨닫게 하는 새로운 비전 속으로 진입해야만 하는 것이지요.

미리암 수녀: 그렇습니다. 그것은 모두 하나입니다. 모두가 하나입니다. 어떤 사람들은 우리가 다른 만물로부터 따로 떨어진 존재라고 생각하며, 자연은 우리가 나중에 천국에 갈 때 그냥 사용하기 위해 주어진 것이라고 생각하는데, 이것이 문제이지요.

르웰린 보간리: 천국은 이 세계 속에 있지 않다고 생각하고요.

미리암 수녀: 그렇습니다.

르웰린 보간리: 그래서 다른 질문을 하게 되는데, 우리의 내면적인 의식을 일깨움으로써 안내를 받는 것에 관한 질문입니다. 수녀님은 우리의 지구 행성을 포함해서 우주 전체가 내면적인 영적인 차원을 갖고 있으며 그 영적인 차원은 완전히 무의식적인 것이 아니라고 주장하시는데, 우주 안에서 펼쳐지는 의미와 안내가 있다는 말씀이시지요. 수녀님이 우리의 내면적 무의식을 일깨우는 것에 관해 말씀하실 때, 그것이 생명의 내면적인 의식과는 어떤 관계가 있습니까?

미리암 수녀: 나는 그 문제를 이해하려고 노력하고 있으며 또한

그 방향으로 나아가려고 노력하고 있습니다. 나는 우리가 두 가지 문제를 해명할 필요가 있다고 생각합니다. 우리는 인간의 오랜 역사를 통해 발전된 합리적이며 분석적이며 추론하는 의식, 곧 지식을 사랑하고 지혜를 사랑하는 의식을 필요로 합니다. 우리는 만물이 어떻게 작동하며, 또한 우리가 어떻게 현재에 이르게 되었는지를 이해할 필요가 있는데, 이것을 해명하기 위해 가장 큰 컨텍스트가 아마도 우주 이야기일 것입니다.

동시에 우리는 전체의 내면성의 일부분인 깊은 직관에 충실할 필요가 있는데, 우주 전체의 내면성이란 우리의 개인적 삶, 우리의 혈통, 우리의 전통들, 그리고 인간이라는 종자 전체의 다른 전통들과 지구 전체의 내면성을 말하는 것입니다. 그 이유는 우주 전체의 내면성이라는 것이 매듭 없는 하나이기 때문이며, 우리 역시 그 하나의 전체 내면성에 참여하고 있기 때문입니다.

르웰린 보간리: 그래서 수녀님은 생명 자체 속에 안내하는 원리가 있어서 우리로 하여금 이 생태적 위기를 벗어나도록 도울 수 있다고 믿으십니까?

미리암 수녀: 내 생각에는 본래적인 지혜가 있어서, 우주의 모든 차원에 그 본래적인 지혜가 분명히 드러나 있다고 생각합니다. 그러나 나는 그 지혜를 이해하지는 못하며, 그 지혜를 정의하거나 혹은 그 지혜를 어느 한 개념이나 이미지에 국한시키고 싶지는 않습니다. 나는 그 지혜를 객관화하는 것을 피하려 합니다. 나는 단지 그 지혜를 **신뢰하려고** 노력할 따름입니다.

르웰린 보간리: 그것은 대단히 중요합니다. 이처럼 사방에서 펼쳐지는 재앙 속에서 우리가 치유하려고 노력할 때, 우리 자신보다 더욱 위대한 무엇인가를 신뢰한다는 것은 매우 중요합니다.

미리암 수녀: 그렇습니다. 우리는 멀리 여기까지 왔습니다. 이 모든 것을 생성시킨 것을 우리가 왜 신뢰하지 않으려 합니까? 그것보다 더 큰 무엇이 필요하겠습니까?

르웰린 보간리: 수녀님은 은총의 역할이 무엇이라고 보십니까?

미리암 수녀: 전부가 은총이지요. 우주 안에 있는 모든 것, 내 몸 속에 탄소를 생성시킨 모든 것, 나의 몸 자체, 창문 밖에서 빛나는 나무들, 꽃가루를 모으느라 분주하게 날아다니는 벌들, 이 모든 것이 우리가 깨닫기만 하면 은총이지요. 은총은 우리를 위해 온 천지에 가득합니다.

르웰린 보간리: 그리고 우리는 그 한 부분이지요.

미리암 수녀: 그렇습니다.

르웰린 보간리: 끝으로 수녀님께서 1986년에 지구의 운명에 관해 말씀하실 때, 수녀님께서는 방금 말씀하신 것들 가운데 일부를 말씀하셨습니다. 이제 25년이 지난 후에, 수녀님께서는 개인적으로 지구의 운명에 관해 어떻게 생각하시는가요?

미리암 수녀: 무슨 일이 벌어질 것인지 나는 알지 못합니다. 매우 슬픈 일이지요. 이런 고통을 우리의 정신 속에 품고 산다는 것은 참으로 고통스러운 일입니다.

르웰린 보간리: 우리의 생태계가 파괴되는 것의 고통, 우리가 지구를 대하는 방식에 대한 고통을 말씀하시는 것인가요?

미리암 수녀: 그뿐 아니라 우리가 서로에게 행하는 일들도 고통스럽지요. 우리가 늦기 전에 깨어날 수 있을까 하는 것도 고통스럽지요. 이런 종류의 질문들이 진을 빼게 만드는 이유는 우리가 고칠 수 없기 때문입니다. 우리는 단지 우리가 할 수 있는 작은 부분만 할 수 있을 뿐이지요. 한계가 분명하다는 것은 우리를 매우 초라하게 만들지요. 그러나 내가 생명에 대해 경험하는 사랑만큼은 계속되기를 원합니다. 계속되어야지요. 이것이 내가 마음을 쓰는 일 전부랍니다.

르웰린 보간리: 사람들이 그 성스러움을 회복하고, 생명의 신비와 다시 연결되는 일을 돕기 위해 수녀님께서 충고해 주고 싶은 것은 없으신지요?

미리암 수녀: 모든 사람을 위한 정답은 없을 것이지만, 나는 우리 각자가 뜻 있는 인생을 살고 싶어 한다고 생각합니다. 우리가 다른 어느 것보다도 더 깊이 원하는 것은 우리의 인생이 의미가 있는 것입니다. 뜻 있는 인생을 살기 위해서는 우리가 전체를 위해 공헌할 필요가 있습니다. 우리의 문화는 전체를 위해 공헌한

다는 것에 대해 극히 제한된 방식으로만 생각합니다. 나로서는 정체성의 문제, 내가 진정으로 누구인가 하는 문제가 핵심이며, 또한 우리가 우주 이야기를 모른 채 자신의 정체성을 올바로 이해할 수 있다고는 생각하지 않습니다.

르웰린 보간리: 우리는 우주의 한 부분이며, 의미 있는 인생을 살기 위해서는 우리가 우주의 한 부분이라는 것을 알아야만 한다는 말씀이군요.

미리암 수녀: 그렇습니다. 그것은 우리의 개인적인 의미를 열어 주며 또한 우리의 인생을 의미 있게 만듭니다. 우리가 존재한다는 것은 정말로 중요한 것입니다. 쇼핑객이 되거나 전문가가 되는 일은 이차적입니다. 정말로 중요한 것은 우리의 깊은, 정말로 깊은 정체성과 삶의 의미입니다.

르웰린 보간리: 수녀님께서 말씀하시는 것은 우리가 하나인 세계, 한 몸인 삼라만상의 부분이라는 사실을 깊이 깨달아야만 한다는 말씀이시지요?

미리암 수녀: 그렇습니다. 또한 우리는 지구가 지금처럼 끔찍하게 파괴되고 있는 시대의 한 부분입니다. 지구가 파괴되는 것은 우리 모두가 관련된 생활방식, 사회와 문화 때문이지요. 우리는 이것으로부터 벗어나지 못했습니다. 우리 모두는 그 안에 있지요.

르웰린 보간리: 맞습니다. 우리는 그 속에 있지만, 온전함을 되찾아야 하는데, 우리의 조상들에게는 그런 온전함이 매우 자연스러운 생활방식이었지요.

미리암 수녀: 그래서 우리는 우리가 얻을 수 있는 모든 지혜와 모든 지원이 필요합니다. 우리는 서로를 필요로 하며, 또한 과거도 필요합니다. 우리는 전체를 필요로 합니다. 또한 현재 순간이 최종적인 것이 아니라, 우리가 언제나 우리 자신의 한계를 뛰어넘을 가능성이 있다는 것도 볼 수 있어야 합니다. 지구 공동체는 그것을 할 수 있습니다. 그것을 믿고 그것을 향해 일할 수 있습니다. 그것이 우리가 할 수 있는 전부이지요.

르웰린 보간리: 우리는 지구와 우주의 더욱 큰 지혜를 믿을 수 있겠습니까?

미리암 수녀: 네, 그렇습니다. 그 지혜는 우리를 포기하지 않았습니다.

물고기는 물에 빠져 죽을 수 없으며
새는 공중에서 떨어지지 않는다오.
창조의 불 가운데서
하느님은 사라지지 않으신다오.
그 불은 밝아진다오.
하느님께서 만드신 모든 피조물은
그 자신의 참된 본성 가운데 살아야만 한다오.
하느님과 하나 됨을 위해 사는
나의 본성을 내가 어떻게 거역할 수 있는가요?

- Mechthild of Magderburg

여러 문학 장르의 대가인 웬델 베리(Wendell Berry)는 뼛속까지 전통주의자이며 농부로서 말들을 사용해서 밭을 갈며, 유기비료를 쓰며 해충을 통제한다. 그의 메시지는 인간이 지구의 자연적 리듬에 맞추어 조화롭게 사는 방법을 배우지 않으면 절멸하고 만다는 것이다. 자연세계에서는 만물이 각자의 자리를 알고 있다. 여기서 우리는 "가슴의 오래된 지성"을 볼 수 있다.

웬델 베리

하느님의 사랑

나는 하느님께서 세상을 사랑하신다는 요한복음의 말씀을 글자 그대로 믿는다. 나는 세상이 사랑으로 창조되었으며 또한 사랑에 의해 승인되었고, 세상이 지탱되고 공중분해하지 않고 견디는 것도 사랑 때문이며, 또한 세상이 구원받을 수 있을 만큼 구원받는 것도 사랑 때문이라고 믿는다. 나는 하느님의 사랑이 이 세상 속에 구체화되어 거주하면서 항상 이 세상이 온전함을 향해 나아가도록 호출하고 있는데, 그런 호출이 결국에는 하느님과 화해하고 하나 되는 것이라고 믿는다.[1]

친애하는 독자에게 솔직히 말하지요.
나는 구식 늙은이라오.

---

1) *Another Turn of the Crank*, p. 89.

세상이 치명적인 위험에 처했지만
나는 자연을 사랑하지요.
인간 세상이 자연세계에 진 빚을 갚고
또 그 경계선을
넘어가지 않는다면 인간 세상도 좋아하지요.
나는 또 천국에 대한 약속도 좋아해요.
내가 글 쓰는 목적은
그 선물들에 대해 감사와 공경을 표하고,
사람들의 혀가 그럴듯한 거짓말들에서 벗어나도록
하기 위해서라오.

이 세상도 또한 이 세상의 어느 곳도 '환경'이 아니지요.
팔려고 내놓은 집이 '가정'이 아니듯이.
경제학은 '과학'이 아니며 '정보'는 지식이 아니지요.
악당은 박사학위를 받았어도 악당일 뿐,
공직에 있는 멍청이는 '지도자'가 아니지요.
도둑놈은 아무리 부자라도 도둑놈일 뿐.
나에게 쵸서를 가르쳐준 아서 무어 교수의 귀신은
한밤중에 찾아와 다시 말한다오.
"내가 여러분에게 한 마디 하자면,
지적인 창녀라도 창녀에 불과할 뿐."

세상이 쓸데없는 소리들로 산산조각 나는 것은
사물들이 그 이름들과 이혼한 이후부터라오.
끝없이 전쟁을 준비하는 건 평화가 아니지요.

건강은 약품 매출이나
독성을 첨가해서 얻는 순수성을 통해
얻어지는 것이 아니지요.
기업체들이 부르는 값에 따라 춤추는 과학이란
지식이 상품으로 전락한 것이며
정신의 매춘행위일 뿐,
이런 걸 '진보'라고 부르는 기술처럼
그것이 '불가피하다'고 말하는 것은 비겁함이라오.

내 생각에 '정체성' 문제는 대부분 헛소리라오.
우리는 우리가 행한 것이며, 여기에는
우리가 한 약속, 우리의 희망도 포함되는데
약속한 것들이 첫째라오.
'태아'는 사람의 아기지요.
나는 애들이 잉태된 순간부터 사랑했고
태아는 자신을 잉태한 엄마가
잉태하기 이전부터 자신을 사랑해왔던 것처럼
그 엄마를 사랑해왔지요.
우리가 도대체 누구이기에
세상이 사랑에서 시작되지 않았다고 말하는가?

나는 태어날 때처럼 사랑 가운데 죽고 싶다오.
나 자신으로서, 생명을 모두 불사르고,
모든 육신이 그 안에서 시작되고 끝나는
사랑 속으로 들어가고 싶다오.

내가 기계들을 좋아하지 않는 건
기계들이 죽지도 않고 또 안 죽지도 않고
사용할 수밖에 없기 때문이지요.
(시대의 장악력이 완벽하지요.)
언젠가 기계들이 사라질 날이 오면
기쁨이 넘치는 거룩한 날이 될 거라오.
내 말은 세상의 몸들을 태우고 그 호흡을 태워서
돌아가는 무서운 기계들 말이라오.
비행기가 날아가며
맑았던 하늘에 연기를 내뿜는 걸 보거나
내부는 비좁은 것이 외계를 나르며
밤에는 별을 흉내낼 때
나는 닭장 속에 들어간 여우새끼나 도둑놈에게 말하듯
"당장 거기서 나와라!" 하고 소리친다오.

증권시장이 폭락했다는 소식을 들으면
나는 "인력(引力) 만세!
환상의 자본주의라는 궁전들 속에
가득한 멍청함, 실수, 탐욕들 만세!"라고 말하지요.
경제는 검소함과 사물을 돌보는 마음에 근거해야지,
도둑질이나 폭리, 유혹, 낭비, 파괴에 근거하면 안 된다오.

내가 글 쓰는 목적은 우리가 비록 죽을 수밖에 없고
무식하며 작다고 해도
우리를 온전하게 만들고 싶어서라오.

세상은 인간이 알고 있는 것보다 훨씬 통째로 존재하며
몸이란 세상 자체의 삶을 살며
설명의 규칙들이 닿을 수 없는 것이라오.
내가 승인하는 죽음은 때가 되어 찾아오는 죽음이라오.
나는 영원히 살고 싶지도 않고
다른 이들을 애태우며 한 시간 더 살고 싶지도 않다오.
나는 목숨이나 지식이
기계들을 통해 주어진다고는 믿지 않지요.
기계로 돌아가는 경제는 영혼의 식구들에게 불을 질렀고
모든 생명체들이 그 속에서 불타고 있는 중이라오.

'지적 재산권'이란 정신을 사고파는 행위로서
세상을 노예로 만드는 것일 뿐.
우리는 스스로를 소유하고 있지 않고 자유로운데
하느님께 속한 것, 살아 있는 세상에 속한 것,
그리고 우리 모두에게 평등하게 속한 것을
도둑질해서 소유하고 있다오.
그렇지 않고서야
우리가 어떻게 전체로 소유할 수만 있는 것의
한 부분을 소유할 수 있단 말인가요?
목숨이란 오직 다시 되돌려줌으로써만
우리가 받는 선물인 것을.
"노동자는 그의 임금만큼 값어치가 있다"지만
그는 자기가 아는 것을 소유할 수는 없는 법,
자기가 아는 것은 거저 전해져야 하는 법,

웬델 베리

그렇지 않다면 노동은 노동자와 함께 죽지요.
농부는 그의 수확만큼 값어치가 있다지만
자기가 심은 걸 자라게 하고 익어가게 하는 햇빛은
그가 소유한 것이 아니지요.
씨앗은 죽지만 죽지 않는 것
그저 때가 되면 제 길을 가지요.
농부는 땅조차도 내어맡김으로써 소유하며
가수는 모두를 위한 산들바람 속에서 노래하듯이
사상가는 사상을 받고 또 주는 법이라오.

나는 '과학의 천재'라는 사람이
힘은 자연이나 인간 문화와 동등하다는
순진한 주장을 믿지 않는다오.
과학이 원자핵과 세포들 속에
그리고 세상의 구석구석에
겁 없이 침입하였기 때문에,
우리는 빛 속에 살게 된 게 아니라
오히려 더욱 깊은 어둠 속을 헤매게 되었지요.
나는 또한 '예술적 천재성'이라는 것이
어느 예술가를 사로잡고 있다고는 믿지 않는다오.
아무도 예술작품을 만드는 예술을 만들지 않았지요.
말하는 사람은 누구나
함께 나누기 위해 말하지요.
우리는 귀신들의 모임으로 산다오.
우리를 사람으로 만드는 것은

'인간의 천재성'이 아니라
오래된 사랑이며 오래된 가슴의 지성이라오.
그 지성을 우리는 삼라만상으로부터,
영감을 불어넣는 천사들로부터,
그리고 죽은 이들로부터 얻지요.
그 지성을 소유하지 못한 자들에게는 그냥 없는 지성이지만
소유한 이들에게는 목숨보다 귀한 지성이라오.

또한 부드럽게 알게 되는 것은 사모하는 마음이지요.
그 마음이 여자와 남자를 하나 되게 만들며
식구들과 조국을 하나 되게 만들지요.
그 마음 역시 알지 못하는 자에게는 가르칠 수 없고
적은 사람들만이 해가 지날수록 깨닫게 되지요.
그 마음이 멸종한 새들의 빛깔처럼
죽은 언어의 노래처럼 세상에서 사라지고 있지요.

동물들을 각각 그 참된 모습으로 만든
천재성을 생각해봐요.
딱정벌레, 여우, 잉어, 제비는
각각 빛을 만들어
그 속에서 빛을 뿜어내지요.
그 동물들은 자기들이 사는 곳에서
어떻게 살아야만 하는지를 (우리보다) 더 잘 알지요.
그래서 독자들이여,
나는 참다운 사람이 되고 싶다오.

웬델 베리

지금 전혀 가능한 선택만은 아니지요.
그러나 이것이 내가 향해서 가는 방향이라오.
이것이 내가 나에게 기대하듯이
여러분이 나에게 기대해야 할 것이지요.
비록 그것이 이루어지려면
천 년이나 만 년을
더 기다려야 할지도 모르지만 말이라오.

내가 그곳에 서 있는 동안에
나는 내가 말할 수 있는 것보다 더 많은 것을 보았으며
내가 본 것보다 더 많은 것을 이해했다.
그 이유는 내가 성스러운 방식으로
세계의 영 가운데 있는 삼라만상을 보고 있었고
또한 삼라만상이 함께 한 존재로 살아야 하는 것을
보고 있었기 때문이다.

- Black Elk

위노나 라듀크(Winona LaDuke)는 원주민 의식 향상을 위한 활동가이며 대변자로서 원주민 공동체들의 토지와 생활방식을 지키는 일에 헌신해왔다. 여기서 그녀는 성스러운 장소들의 중요성을 말하며 또한 장소가 우리의 생태영성을 더욱 깊이 이해하는 데 얼마나 중요한가를 말한다. 그녀는 이 시대에 우리가 선택할 필요가 있는 것들을 강조한다.

위노나 라듀크

성스러운 장소들의 시대에는

"그곳은 모든 것이 한 장소에 있는 교회와는 다르다. 우리는 성스러운 장소들이 어떻게 스승의 역할을 하는가를 설명할 수 있다… 우리는 아메리칸 드림을 원하지 않는다… 우리는 우리의 기도하는 바위들(prayer rocks)을 원한다."

– Calleen Sisk, Winnemum Wintu[1]

천둥(Thunderbeings)과 물뱀들(Underwater Serpents)의 시대에는 사람과 동물과 식물이 서로 대화를 나누며 장난을 치고, 놀라면서 세상의 과제들을 수행했다. 예언자들은 시대를 앞서 말했으며, 과거의 대홍수의 원인들을 설명했으며, 미래의 두 길을 예측했는데, 하나는 바짝 말라죽는 길이며 다른 하나는 녹색의 길이었다. 아니쉬나베 어[2]를 사용하는 사람들은 그 둘 가운데 하나

---

1) 역자주: 위네멈 윈투는 캘리포니아 주 레딩 근처 샤스타 댐 부근의 맥클라우드 강 하류에 살았던 원주민 부족.
2) 역자주: 아니쉬나베(Anishinaabeg)는 북아메리카 5대호 인근 지역에 살았던 원주민 부족의 언어.

를 선택해야 할 것이라고 했다.

천둥과 물뱀들의 시대에는 세상이 항상 균형이 잡혀 있었으며, 우리는 눈에 보이는 세계 너머의 우주에 속해 있고 또한 그 우주는 유지될 필요가 있다고 믿었다.

아니쉬나베 족 역시 땅에 안겨 살아가는 다른 원주민들처럼 이 두 세계 사이에서 살아간다. 낮에는 밝은 빛이 비치고 밤에는 깊은 어둠이 유지된다. 영의 세계와 물질세계 사이의 평행선은 영원히 공존한다. 산업기술 문명의 바위를 깨부수는 착암기와 엔진들의 소음, 다이옥신으로 하얗게 소독한 대낮에도 불구하고 모두가 그대로다. 옛날에도 그랬고 지금도 그렇다. 그 땅에서 5천 년을 살아온 부족들처럼 오랫 동안 전해 내려온 가르침들은 주변의 모든 것들과 공경하는 마음으로 관계를 맺는 방식을 가르치며, 만물이 서로 의존하고 있다는 사실을 인정하며, 사람들은 절대로 겸손해야 하며 우리의 행동을 철저하게 통제해야 한다고 가르치며, 이런 관계는 우리의 생활방식과 성스러움을 인식함으로써 재확인해야 한다고 가르친다.

그런 가르침이 시작된 후 수천 년이 흘렀지만, 사태는 더욱 악화되고 있다. 마른 하늘에 느닷없이 번개가 치고, 기후변화로 인한 산불은 더욱 잦아지고, 토네이도는 마을을 풍비박산 내고, 사리 때 만조는 해안을 덮치며 강물은 홍수를 일으키고, 산업사회 한복판에서 구릿빛 존재들이 서성인다. 그래서 우리는 신비의 세상 속에서 우리가 한없이 작은 존재라는 점, 우리를 둘러싸고 있는 생명들에 대한 책임을 다시 확인하게 된다.

우리는 우리들 발밑에 있는 모든 것, 우리 위에 있는 것과 우리 주변에 있는 모든 것의 한 부분이다. 우리의 과거는 우리의 현재이며, 우리의 현재는 우리의 미래이고, 우리의 미래는 과거와 현재의 일곱 세대들이다.

- 하우데노소니[3] 가르침

이런 시대 한복판에서 땅에 붙어사는 부족들은 그 생활방식을 지속하기 위해 일하거나, 창조자 기치 마니두(Gichi Manidoo)가 가르쳐 전해 내려온 본래의 가르침 또는 그밖에 우리를 가르치는 이들의 가르침을 따르려고 한다. 이런 삶의 방식은 흔히 화석연료와 핵 발전으로 지탱되는 경제의 위협들, 즉 우라늄 광산, 거대한 댐 프로젝트, 타르 샌드의 위협들을 받고 있다. 사람들은 성스러운 장소와 세계와 맺고 있는 관계를 회복시키거나 유지하려고 애를 쓴다. 많은 곳에서 사람들은 지구를 갱신하는 의식들을 거행하는데, 예를 들면 물로 치유하는 의식들이다. 원주민들의 철학 관점에서 보면, 이런 의식들은 우리가 어떻게 지속될 수 있는가를 확인해준다. 이 글은 이런 이야기들에 관한 것이다.

이 글은 또한 개척지(frontier)라는 개념에 입각한 사회의 이야기도 들려줄 것이다. 서양인들이 신대륙을 발견한 것이라는 확신, 그래서 이 땅은 무주공산(無主空山, terra nullius)이라는 확신과 원주민의 것은 무엇이든 파괴해도 좋다는 교황청의 허락에 근거해서, 아메리카 대륙은 '신이 내린 사명'(Manifest Destiny, 백인이 원주민들을 지배해야 한다는 사명 - 옮긴이)이라는 주문(mantra)으로 일관했다. 이처럼 정착민에 초점을 맞추어 북아메리카 대륙과 관

---

[3] 역자주: 온타리오 호수와 이리 호수 남쪽 지역에 살았던 이러퀘이(Iroquois) 족의 다른 이름.

위노나 라듀크

계를 맺은 것은 역사적으로 제국을 위해 정복하고 더욱 많은 부를 쌓겠다는 실리적이며 인간중심적인 관계였다. 또한 모든 것을 제국을 위해 이름을 붙이고 자기 것이라고 주장했다. 산 이름들도 레이니어 산, 하니 봉, 맥킨리 산, 라센 산, 파이크스 봉 등으로 붙였다. 그러나 그런 식으로 **이름을 붙이고 깃발을 꽂는 것은 관계를 맺는 것이 아니라 단지 이름만 붙이는 것이다**. 미국인들은 장소를 제국과 연결시킬 줄만 알았지, 이 땅이 거룩한 땅이라는 것은 추호도 이해하지 못했다. 성스러운 산의 신령들을 고작 몇십 년 살다가 죽는 인간의 이름을 따서 짓는 것은 관계를 발가벗기는 짓에 불과하다.

현대인들은 또한 이 땅에 잠시 머물다 가는 사람들이라서, 더욱 푸른 초장을 하늘 저편의 다른 세상에서 찾는 아메리칸 드림을 가르쳤다. 이런 태도 역시 장소와 관계 맺는 것을 하찮게 만들었다. 이런 태도는 아무런 책임감도 없으며, 단지 광물에 대한 권리, 물에 대한 권리, 사유재산에 대한 권리처럼 헌법에 모셔 놓은 권리 주장들뿐이다.

우리가 목격하는 것처럼 생태계가 파괴되고, 물고기들과 나무들이 죽어가고, 기후가 붕괴하는 시대에는 우리가 장소와 맺는 관계 그리고 우리의 친척들, 즉 그들이 지느러미를 가졌든지 아니면 뿌리를 가졌든지 간에, 우리의 친척들과 맺는 관계에 대해 다시 생각하는 게 이롭다.

성스러운 장소들에 관해서

태초 이래로 창조자와 어머니 대지는 우리 부족들에게 우리가 태어난 땅에 대한 우리의 책임과 생활방식을 이어갈 가르침을 배울 장소를 주었다. 원주민 부족들은 장소를 기반으로 하는 사회들이며, 그 장소의 중앙에는 가장 성스러운 구역이 있어서 우리는 그곳에서 우리의 관계를 재확인한다.

원주민 부족들이 있는 곳이면 어디에나 성스러운 구역이 있으며, 만물을 아는 방식이 있고 **관계**가 있다. 사람들, 강들, 산맥들, 호수들, 동물들, 그리고 물고기들은 모두 연결되어 있다. 최근에 미국의 법정은 우리가 이런 장소들에서 살아갈 우리의 능력과 이런 장소들을 보호할 능력에 도전했다. 여러 차례에 걸쳐서 우리는 "그곳이 얼마나 성스러운지 혹은 얼마나 자주 성스러운지"를 양적으로 계산해서 대답하라는 요구를 받았다. 영적인 영역에서 양적으로 계산하라니 참으로 철딱서니 없는 생각이다. 그러나 우리는 그들을 가엾게 생각하지 않는다. 우리는 그들의 논리에 말려들어갈 수 없다.

연어와 사람들

북부 캘리포니아에서 살아왔던 위네멈 원투 족은 태곳적부터 누르(Nur) 연어 족과의 관계를 알고 있었다. 원투 족은 오늘날 샤스타 산이라고 알려진 성스러운 산 보임 파툭의 산기슭에서 살아왔던 자신들의 생명을 지탱시켜준 연어를 보호하고 돌보아야 하는 성스러운 책임을 알고 있었다. 원투 족에게 목소리를 주고 또한 노래를 가르쳐준 것이 바로 누르 연어 족이었다. 원투 족은 오래 전부터 만일에 연어가 사라지면, 자신들도 사라지게 되리라는 것을 배웠다.

연어가 노래하는 것은 오직 아메리카 대륙의 북서쪽 강들을 거슬러 올라갈 때뿐이며, 그 노래를 들을 수 있는 것은 오직 윈투 족뿐이다. 전설에 따르면 옛날 옛적에 연어 족이 윈투 족을 가엽게 여겨서 그들에게 목소리를 주었다고 한다. 윈투 족은 그에 대한 보답으로 연어 족을 돌보고 노래를 불러야 했다. 수천 년이 지난 지금도 윈투 족은 자신들의 이런 책임을 완수하려고 애를 쓴다.

"우리는 마지막 연어가 사라지면 사람들도 사라질 것이라고 믿는다." 윈투 족의 영적인 지도자 칼린 시스크의 설명이다.

수천 년 동안 강물은 부족들과 연어 모두에게 유익했는데, 특히 백인들의 문명에서 멀리 떨어져 있다는 것이 강을 보호해주었다. 그러나 시간이 지나자 백인들의 문명이 침입해왔으며, 또한 부족들은 신뢰 가운데 1851년의 조약에 서명했지만 그 조약은 결국 비준을 받지 못했으며, 나중에는 샤스타 댐을 만든 1941년의 연방법에서 수몰 지역 부족으로 명시되었음에도 불구하고, 윈투 족은 연방법에서 더 이상 '인디언'으로 존재하지 않게 되었다. 이처럼 괴상한 모순, 즉 당신의 땅을 빼앗고 당신의 부족을 살해한 정착민들과 침입자들이 만든 정부가 당신이 여전히 인디언인지 아닌지를 결정하는 모순은 많은 부족들에게 특히 냉혹한 상태로 남아 있다. 윈투 족은 특히 이런 구렁텅이에 빠져 있다.

1941년에 샤스타 댐은 맥클라우드 강 하류의 26마일 이상을 수몰시켜, 성스러운 구역들, 마을들과 역사를 깊은 호수 속에 삼켜버렸는데, 그 호수는 멀리 떨어진 도시들에 이익을 안겨주고, 돈 많은 관광객들을 위해 건설된 것이다. 그 댐은 윈투 족의 역사 가운데 상당부분을 수장시켰으며, 또한 맥클라우드 강의 연어 족의 이동을 가로막았다. 누르 연어는 사크라멘토 강 연어와 서로 교배하거나 캘리포니아에서 죽어나가는 수밖에 없다.

물고기 바위(Fish Rock)는 1914년에 철로를 깔기 위해 폭파되었으며, 다른 것들과 마찬가지로 샤스타 호수 속에 수장되고 말았다. 기도 장소였던 데카스 바위에서 남은 것은 그 저수지에서 삐죽 솟아나와 어느 기자가 말한 것처럼 "기형 환초(環礁)" 모습이다. 바로 이곳이 윈투 족이 강 옆에서 '큰 행사들'을 치르던 곳으로서, 논쟁들을 해결하고 노래판을 벌이고 예식들을 거행하며 혼인예식들을 올리던 곳이다.

윈투 족은 자신들의 연어와 성스러운 바위들이 사라진 것을 애도하며, 또한 강이 사라진 것을 슬퍼한다. 비록 그들의 예언은 연어가 사라질 것을 예언했지만 말이다. "우리 조상들은 연어가 빙하 강 뒤로 숨을 것이라고 말했다. 인디언 의사들과 예언자들은 오래 전부터 윈투 족과 함께 살면서, 연어가 사라질 때를 예언했다"고 칼린 시스크는 나에게 말했다.

이것은 윈투 족에게, 혹은 맥클라우드 강의 연어를 처음 발견한 사람들에게는 상상할 수 없는 일이었다. 윈투 지역에 찾아온 물고기 양식업자 리빙스턴 스톤은 알을 낳기 위해 강 상류로 몰려든 큰 연어들이 얼마나 많은지 자기가 그 연어들의 등을 밟고 강을 건널 수 있을 정도였다고 말했다. 1870년대에 그는 맥클라우드 강에 부화장을 세웠는데, 원래는 남획으로 인해 사라지고 있는 대서양 연어를 다시 보충하기 위해 태평양 연어를 키우려는 것이었다. 윈투 족은 애당초 이 부화장을 반대했지만, 연어가 항상 자신들의 고향에 돌아올 수 있게 한다는 조건으로 부화장의 백인들과 평화를 유지했다.

그러나 일이 꼬여서 1890년에 리빙스턴 스톤은 윈투 족의 누르 언어를 뉴질랜드의 아오테로아라는 다른 세상에 옮겨놓기로 결정했다. 누르 언어를 물이끼에 싸서 거대한 바다를 건너 뉴질랜드 남섬의 라카이아 강에 살도록 옮겨놓은 것이다.

이렇게 해서 맥클라우드 강의 누르 언어는 윈투 족의 세계에서 사라져버렸지만, 예언대로 언어들은 '빙하의 강,' 즉 빙하로 덮인 산에서 발원한 라카이아 강에서 다시 돌아왔다. 2008년에 윈투 족은 자신들의 언어를 찾아보기 위해 아오테로아를 방문했다. 그리고 윈투 족은 그 댐이 자신들의 친척을 파괴시킨 후 처음으로 누르 언어를 위해 다시 한 번 노래를 불렀다. 댐이 언어의 고향과 윈투 족의 성스러운 세계의 상당부분을 파괴한 지 50년이 지나서였다. 그러나 윈투 족은 기도, 예언과 많은 수고를 통해서 언어들이 돌아올 것을 믿는다.

구리와 철, 야생벼와 물, 그리고 늑대

"때때로 사람들은 또 다른 천 년을 살아가는 일에는
전혀 관심이 없는 것처럼 보인다."
– 마이크 위긴스, 배드 리버 아니쉬나베 족 추장

동쪽으로 2천 마일 떨어진 기치 굼미(수피리어 호) 기슭에서부터 오대호 지역에 걸쳐 호수, 강, 야생벼와 늑대들의 지역에 아니쉬나베그 아킹("아니쉬나베 족이 속해 있는 땅")이 펼쳐져 있다.

이 땅에는 구리와 철광석의 신령들인 물밑 마니두와그 신령과 미스크와비크와 비와비크 신령이 천둥의 시대 이래로 살아왔다. 초창기의 유럽 출신 탐험가는 이렇게 기록했다. "구리는 물밑 마니투크 신령에게 속해 있다고 한다... 사람들은 흔히 물밑 바닥에서 순수한 구리조각을 발견한다.... 나는 원주민들 손에서 그 조각들을 여러 차례 보았다. 그들은 미신을 믿기 때문에 구리 조각을 물밑에 사는 신들이 자기들에게 준 선물이라고 생각하며, 그런 구리 조각들에 자신들의 안녕이 달려 있다고 믿는다."

그러나 미국 정부는 이런 신령들을 신령들로 간주하지 않고 제국의 공격 목표물로 삼았다. 미국 정부가 1800년대 초에 아니쉬나베그 땅을 첫 번째로 공격한 것은 철과 구리 광산을 확보하기 위한 것이었다. 짧은 기간 동안에 미국 정부는 네 차례 조약에 서명했는데, 모두가 아니쉬나베그 지역의 광산개발권을 확보하기 위한 것이었다. 19세기 중반까지 이 지역에 100개가 넘는 구리회사들이 설립되었다. 오늘날 미국에 근거지를 둔 케네코트, 아나콘다 구리, 3M 등 다국적 광산회사들은 모두 이 지역에 설립된 것들이다.

천둥 시대 이래로 이 지역에는 야생벼가 있었다. 실제로 야생벼는 아니쉬나베 족의 이주 역사의 한 부분이었으며, 사람들은 "물에서 자라는 식량이 있는 곳으로 가라"는 예언을 따른 것이다. 아니쉬나베 족은 야생벼를 '마누민,' 즉 "창조자의 씨앗"이라 부른다. 야생벼는 북아메리카 대륙의 유일한 곡물 고유종이며, 그 땅과 물이 주는 가장 위대한 선물 가운데 하나다. 세상에서 그처럼 풍성한 선물을 주는 곳은 별로 없다. '마누민'의 독특한 성질과 적응성 덕분에 호수들과 강들은 매년 풍족한 벼 작황을 안겨준다. 이런 조건은 그 지역에 사는 사람들만이 아니라 그 지역에 둥지를 트는 물새들에게도 놀라운 먹이를 확보해준다. 이처럼 풍성한 소출 때문에 야생벼가 자라는 지역에는 아니쉬나베 족이 살고 있으며, 아니쉬나베 족이 사는 지역에는 야생벼가 자란다. 야생벼는 오대호 지역 혹은 아니쉬나베 아킹의 성스러운 식량이며 이 지역 생태계의 핵심이다. 구리와 철을 캐는 광산들이 이 지역의 호수들과 강들을 죽였던 것처럼, 야생벼와 그 야생벼에 의존해서 살아가는 모든 생명체들을 유린했다.

아니쉬나베 족이 전염병, 굶주림, 연방정부의 정책들로 인해 대량학살당한 것은 '마인간,' 즉 늑대의 파멸에도 반영되어 있다. 아니쉬나베 족이 늑대와 맺고 있는 관계는 이 부족의 전통과 역사에서 매우 성스러운 것이다. 아니쉬나베 족의 문화와 가르침에서 중심적인 인물인 나아나부주라는 반영반인(半靈半人)의 첫 친구는 '마인간,' 즉 늑대였다고 한다. 아니쉬나베 족의 예언에 따르면, 늑대에게 닥칠 일은 아니쉬나베 족에게도 닥칠 것이다. 영토를 빼앗기는 일이 모두에게 닥쳐서, 아니쉬나베 족은 원주민 보호구역들로 쫓겨났고, 늑대들은 북쪽 숲의 얼마 되지 않는 황량한 지역들로 쫓겨났다. 그 부족과 마찬가지로 늑대들도 거의 멸종할 단계까지 이르렀다.

그러나 아니쉬나베 족과 늑대들은 모두 북부지역으로 되돌아왔다. 오늘날 아니쉬나베 족의 19개 보호구역은 미시간 주에서부터 몬태나 주에 이르기까지 북부지역에 펼쳐져 있다. 이 지역들은 오늘날 48개 주들 가운데서 늑대들이 가장 많이 서식하는 지역이다. 아니쉬나베 족은 6만 명에 이르고, 늑대는 5천 마리에 이르는데, 모두 친척들로서, 하나는 다리가 둘인 반면에 다른 하나는 다리가 넷으로서, 멸절될 뻔했다가 회복되고 있다.

약탈자들이 되돌아오다

1850년대에 제국이 세운 회사들 역시 세상을 약탈하고 자신들의 제국들을 공고하게 만든 후 산에 커다란 구덩이들을 남겨놓고 있다. 아니쉬나베 족의 지역 전체에 걸쳐 새로운 광산들을 파헤칠 계획이다. 이제까지는 그 회사들이 시민들과 원주민 부족들의 반대를 피해왔지만, 지금은 많은 반대에 봉착했으며, 아니쉬나베 족은 유엔에 다음과 같은 청원서를 제출했다. "현재 미시간, 위스콘신, 미네소타, 온타리오에 걸쳐 있는 아니쉬나베 족의 영토 전역에서 벌어지고 있는 공격적인 광산 붐은 수피리어 호수 유역의 거의 모든 지역에서 수질을 악화시키고 있으며 생태계를 파괴하고 있다."

"흰 늑대의 고향"으로 알려진 독수리 바위는 키웨노 강 옆의 성스러운 장소이며 선사시대부터 수로의 거점이었다. 그 바위는 아니쉬나베 족에게만 성스러운 장소가 아니라 호춘크 족과 체예니 족에게도 성스러운 장소다. 오늘날 이 지역에 사는 부족들과 아메리칸 인디언 의회도 그 바위를 종교적인 예배 장소로 보호해줄 것을 요구했다.

그 바위 밑 지하에는 미스크와빅 아비누진스 혹은 구리 아이(Copper Child)가 있다. 이 구리 광맥은 지리정보시스템(GIS)에 어린아이의 모습처럼 나타나는데, 마치 사형집행을 기다리는 모습이다. 영국의 광산회사 리오 틴토 아연의 자회사인 케네코트가 이 성스러운 장소 근처의 구리 광상을 캐낼 계획이기 때문이다.

이 성스러운 장소를 보호하기 위해 7년 동안 싸워왔다. 수없이 체포되고 법적인 조치들을 취했으며, 원주민의 권리 선언에 입각하여 유엔의 개입을 청원했다. 이 성스러운 장소를 보호하고 또한 광물 약탈을 막기 위한 싸움은 그 땅에서 5천 년 동안 살아온 아니쉬나베 족의 풍요로운 땅과 강 주변의 수생 생태계와 야생벼를 보호하기 위한 싸움이었다.

그 지역의 사법권을 담당하고 있는 미시간 당국이 원주민 부족들과 강물, 성스러운 지역의 권리를 인정하지 않았는데, 그 이유는 예배 장소는 반드시 건물이어야만 하기 때문에, 그 장소는 성스럽지 않으며 영적인 중요성을 지닐 수 없다는 논리였다. 이런 논리로 주 정부는 광산회사들의 채광작업을 허락했다.

위스콘신과 미네소타 주 정부 모두가 내놓은 제안들은 수질 관리법을 완전히 위반하는 것들이며 북부 지역의 야생벼 생육에 막대한 폐해를 초래할 것이다. 그 뿐만 아니라 미국 어류와 야생보호국이 최근에 늑대를 보호종 목록에서 삭제한 것은 그 지역의 새로운 광산회사들의 이해관계와 정확히 맞아떨어지는 것으로 보인다.

그러나 지금은 인간과 자연의 관계가 변하고 있는 시대다. 대규모적인 광산개발로 인해 가장 큰 위협을 받는 것이 야생벼와 늑대라는 사실은 아이러니다. 원주민 부족 공동체들은 점차 지역 주민들과 연대하여 물과 야생벼에 대한 위협에 맞서왔으며, 미네소타 주에서는 규제법을 위한 싸움이 진행 중이다. 연방정부는 늑대를 보호종에서 삭제했지만, 원주민 공동체들은 자신들의 지역에서는 늑대를 보호종에서 삭제하는 것에 반대하고 있다. 이것이 중요한 이유는 늑대의 서식지가 원주민 보호구역과 일치하며, 조약들과 법원의 판결들 덕분에 보호구역 인근 지역들은 여전히 원주민들의 사법권 아래 있기 때문이다.

현재 북부지역 원주민들의 자치정부들은 늑대들을 보호할 책임을 잊지 않을 것을 서약하였고, 원주민 공동체들은 약탈자들의 광산개발로부터 그 성스러운 존재들을 보호하기 위해 불철주야 노력하고 있다.

도코우슬리드… 카치나 신령들의 산과 스키장

멀리 남쪽으로 나바호 부족(Dine Bii Kaya)의 성스러운 네 개의 산들 역시 위협에 직면해 있다. 테일러 산은 또 다시 우라늄 광산개발 계획이 검토되고 있으며 또한 나바호 부족의 서쪽 성산 도코우슬리드 산은 스키를 즐기는 이들을 위해 그 성스러움이 파괴되고 있다.

이 지역은 아리조나의 화산 고지대로서 6백만 년 전에 거의 600개의 화산이 폭발하여 형성되기 시작했다. 이 화산 폭발 가운데 가장 극적인 폭발로 인해 4천 미터 높이의 산봉우리 세 개가 연봉으로 만들어졌고 이 산들은 미국 서부의 성스러운 산으로서 열세 부족들에게 성스러운 장소가 되었다. 이 성스러운 산은 나바호 족의 경계선을 이루는 네 모퉁이 가운데 하나다. 나바호 족은 이 성스러운 산을 카치나 신령들이 등장하는 장소로 믿는다. 아메리카제국의 일상어로는 이 성스러운 산을 샌프란시스코 봉우리들이라 부른다.

아리조나 주에서 가장 높은 봉우리인 이 산들에는 아리조나 주에서 유일하게 고산식물이 2 평방마일에 걸쳐 자라나며 빙하시대의 빙하를 볼 수 있는 가장 멋진 곳이다. 이 산들은 태곳적부터 성스러운 풀들을 채집하던 장소였으며 또한 종교예식들을 거행하던 장소였다.

　1984년에 미국 의회는 이 지역의 허약한 생태계와 문화적인 중요성을 인정하여 카치나 봉우리 야생지로 지정했다. 그러나 이처럼 야생지로 보호받는 지역에 스키 리조트 건설이 계획되었다. 인근 대도시인 플래그스태프의 하수를 처리하여 이 성스러운 산에 뿌려 인공적으로 눈을 만드는 계획이었다. 이 산지에는 하늘에서 내리는 강우 이외에는 수원이 없기 때문이다.

　지역 생태계의 허약함, 고고학적 및 문화적 중요성과 원주민 공동체들과 자연보호 운동조직들의 반대에도 불구하고, 최근에 제9 순회법정은 아리조나 스노우볼 레크리에이션 프로젝트를 그 계획대로 진행하는 것을 허가했다. 14.8 마일의 송수관 공사가 끝나면, 스키장에 눈을 만들기 위해 매년 플래그스태프 시의 하수를 처리한 폐수 약 1억8천만 갤런을 이 성스러운 산에 뿌리게 될 것이다. 하수는 처리해도 약품성분과 호르몬과 같은 오염물질이 포함되어 있다. 광야에 사는 사람들은 스키를 즐길 기회가 많지 않기 때문에 스키장은 그런 사람들을 유혹하기 위한 마케팅 전략에 골몰하지만, 폐수로 만든 칵테일이 얼마나 맛이 있을 것인지는 두고 볼 일이다.

　스키장 소유주는 새로운 스키 루트를 만들기 위해 이미 희귀한 고산지대 숲을 74 에이커나 완전히 베어냈다. 인공 눈을 만들기 위한 폐수 천만 갤런을 저장하기 위해 큰 연못을 만들고 또 12마일의 송수관 공사를 할 것인데, 이 모든 것이 나바호 족의 눈에는 완전한 신성모독이다. 2012년 여름에는 성스러운 장소를 보호하고, 주민들과 경작지를 위한 물 공급을 위해, 그리고 궁극적으로는 우선순위의 문제를 제기하기 위해 원주민들의 가

두시위가 계속되었다.

이 문제는 **세계관들** 사이의 **차이**로서, 하나는 땅을 풍부한 광물자원이나 놀이터로 보는 것이며, 다른 하나는 땅을 위대한 영적 및 문화적 부의 원천으로 보는 것이다. 이것이 오늘날 우리가 당면한 현실의 이야기다.

성스러운 것을 경매에 넘긴다

"바람의 동굴"에서 불어오는 숨결을 느낄 때, 나는 이처럼 아름다운 세상에서 내가 사는 작은 장소와 인간들을 창조한 것을 다시 생각하게 된다. 사우스 다코타 주 블랙 힐스에 있는 "바람의 동굴 국립공원"의 이름은 그 동굴 때문에 붙여진 이름인데, 라코타 원주민 부족은 그 동굴을 '와슌 니야,' 즉 "어머니 대지의 숨구멍"이라고 부른다. 라코타 부족의 창조 이야기에서는 그들이 이 숨구멍으로부터 생겨났다고 한다.

그 동굴은 복잡한 체계이다. 과학자들에 따르면, 우리는 그 동굴의 크기와 폭의 단지 5%만 감지할 수 있으며, 그 위력에 관해서는 그보다 더 적게 느낄 수밖에 없을 것이다. 우리는 그것을 **"알려진 미지"**(known unkown)라고 부를 수도 있을 것이다. 대부분의 원주민들은 그것을 **위대한 신비**라고 이해한다. 즉 우리가 인간중심으로 세계를 이해하는 것보다 훨씬 큰 것으로서, 실제로 사람들을 둘러싸고 있는 것은 하나의 세계 이상이라는 이해를 반영한 표현이다.

그래서 2012년, 즉 미국의 대통령 선거와 마야의 달력에 예언된 변화의 해에, 우리는 블랙 힐스에서 직면하는 것처럼, 우리 주변의 훨씬 커다란 세계 안에서 인간의 왜소함과 위대함을 동시에 느끼게 된다. 라코타 부족의 우주론에서 중심이 되는 매우 성스러운 장소인 페슬라가 경매에 붙여졌다. 그리고 가치들과 세계관들이 충돌했다.

라코타 부족에게 페슬라는 "삼라만상의 심장이다." 라코타 부족의 학자 체이스 아이언 아이즈에 따르면, 페슬라는 "지구 전체에서 매우 경외하는 장소들 가운데 하나로서, 지리적으로 또한 우주론적으로 완전한 장소들 가운데 하나다." 페슬라는 샛별이 별똥별로 지구에 내려와, 일곱 명의 여인의 목숨을 뺏어간 큰 새를 죽임으로써 라코타 족을 도와준 장소다. 샛별이 내려옴으로써 숲에 덮인 블랙 힐스 한복판에 어울리지 않게 넓은 공터가 만들어졌다. (미국의 지도에는 이곳이 오래된 대머리라고 표시되어 있다). 샛별은 그 일곱 여인의 영혼을 "일곱 자매들"이라는 별자리로 만들었다.

2012년 8월 25일, "삼라만상의 심장"이 경매에 붙여졌는데, 300 에이커의 작은 농장들로 조각날 운명이었다. 또한 이제까지 비교적 훼손되지 않았던 성스러운 장소 한복판으로 도로가 날 판국이었다. "우리는 그곳이 팔리게 된다는 것조차 모르고 있었어요. 경매에 붙여진 다음에야 비로소 알게 되었지요." 맨더슨 시 출신의 데브라 화이트 플럼의 말이다.

오늘날의 세상은 사유재산을 헌법상의 권리로 떠받들지만, 자연의 권리, 아직 태어나지 않은 세대들의 권리는 무시되는 세상이다. 생태계와 세계가 붕괴하는 시대에, 존경받는 모든 것들을 갖고 상품을 만들지 않는 것이 매우 중요하다. 일반적으로 매우 보수적인 래피드 시티의 잡지조차도 라코타 족의 성스러운 장소들을 보호하는 것이 모두에게 유익하다고 지적했다. "익숙한 장소들을 성스러운 곳으로 지정하면, 인디언이 아닌 사람들은 두려워할 것이 없다. 곰의 산, 악마의 탑, 무지개 다리는 인디언들의 성스러운 곳으로 지정되어 있지만 여전히 관광객들이 방문할 수 있다. 그런 성스러운 장소들을 둘러싼 인디언들의 민담을 배우고 실제로 인디언이 아닌 사람들이 지식을 넓히는 일은 문화적인 이해를 확장할 수 있다."

페슬라의 경매가 마감되기까지 채 두 주도 남지 않았을 때, 경매에 관한 소식이 인터넷과 신문들을 통해 라코타 부족 공동체들에 퍼졌다.(라코타 인디언 보호구역들 가운데 세 곳은 전국에서 가장 가난한 지역들이다). 라코타 족과 그들의 성스러운 장소, 경매에 관한 이야기가 처음에는 사람들 사이에 분노에 찬 수군거림으로 떠돌다가, 나중에는 집회와 시위로 확산되었다. 라코타 족은 인터넷을 통해 50만 달러 이상을 모금했고, 그 모금된 금액만큼 로즈버드 수우 족에게서 비롯된 부족의 돈과 기타 기부금이 채워졌다. 경매는 취소되었고, 라코타 족은 그 성스러운 장소를 매입하기 위한 협상을 시작했다.

그러나 이번 사건이 매우 아이러니한 것은 백인들이 블랙 힐스를 라코타 족으로부터 매입했던 적이 없으며, 금광의 발견과 더불어 미국정부가 그 땅을 불법적으로 점거했다는 점이다. 미의회는 블랙 힐스를 불법으로 점거한 것에 대해 라코타 부족에게 1억5백만 달러를 지불하도록 예산을 책정했지만, 아무도 그 돈을 받은 적이 없다. 따라서 라코타 부족이 누군가의 소유라고 간주했던 적이 없는 땅을 다시 사야만 하는 모순이 벌어지고 있는 것이다.

위노나 라듀크

성스러운 생활방식을 되찾는 일

희망은 항상 있으며, 우리들에게는 우리의 전통 예식들에 관련된 믿음도 있다. 그 믿음은 영적인 작은 기적들이 벌어질 때, 그리고 세상이 변할 때 확인된다.

북부 캘리포니아의 맥클라우드 강둑에서는 원투 족이 모여 젊은 소녀들의 성스러운 성인식을 거행한다. 비록 캘리포니아 주정부는 이런 전통 예식을 거행하지 못하도록 소환장을 발부하고 있지만 말이다.

그리고 멀지 않은 장래에 연어들은 아오테로아로부터 되돌아 올 것이다. 그리고 누르 족과 원투 족은 축하행사를 베풀 것이다.

북부의 숲에서 아니쉬나베 족은 짐승 같은 놈들과 맞서 또 한 차례 승리한 것을 축하한다. 2012년에 위스콘신 주의 피노키 산맥, 즉 배드 리버의 상류로서 아니쉬나베 족의 배드 리버 공동체의 중심에 있는 산맥에 자리잡고 있는 거대한 GTAC 광산회사는 법적인 소송에서 패배했다. 이것은 위스콘신 주에서 광산 회사들이 다섯 번째로 패배한 것이다. 그 패배는 잠시 동안일 테지만, 어머니 지구로서는 숨을 돌릴 여유가 생긴 것이다.

그리고 2012년에 페슬라는 화려한 작은 농장들로 둔갑하는 것을 피할 수 있을 것으로 보이며, 계속해서 사람들이 기도하고 삼라만상과의 관계를 확인하는 장소로 남을 것이다.

그리고 옛 이름들을 회복하는 작업도 계속되고 있다. 수십 년 전에 매킨리 산은 드날리 산이 되었다. 오스트레일리아의 에이어스 락스는 울룰루가 되었는데, 이 이름은 그 산을 발견한 백인의 이름이 아니라 그 지역에 살던 원주민 부족의 이름이다. 2010년에 캐나다에서는 하이다 족의 고향인 퀸 샬로트 아일런드가 공식적으로 하이다 그와이로 바뀌었다. 퀸 샬로트는 하이다 족의 전통을 본 적도 없으며 이해하지도 못했던 여왕이었다. 시애틀 서쪽의 바다인 펏젯 사운드는 살리쉬 바다로 부르게 되었으며, 지명들과 그 역사를 되찾게 됨으로써 거룩한 땅에 대한 우리의 이해를 새롭게 하고 있다. 이런 이야기들은 이 땅에 먼저 살게 된 원주민 부족들의 이야기들과 결합되고 있다.

한편 뉴질랜드 법원은 최근에 강의 권리를 확인해주었다. 왕가누이 강이 테아와투푸아("온전하게 살아 있는 전부")라는 이름으로 법적인 실체가 되었으며, 2012년에 뉴질랜드 법에 따라 사람과 똑같은 법적인 지위를 얻게 되었다.

그러나 산업이라는 약탈자는 여전히 잔인하다. 게걸스러운 입맛과 탐욕이 가득한 그 약탈자는 심장 같은 것은 아예 없으며 모든 것을 잡아먹고 있다.

미국에서 생산되는 에너지의 57%가 비효율로 낭비되고 있다는 것을 안다면, 사람들은 생존하기 위해 덜 낭비하고 싶어 할 것이다. 그리고 우리가 만드는 상품들의 2/3가 비교적 빠른 시간 안에 쓰레기 처리장에 쌓이게 된다는 것을 안다면, 우리는 소비를 줄이고 싶어 할 것이다. 이 문제는 경제적 선택, 정치적 선택, 개인의 선택의 문제다. 이런 선택은 궁극적으로 제국과 관계가 있으며, 새로운 프런티어를 찾을 필요성, 그리고 이 땅에서 평화를 만들어나가는 것과 직결된 문제다.

세상이 붕괴하는 소리가 요란한 마당에도, 지켜보면서 숨을 쉬는 것은 가능하다. 2012년에 미네소타 주 덜루스에서는 이틀 동안 폭우가 계속되어 홍수가 났다. 아니쉬나베 족은 까마득한 옛날에 큰 홍수가 나서 세상이 새롭게 바뀌었다는 것을 기억한다. 그들은 이번 홍수를 자신들의 인디언 보호구역에서 지켜보아야만 했다.

2012년의 홍수로 인한 경제적 손실은 1억 달러에 달했다. 이런 손해는 기후변화와 관련된 재난 가운데 시작에 불과하다. 2012년 3월까지 전 세계적으로 기후에 관한 기록 갱신이 129,000건 보고되었다. 세계 보험회사들은 우리가 기후변화로 인한 재난 때문에 전 세계적으로 GDP의 20%를 사용하게 될 것으로 예상한다.

덜루스의 홍수로 인해 동물원에서 북극곰이 우리를 탈출했는데, 그 곰이 북쪽으로 도망치는 것을 보면서 우리 아니쉬나베 족은 시대가 변하고 있음을 알았다. 우리는 새로운 천년기에 성스러운 존재들로서 올바른 길을 선택할 기회를 갖고 있다.

천둥과 물뱀들의 시대에는 사람과 동물과 식물이 서로 대화를 나누며 장난을 치고, 놀라면서 세상의 과제들을 수행했다. 예언자들은 시대를 앞서 말했으며, 과거의 대홍수의 원인들을 설명했으며, 미래의 두 길을 예측했는데, 하나는 바싹 말라죽는 길이며 다른 하나는 녹색의 길이었다. 아니쉬나베 어를 사용하는 사람들은 그 둘 가운데 하나를 선택해야 할 것이라고 했다.

우리 모두가 똑같은 선택을 해야 한다. 우리 시대가 끝나기 전에 올바른 길을 선택해야만 한다.

라코타 족의 노인은 지혜가 많았다.
그는 사람의 마음이 자연에서 멀어지면
굳어진다는 것을 알고 있었다.
자라나는 것들과 살아 있는 것들에 대해
존경하지 않으면 조만간
사람들에 대한 존경심도 사라진다는 것을
그는 잘 알고 있었다.

— Chief Luther Standing Bear

반다나 시바(Vandana Shiva)는 과학자, 철학자, 여성운동가, 저술가, 환경운동가, 활동가로서 평화, 지속가능성, 사회정의를 위한 여성운동을 펼쳐왔다. 1991년에 그녀는 나브다냐(Navdanya)를 설립했는데, 이것은 특히 토착 씨앗들의 다양성을 보호하기 위한 전 국민적 운동이다. 여기서 그녀는 어떻게 식량이 생명의 그물과 연결되어 있는지를 말하면서, 안나다나(annadana), 즉 음식이라는 선물과 음식을 나누어주는 일이 매우 성스러운 일이라는 것을 기억하도록 촉구한다.

반다나 시바

안나다나: 음식이라는 선물

우리가 먹는 음식, 우리를 양육하는 식량은 땅의 선물이며, 태양의 선물일 뿐 아니라, 수백만 년 동안의 진화의 선물이다.

음식은 또한 땅을 가는 농부들, 가축들을 돌보는 이들, 물고기를 잡는 이들이 주는 선물이기도 하다. 우리에게 음식을 주는 땅을 잊는다면, 음식은 지속가능한 것이 아니게 된다. 음식은 단순히 우리의 생존을 위해 반드시 필요한 것만이 아니라, 생명의 그물망이다.

타이티리야 우파니샤드는 이렇게 말한다.

진실로 음식(anna)으로부터 피조물들이 태어난다.
이 땅 위에 사는 어느 피조물이든 간에...
왜냐하면 진실로 음식은 존재들의 으뜸이기 때문이다.[1]

이 땅의 존재들은 음식에서 태어나며,

---

1) Taittiriya Upanishad, 2.2, trans. Robert Ernest Hume, *The Thirteen Principal Upanishad*, 2nd English Ed., Oxford University Press.

태어난 후에는 음식으로 살아간다.
죽으면 모두가 음식 속으로 들어간다.[2]

음식은 살아 있다. 음식은 단순히 탄수화물, 단백질과 영양소의 조각이 아니다. 음식은 존재이며, 성스러운 존재이다.

진실로 브라마(Brahma)를 음식으로 예배하는 이들은
모든 음식을 얻는다.[3]

마하 아쉬와메드히카는 이렇게 말한다.

음식을 주는 이는 생명을 주는 이다.
    또한 실제로 다른 모든 것도 주는 이다.
그러므로 이 세상과 다음 세상에서
    행복하기를 누리고 싶은 이들은
특별히 음식을 주려고 애써야만 한다…
음식은 진실로 생명을 보존하며
    음식은 생식(生殖)의 원천이다.[4]

음식은 창조의 기초이기 때문에, 음식은 창조이며 창조자이다. 음식은 우리가 살아가는 방식의 맥락에서 신(神)이다. 그러므로 음식과 관련해서 우리가 수행해야 하는 온갖 의무들이 있는

---

[2] Ibid 3-2, p. 290.
[3] Ibid 2.2, p. 284.
[4] Maha Ashwamedhika, 92.

것이다.

만일에 우리가 음식을 먹을 수 있다면, 그것은 사회가 그런 의무들을 잊지 않았기 때문이다. 만일에 사람들이 굶주린다면, 그것은 사회가 음식과 관련된 윤리적 의무들을 수행하지 않기 때문이다.

안나다나(Annadana)는 음식을 선물로 받고 음식을 선물로 주는 것이다. 모든 사람이 매일매일 안나다나에 참여하면, 그밖에 사회 안에서 필요한 모든 윤리적 문제들은 해결된다. 고대 인도의 가르침에 따르면, "굶주린 이에게 음식을 주는 일과 목마른 이에게 물을 주는 일보다 더 위대한 일은 없다."

타이티리야 브라마나에는 이런 말씀도 있다.

너의 집에 찾아온 이에게 음식과 환대를 베풀지 않고 떠나게 하지 말라.

사람이 거스르지 말아야 할 규율은 이것이다.
음식을 풍성하게 마련하도록 모든 노력을 아끼지 말라.
그 풍성한 음식은 모두가 함께 나눌 것이라고 세상에 알려라.

이처럼 주는 문화에서는 풍성함과 모두가 나눌 수 있는 조건을 찾을 수 있다.

또 다른 경전에는 이런 말씀이 나온다.

주지는 않고 먹기만 하는 자를 나는 버릴 것이다.
나는 안나데브타, 음식의 신이며 음식 안의 신이다.

나는 나 자신의 규칙에 따라 가고 온다.
주는 것이 먹는 것과 똑같은 의미를 지닌 자를 나는 먹인다.
그에게 나는 풍성하게 다가간다.
그러나 주지는 않고 먹는 자에게는 내가 다가가지 않는다.
사람들 가운데서 내가 가는 길을 막을 수 있는 자가 누구냐?

우리가 식량을 생산하는 안나다타스(*Annadatas*)를 망각할 때 우리는 굶주림과 가난을 만들어낸다. 사람들을 고려하지 않는 농업은 기업농, 화석연료, 화학물질, 독성물질이 지배하는 농업이 된다.

기업농이 더욱 많은 식량을 생산한다는 신화가 팽배해 있다. 이런 신화가 소규모 농업과 농민들을 파괴시키는 것을 정당화한다. 그러나 이런 거짓 생산성은 투입된 노동력에 따른 상품만을 측정할 따름이지, 경작지 면적 당 혹은 물이나 에너지 사용량 당 생산되는 식량과 영양소를 측정한 것이 아니다. 한편으로 이런 거짓 생산성은 작은 규모의 다품종, 유기농법의 높은 생산량을 은폐한 것이다. 다른 한편으로는 기업들의 단일품종 재배에 필요한 높은 투입량, 즉 생산된 식량의 에너지보다 열 배나 더 많은 에너지를 투입해야만 하는 사실을 은폐한 것이다. 기업농은 생태농법보다 물도 열 배나 더 많이 사용한다.

결과적으로 오늘날 농촌에서 농부들이 사라지는 것과 동시에 (땅에서) 영양소들도 사라지고 있다. 환경은 독성물질들과 온실가스로 중병에 걸렸다. 기후변화, 종 다양성의 파괴, 물의 고갈과 오염이 그 결과다. 만일에 이런 비용들을 원가 계산에 포함시켰다면, 우리는 독이 든 음식들을 사 먹을 수 없었을 것이다.

의술과 질병은 서로를 치유한다.
세상 전체가 의술이다.
당신은 어디에 있는가?

- 9세기 중국의 선사(禪師) 운문(雲門)

수잔 머피 로쉬(Susan Murphy Roshi)는 선사(禪師)로서 오늘날의 생태학적 위기를 "지구가 우리 앞에 내놓은 엄청난 화두(話頭)로서 우리가 아직 충분히 이해할 수 없는 말로 분명하게 우리에게 말하고 있는 것"으로 보는 독특한 영적인 관점을 제시한다. 이처럼 생생한 화두에 답하기 위해서 "우리는 한때 우리에게 자연스러웠던 근본적인 것들을 다시 배울 필요가 있다"고 그는 말한다.

수잔 머피

지구의 화두(話頭)

우리는 어떤 문제를 만들어낸 사고방식을 갖고는
그 문제를 풀 수 없다.

— Albert Einstein

"지구는 우리 모두가 사는 곳이다. 지구는 우리를 지탱시켜 준다. 지구는 우리가 이곳에 일시적으로 살도록 허락한다. 착한 손님처럼 우리는 자기의 집에 우리를 머물도록 허락한 집주인을 존중하며 또한 우리가 운이 좋아 경험하는 모든 아름다움과 풍성함에 감사한다. 아무런 해도 끼치지 않고 우리는 떠난다." 이것은 웹사이트에서 논의하기 위해 올려놓은 글 가운데 일부분인데, 이 글에 대해 토를 달기는 실제로 매우 어렵다.

그러나 우리의 산업화된 세계는 이처럼 토를 달 수 없는 실상과는 정반대되는 세계의 이미지를 형성한다. 우리는 가능한 한 땅으로부터 멀리 떨어지도록 담을 쌓고 살고 있다. 그리고는 강이나 산을 보기 위해 비싼 돈을 지불한다. 우리들 가운데 많은 사람들이 이제는 땅에 누워 잠을 자는 것을 부자연스럽게 느낄 것이며, 또한 우리가 사는 지역에서 나는 먹거리로 식사를 하는 것, 개울물을 그냥 마시는 것, 땅에 구덩이를 파고 변을 보는 것을 부자연스럽게 생각할 것이다. 에어컨 시설이 갖추어져 있으며 전기 코드를 꽂기만 하면 모든 게 해결되는 물질적 안락함이 우리를 대지로부터 떨어지게 만들고 심지어는 자연스러운 것에 대한 감각으로부터도 멀어지게 만든다. 이런 안락함은 또한 극도로 자기중심적인 생활방식을 유지하기 위해 필요한 고비용을 우리 자신이 아니라 다른 사람들, 다른 종자들, 지구 전체가 감당하도록 만든다. 우리는 이 땅 위에서 잠시 머문다는 사실, 우리 모두가 나이를 먹게 되고 죽게 된다는 사실로부터 최대한 멀리 떨어진 채 살고 있다. 우리는 우리를 잠시 동안만 머물도록 허락한 집주인을 존중하지 않으며 지구가 우리에게 퍼부어주는 풍성함과 아름다움을 인정하지도 않는다. 우리는 이런 모습을 외면하기 위해 수단방법을 가리지 않고 우리의 마음을 분산시킨다. 이런 모습을 깨닫도록 강요당하면, 우리는 피해가 산더미처럼 밀려오는 쓰나미와 같다 해도 그런 피해는 완전히 고의적인 것이 아니며, 우리가 통제할 수 있는 것도 아니라고 손사래를 치며 우리 자신을 확신시킨다.

지구에 "해를 끼치지 말라"는 것은 오늘날처럼 극도로 산업화되고 에너지에 굶주린 세상에서는 우선순위에서 맨 뒤로 밀려난다. 70억의 인류는 오늘날 산업화된 세계의 사람들만이 사치스럽게 누리는 온갖 물질적 및 기술적 혜택을 누릴 수 있다는 불가능한 약속에 사로잡혀 있다. 에너지 집약적인 문명은 처음에는 석탄을 이용해서 그 다음에는 석유라는 환상적인 자원을 이용해서 발전함으로써 더욱 많은 사람들이 이전 세대 사람들은 꿈도 꾸지 못했던 물리적 편리함의 단계에 도달하도록 만들어주었으며, 이런 물리적 생활 향상이 너무 빠르게 진행되었기 때문에, 그 가혹한 결과들을 따라잡기 어려웠다. 그러나 이제는 분명히 그 가혹한 결과들이 우리를 따라잡아 삼킬 태세에 이르렀다.

만일 인간에게 그처럼 단기간에 지구를 처분해버릴 권리가 주어졌다면, 탄소 연료를 이용해서 잘 사는 사람들만 누린 무제한적인 풍요를 모든 인류가 똑같이 누릴 권리가 주어졌다는 말이다. 지속적인 경제성장의 패러다임은 이것이 실현가능하며 멋진 일이라고 주장하며, 또한 인류의 모든 행복은 시장의 무제한적인 확장에 달려 있다고 주장한다.

그러나 이처럼 무제한적인 확장은 인류라는 종자에게 매우 호의를 베풀었던 기후 조건들을 몰수해버린 것으로 판명되었다. 그런 호의는 물론 우리 인간들에게만 베풀었던 것은 아니다. 현재 우리가 겪고 있는 대규모 멸종은 우리들도 포함시킬 수 있는 것인데, 이런 대멸종은 인간이 단순하게 자기의 권리만 추구한 결과로 인해 빚어지는 것으로서, 그 이차적인 피해는 지구 전체의 복잡하게 얽힌 생태계를 찢어발기는 현실로 나타나고 있다. 이런 대멸종으로 인해 매일 지구의 수백 가지 종자들의 권리를 영원히 멸종시키고 있다. 인류는 매초마다 지구에 220명의 새로운 생명을 낳고 있으며, 매일 20만 명의 생명을 증가시킨다.

우리에게 익숙한 안락한 생활방식의 입장에서 보면, 생필품들을 더욱 잘 아끼고 돌보는 생활방식은 생각하기조차 어렵다. 이미 석유 정점에 도달한 징조들은 나타났으며 석유부족 사태가 불가피하다는 것도 틀림없지만, 석유가 우리의 생활 구석구석을 장악한 상황에서 석유에 대한 의존에서 벗어난다는 것은 생각조차 할 수 없는 것처럼 보인다. 우리의 자녀들은 이기심과 마술적인 사고방식을 통해서, 무제한적인 물질적 성장과 넋 빠진 소비라는 경제적 명령을 뒷받침하는 데 아무런 문제가 없을 것이라고 생각하며 어른이 되어서도 당연히 그런 생활방식을 유지할 수 있을 것이라고 믿고 있다.

이처럼 우리가 마음껏 쓰고 또 써도 무진장으로 확장되는 것이 지구라는 망상은 이제 빠르게 악몽이 되어가고 있다. 우리가 매일 아무 특별한 위기도 없다는 듯이 평상시처럼 살아갈수록 점차 대규모의 엄청난 변화를 겪을 수밖에 없을 것이다. 유일한 문제는 그 엄청난 변화가 어떤 형태로 나타날 것인가 하는 문제이며, 충격적인 기후들과 정치적 위기들이 어느 정도의 규모로 세상을 풍비박산 낼 것이며, 시장이 붕괴하고 풍성했던 자원들이 고갈될 때 사람들이 어떻게 반응할 것인가 하는 문제이다.

마술처럼 흐르는 풍성함

옛날 스코틀랜드의 동화는 착한 일을 한 사람에게 요정들이 마술 통을 준 행운의 마을에 관한 이야기를 전해준다. 축하할 일이 있을 때마다 마을 사람들은 그 통의 마개를 돌리면 포도주와 공동체의 친절함이 무진장 흘러나오곤 했다. 모든 일이 멋지게 진행되다가 어느 날 호기심 많은 어느 하녀가 도대체 그 마술적인 일들이 어떻게 가능한지를 알아보기로 작정하고 그 작은 마개를 열고는 그 통 속을 들여다보았다. 단지 먼지와 오래된 거미줄만 있을 뿐 아무것도 없었다. 그 이후로는 그 멋진 통에서 단한 방울의 마술 포도주도 나오지 않았다.

이 이야기를 우리 시대의 관점에서 읽는 몇 가지 방법이 있다. 하나는 우리가 영원히 계속될 것으로 꿈꾸고 있는 그 마술적 풍요의 흐름을 결코 너무 가까이 들여다보아서는 아니 된다는 것이다. 그 어둠 속에서 작동하는 통 속을 들여다보면 '영원한' 흐름에 대한 행복한 꿈이 산산조각날 것이다. 그 안에서 발견될 것이라고는 바닥이 난 상태, 먼지, 그리고 폐허뿐이다.

또 다른 방법은 지구가 모든 생명체들과 그 생명체들을 지탱하는 요소들, 즉 물, 공기, 흙, 광물, 햇빛 등의 요소들 사이에 서로 의존하고 있는 무한한 관계들의 마술과 같은 그물망을 통해 우리의 삶을 지속시키고 있다고 이해하는 것이다. 사람들은 이처럼 비할 데 없는 마술을 '생태학' 혹은 '자연'이라고 부른다. 어떤 사람들은 그것을 피조물을 살아 있게 만드는 은총이라고 볼 것이다. 이처럼 영원히 스스로를 새롭게 갱신하는 선물을 신뢰하고 보호하지 않고 대신에 그 선물을 우리 인간만 사용할 수 있도록 배당된 선물로 간주하여 약탈함으로써 우리는 생명의 그물망을 찢어버리고 있다.

여기서 간단히 그 하녀처럼 멋진 마술 통에 대한 산업시대의 형태를 들여다보고, 북아메리카의 전형적인 토마토의 바이오그래피에 대해 피터 바후스(Peter Bahouth)가 설명한 것을 살펴보자. 멕시코에서 키우던 품종의 유전자를 조작해서 특허를 받은 잡종 토마토를 재배하는 땅은 본래 멕시코 농부들이 협동조합으로 경작하던 땅이다. 이 새로운 품종은 지역적인 조건들에 매우 취약해서, 그 땅에는 오존층을 매우 많이 파괴하는 화학물질인 메틸 브롬화물을 잔뜩 뿌리고 그 다음에는 농약이 땅을 흠뻑 적시도록 뿌리고 있다. 이런 화학물질을 생산하는 과정에서 나온 독성 쓰레기는 앨라배마 주에 있는 세계에서 가장 큰 화학물질 쓰레기장으로 옮겨지는데, 이 쓰레기장은 가난한 흑인 거주 지역 근처에 있어서 그들의 건강에 두드러진 영향을 끼친다. 멕시코의 농부들은 자신들의 협동조합에서 쫓겨나 지금은 한때 자신들의 농토였던 땅에 토마토를 재배하면서 농약을 뿌린다. 그처럼 위험한 물질을 다루면서 보호 장비도 지급되지 않고 적절한 사용법도 가르치지 않는다. 그들에게 지불되는 일당은 2달러 50센트이며 아무런 건강보험도 제공되지 않는다.

그 토마토들은 플라스틱 스펀지로 만든 용기에 담아 플라스틱 랩으로 덮어 종이 박스 속에 넣어 포장한다. 플라스틱 랩은 텍사스 주에서 생산되는데, 그 지역 주민들은 염소 제조의 부산물로 나오는 다이옥신에 노출되어 건강이 매우 위험한 실정이다. 한때 브리티시컬럼비아의 오래된 숲에서 자라던 300년 된 나무들로 만들어진 종이 박스는 수천 마일 떨어진 오대호 지역에서 만들어져, 다시 트럭에 실려 라틴 아메리카의 농장들로 운송되는데, 그 과정에서 사용되는 휘발유는 멕시코 유전에서 뽑아 올려 공정과정을 거친 것이다.

박스에 담긴 토마토는 에테르 용액을 사용하여 인공적으로 익게 만든다. 이렇게 덜 익어 연하고 영양상 위태로운 토마토들은 냉장 트럭에 실려 북아메리카 전역의 고속도로로 운송된다. 소비자들의 식탁에 도달하기까지의 모든 운송 과정에서 필수적인 냉장 시설들은 오존층을 파괴하는 CFC를 사용하기 때문에, 소비자들은 한때 "토마토"라고 불렸던 이 흔한 과일에 도대체 무슨 일이 벌어졌는지 의아하게 생각할 수밖에 없다.

이 이야기에는 생태계를 파괴하기 위한 악한 마스터 플랜은 없으며, 또한 공동체들과 생활방식을 파괴하거나, 농촌을 몹쓸 지역으로 만들거나 기후를 파괴할 고의성은 없다. 하지만 이것은 이윤을 극대화하는 과정에서 쉽게 무시되는 태도, 즉 양심을 무시하는 일들이 수없이 반복되고 쌓임으로써 악을 자행하는 전체 체계의 작은 부분임에 틀림없다.

자연은 항상 마술(magic) 보따리였으며 지금도 여전히 그렇다. 자연은 항상 생명을 진화시키는 선물의 경제를 통해 본래의 흙, 물, 씨앗, 꽃피는 식물들을 마련해주었으며, 작은 토마토가 마침내 인간의 창의성과 노력을 통해 크고 맛있는 토마토로 만들어질 수 있었다. 여기서 산업농업의 초마술적인(super-magic) 방식이 개입하여 이런 선물들의 순환을 소수의 자본가들에게만 엄청난 이윤을 안겨주는 일방통행식 흐름으로 둔갑시켰다. 이렇게 생산되는 토마토는 자연계에 엄청난 대가를 치르게 하지만, 생산자들은 대차대조표에서 "자연 자본"의 엄청난 파괴를 기록하기를 거부한다. 이것이야말로 명백한 장부조작을 숨기는 "마술"이다.

이처럼 마술과 같은 마을의 이야기에서 그 엄청난 행운을 이웃 마을과 나누어 갖는다는 보고는 전혀 없다. 그 마을은 우월한 재물을 확보했다고 느끼면서, 그것이 자기들의 권리라는 의식으로 노골적인 비열함을 은폐한다. 그러나 마술과 같은 선물은 양쪽 칼날을 갖고 있다. 예외적인 행운을 남용하면 당신은 당신 자신도 모르는 사이에 냉혹하게 되며 소외되고 가난에 찌들게 된다. 당신이 그 마술적인 수도꼭지를 틀었을 때, 정말로 중요한 모든 공급이 영원히 사라진 것을 발견하게 될 것이기 때문이다.

수잔 머피 *151*

정신과 세상

　요즘 나는 세상이 어떻게 돌아가고 있으며, 또한 어떤 운명을 맞을 것인가에 대해 마치 물고기 떼가 이리 저리 휩쓸리듯 하루에도 몇 번씩 생각이 요동을 친다. 남극의 거대한 빙상들이 무너져 내린다는 소식, 멕시코 만이 빠르게 거대한 죽음의 바다로 바뀌고 있다는 소식, 오스트레일리아 동편의 그레이트 배리어 산호초들이 앞으로 20년을 넘기지 못할 것이라는 소식, 바닷물이 따뜻해지고 산성화되어 모든 해양 생태계의 먹이사슬의 토대인 식물 플랑크톤이 1950년 이후 40%가 줄어들었다는 소식, 코펜하겐 회의와 칸쿤 회의에서 몰디브 섬과 같은 나라들이 간곡하게 기후대책을 호소했지만 선진국들이 전혀 귀담아듣지 않았다는 소식, 기후붕괴로 인해 가난한 사람들이 더욱 급격하게 생존의 벼랑 끝으로 몰리게 되었다는 소식, 부자들과 가난한 사람들 사이의 격차가 역겨울 정도로 극단으로 치닫고 있다는 소식 등에 몸서리를 친다. 생각만이 아니라 감정들도 요동을 친다. 이처럼 끝도 없이 이어지는 소식들, 그에 대한 견해들, 잡소리들, 헛소리들 속에는 슬퍼하거나 성찰하거나 결단하기에 충분한 공간이 없다.

　당신도 그런가요? 당신은 이런 문제들을 어떻게 다루시나요? 내가 전화, 인터넷, SNS, 텔레비전, 신문에서 벗어나 세상 속으로 걸어 들어가, 땅을 밟고 신선한 공기를 숨쉴 때, 비로소 나는 내가 누구인지를 깨닫고 땅으로 돌아온다. 나는 점차 겸손해지고, 유머를 되찾게 되며, 내 주변의 모든 생명체들처럼 지구에 속한 존재가 된다. 이것은 우리가 도시라고 부르는 거의 완전히 제정신이 아닌 곳 너머의 푸르며 자연스럽게 흐르는 세상에서는 훨씬 쉬울 것이지만, 도시 안에서조차도 대지는 항상 우리가 손닿을 거리에 있다. 풀들은 보도 블럭 틈 사이에 뿌리를 내리며, 까치들은 건물들 위로 날아오르며, 고양이는 담벼락 위에서 따뜻한 시선을 보내며, 비온 후에 물웅덩이에 바람결이 스치면 거꾸로 비치는 그림자가 흔들리며, 나무뿌리는 아스팔트를 뚫고 나와 도랑으로 가는 길까지 뻗어난다.

　이 모든 것들이 나의 시선을 사로잡으면, 만물이 생생하게 살아난다. 의식은 "세상"을 이루는 파트너다. 감각이 있는 모든 생명체들은 대지가 마련해준 감성과 그 생명 경험에 따라 세상 전체를 창조한다. 방 안에 우연히 들어온 파리 한 마리가 겪는 세상은 그 윙윙거리는 소리를 무시하려는 사람의 세상과는 완전히 다르다. 비록 파리와 사람 모두 똑같은 공기를 숨 쉬며 똑같은 물을 마시지만 말이다. 시인 앤 카슨(Anne Carson)은 "세상이 없으면 사람은 없다"고 말한다. 마찬가지로, 완전히 인간적인 사람이 없으면 "세상"도 없다. 모든 인간의 죽음과 함께, 반복될 수 없는 세상 전체도 사라진다. 그의 기억들, 꿈들, 생각들, 신념들, 그가 보았던 것들 모두가 사라진다. 우리가 한 생명을 잃으면 이 모든 것을 잃게 된다. 우리 자신이 사라질 것을 상상해도 이 모든 것을 잃게 될 것을 두려워한다. 만일에 우리가 참다못해 파리채로 그 파리를 내려친다면, 어떤 세상이 소멸되는지에 대해 우리가 어찌 알겠는가?

　지구 위에서는 헤아릴 수 없을 정도로 많은 세상들이 살아 있지만, 1968년에 아폴로 8호선의 로벨(Lovell), 앤더스(Anders), 보만(Borman)은 처음으로 지구 궤도를 벗어나 캄캄한 우주 공간에 떠 있는 녹색별 전체를 보았다. 이 세 명의 우주비행사가 경험한 놀라움과 깊은 경외감은 그들이 단지 하나의 놀라운 천체물리적 사실을 목격한 것만이 아니라 그것을 능가할 것이 없는 비상한 기적을 목격했다는 사실을 말해준다. 그들은 이 행성의 빛나는 모습에 완전히 압도당했다. 지구가 그들에게 눈물을 쏟도록 만든 것이다.

우리가 우리의 시야를 넓혀 자기중심적이며 순전히 인간적 관심들 너머 이 지구 위에 무수하게 많은 생명체들의 세계들이 살아 있다는 것을 깨닫고, 또한 그처럼 서로 서로 연결되어 활력이 넘치는 생명의 그물망 속에서 **우리 자신들을** 바라볼 수 있게 되기까지는, 우리가 미친 상태로 살아가는 것이다. 다시 말해서 빈껍데기로 살아가는 것일 뿐이다. 우리 시대의 가장 큰 질문은 우리가 촉박한 시간 내에 대재앙을 피할 수 있도록 지구에 대해, 그리고 지금 일어나고 있는 지질학적인 변화에 대해 온전하게 인식할 수 있을 것인가 하는 것이다.

심지어 우리가 생존하기 위해 필요한 기술적인 위기관리 능력과 지성을 갖추게 되는 것을 넘어, 그런 도전은 실제로 우리의 자연에 대해 새롭게 눈뜨게 되는 놀라운 기회를 제공하는데, 자연은 단 한 번도 실재와 조금이라도 떨어진 적이 없다. 따라서 지구가 우리에게 직접 말하도록 하는 것, 그래서 우리들 자신이 만들어내는 소음이 더 이상 그 신호를 압도해버리지 않도록 만드는 것 이외에 다른 어떤 깨달음이나 각성이 있겠는가?

인간의 정신과 지구 행성 사이의 끝없는 호출과 반응이 흐려질 수는 있지만 완전히 꺼져버릴 수는 없다. 우리의 정신을 분산시키는 온갖 소음들 속에서 그 신호를 듣는 것이 어렵기는 하지만, 우리가 그 소음들에 저항하는 순간, 혹은 그 소음들에서 벗어나는 순간, 그 신호는 들리게 마련이다. 그런 순간에 우리는 참으로 지구를 염려하기 시작하는 지경에 도달한 것이다.

우리의 뻔뻔함—이 말은 본래 버릇없는 것만이 아니라 부적절함을 뜻한다—이 늘어가는 것은 이른바 '문명'의 진행 과정에서 우리가 이미 지구에 대한 겸손한 경이감을 상실했으며, 또한 우리 자신들이 이 우주로부터 수고하지 않은 채 받은 놀라운 선물이라는 사실을 망각했다는 뜻이다. 도대체 우리는 어떻게 우리 자신을 지구의 주인들로 간주하게 되었으며, 또한 개망나니 자식들처럼 모든 감사와 겸손을 내팽개쳤는가?

인간과 지구의 관계성에 대한 더욱 깊은 화음(和音)이 우리 몸의 모든 세포들을 이루고 있으며, 또한 우리들 자신의 철없는 자만심이 아무리 하늘 높은 줄 모른다 해도 그 화음은 전혀 방해받지 않은 채 울려 퍼지고 있다. 그러나 우리가 그처럼 근본적인 관계성을 죽일 수는 없지만, 우리는 지구와의 조화를 깨뜨렸으며, 이로써 우리는 다시 에덴에서 추방되었고, 이번에는 방주에 불까지 질렀다.

인류가 하나의 종자로서 처음 등장한 이래로 '세상'은 언제나 자연과 완전히 얽혀서 짜는 인간의 프로젝트를 뜻했다. 그러나 인간이 지구를 쥐락펴락하게 되자, 이제는 생명권 전체의 운명이 인간이라는 교활하지만 한없이 멍청한 존재들의 손에 달려 있게 될 지경에 이르렀다. 자기 자신의 운명 역시 완전히 지구의 운명에 달려 있다는 사실조차 망각할 정도로 한없이 멍청한 존재들에게 말이다.

수잔 머피

그 음악에 귀를 기울이는 일

우리의 생활방식이 초래하는 폐해가 완전히 드러나면, 치명적인 사태가 될 것이라는 점은 명약관화하다. 우리는 이미 그 멈출 수 없는 괴물이 이마에서 내뿜는 불빛에 온몸이 얼어붙는 것을 느끼고 있다. 그 괴물은 전 세계의 석탄과 석유에 기초한 군산 미디어 복합 경제를 주축으로 하는 기업국가들의 권력관계, 디지털 정보, 견해들, 연예계 가십의 거대한 그물망이다. 이 그물망이 원활하게 돌아가도록 기름을 칠하며 공모하는 것은 외국의 전쟁들과 또한 전 세계 선진국들에서 안락하지만 우리의 넋을 빼앗아가는 온갖 기기들로 가득한 생활방식이다. 그 괴물에 올라탄 우리들 모두는 그 괴물이 지구의 자연적 자본을 엄청나게 파괴하고 있다는 사실에 대해 눈을 감기로 작정을 했다. 우리는 아무런 제약도 받지 않는 기업들에 대해 무지막지하게 규제를 풀어주었으며, 지구의 '자원들'이 마치 무한한 것처럼 그 자원들을 마음껏 약탈하도록 허가해주었다.

끔찍하고 두렵지 않은가?

그러나 보라. 그 괴물은 우리와 분리된 놈이 아니다. 우리는 점차 더욱 큰 두려움과 역겨움을 느끼면서, 우리들 밖에 '안전하게' 있는 놈이 아니라 우리들 자신이 완전히 속속들이 함께 참여하고 있는 그 괴물을 바라보고 있다. 마약 판매자를 저주한다고 해서 우리가 잡놈들이 되지 않는 것이 아니다. 모든 면에서 완전히 그 손아귀에서 벗어나 살고 있는 예외적인 몇몇 사람들 빼고는 이 산업사회에서 필연적으로 또는 선택을 통해 자원을 약탈하는 소비주의 입맛에 맞추지 않고 사는 이들은 거의 없다.

그 괴물은 가는 곳마다 강, 산, 숲, 바다, 사람들, 생명체들을 삼키며, 또한 자연세계의 아름다움, 사랑스러움, 조화로움을 보여주는 것들을 삼켜버림으로써, 자연의 구석구석마다 가득한 자생적이며, 지혜롭고, 아름답고, 다양하며 온전한 것들은 하나도 남겨놓지 않는다. 이른바 문명이라고 부르는 단지 밋밋하고 균질적인 것들만 연속된다. 즉 쇼핑몰만 즐비한 거리, 주차장들, 산업단지들, 콘크리트, 스모그, 끝없는 고층빌딩들이 그렇다. 퇴락한 시골들에는 그런 변화한 것조차 없이 시커먼 비닐봉지들만 바람에 휘날리고, 궁핍함은 더욱 심해지며, 사람들과 자연자원들에 대한 약탈만 횡행한다. 우리 모두가 그 괴물을 만드는 데 도움을 주었던 이유는 그 놈이 모든 것을 '물건'과 '물자'로 만드는 것에 저항하지 않았을 뿐만 아니라 그 놈이 저지르는 악행에 대해 눈을 감고 또한 그 놈이 미친 듯이 날뛸 때 우리가 겁에 질렸기 때문이다. 그 괴물은 자기가 해칠 마음이 전혀 없다고 선전했다. 그 괴물이 동력을 얻는 것은 인간이 보통 저지르는 악행들 덕분이지만, 석유와 디지털 통신에 의해 그 속도와 행동반경이 기하급수적으로 빨라졌다.

그 괴물은 지난 30년 동안 야만적 세계관을 전파하여, 서로를 그리고 지구 위의 모든 생명체들을 돌보며 헌신적으로 사랑하는 모든 공적인 형태들을 거의 완전히 자원봉사와 종교에 국한시켜버렸다. 그 세계관은 여전히 '우리'와 '우리들'을 민족적 관점과 스포츠의 관점에서만 이해할 뿐, 사회 공동체의 관점에서 이해하는 경우는 거의 없다.

끝없는 소비와 경제성장이라는 황제는 그 벌거벗은 탐욕을 감출 도덕성조차도 없다는 것을 이제는 우리 모두 분명히 인식하게 되었을 것이다. 그러나 우리는 그 황제의 이름을 밝히는 것과 더불어 그 '생활방식'도 함께 간다는 것을 알고 있다.

바로 이런 이유 때문에 우리가 지구온난화에 대해 강력하게 도덕적이며 실천적인 주의를 기울여야만 하며, 그 엄중한 위기를 외면하며 부인하는 태도에서 즉시 벗어나야만 하는 순간이 아닌가? 세계 굴지의 에너지 재벌들은 엄청난 돈을 쏟아 부어, 담배 제조회사들의 전략, 즉 담배가 공중 건강에 미치는 영향에 대해 의심하도록 만드는 대중 선전 기술들을 통해 '회의주의'라는 이름으로 기후변화를 부인하도록 만들어왔다. 또한 탄소를 줄이기 위한 모든 노력들은 일자리를 빼앗고 국가를 망하게 하는 지름길이라고 비난했다. 그러나 기후붕괴와 환경파괴보다 더욱 많은 일자리를 빼앗고 국가를 망하게 하는 지름길을 상상할 수 있는가?

우리는 지구와 전쟁을 벌이는 경제 시스템에서 벗어나 생명체들이 살아갈 수 있는 시스템으로 전환할 길을 찾아야만 한다. 그러나 어떤 조치를 취하는 것과 아무런 조치도 취하지 않는 것 사이의 폐해를 계산하는 일은 매우 큰 도전이다. 그러나 만일에 우리가 이 도전을 받아들이면, 우리 시대의 가장 큰 문제에 대해 힘껏 응답하는 과정에서 우리가 잊고 살았던 것을 깨닫게 되며 하나의 생명체 종자로서 성숙할 수도 있다. 인류의 생존을 위협하는 지구온난화 위기는 단지 경제적이며 정치적인 문제만이 아니라, 알 고어(Al Gore)가 지적하듯이 압도적인 "도덕적 기회"로서, 인간의 탐욕적인 자기이익을 종교처럼 숭배하면서 매진했던 세계관에서 벗어나 윤리적인 생활방식을 회복할 수 있는 기회이기도 하다.

그러나 나의 이런 희망은 세계적으로 엄청난 경제적 불평등, 즉 지난 50년 동안 천문학적인 격차를 드러냈으며, 또 기후변화가 개발도상국들—우리가 안락한 소파에 앉아서 그렇게 부르기를 좋아한다—의 식량과 식수에 영향을 끼칠수록 더욱 큰 격차를 보이게 될 생활조건들을 인식하면, 쉽게 그런 희망을 갖기 어렵다는 사실을 깨닫게 된다. 나는 우리가 기후붕괴라는 공통적 비상사태를 맞이하고 있다고 말하지만, 이것은 비교적 안락한 선진국에서 하는 말이기에, 내가 만일 그런 사치한 생활을 하지 않는다면, 그렇게 주장할 기회는 훨씬 줄어들었을 것이다. 그러나 지구상의 대다수 사람들이 이미 겪고 있는 지구적인 가난과 기후변화로 인한 비상사태가 인류문명의 급격한 종말로 이어질 때, 우리의 지금 누리고 있는 안락함이라는 것이 도무지 우리를 몇 달이나 더 오래 버틸 수 있게 할 수 있는 것이 아니라는 사실도 분명하다.

우리가 현재와 같은 값비싼 풍요를 계속 누릴 수 있으리라는 환상은 인류문명이라는 열차가 난파되기 전에 스스로 난파될 것이다. 우리가 다가오는 위기에 대해 주의를 기울이지 않고 또한 대응이 늦어질수록, 시간 내에 위험을 줄일 능력도 떨어지게 된다. 우리가 어정쩡한 태도를 취하고 또한 온갖 다른 것들에 정신을 팔고 있다는 사실은 그 재앙들에 이미 굴복하고 있다는 표시다. 우리의 이런 태도 때문에 정치인들은 위기에 대처할 줄 모르는 불구자들이 되었으며, 또한 에너지 재벌들은 과학자들이 밝힌 분명한 사실들을 흠집 내기에 분주하고, 당장 시작해야 하는 근본적인 정책들의 변화를 지연시키고 있다.

세상은 불타고 있는데 도대체 우리는 어떻게 이처럼 깊이 잠들어버렸는가?

    지난 30년 동안 지구 경제가 신자유주의라는 경제적 '합리주의'와 결혼함으로써 심각한 위협에 대응할 수 있는 정치적 '우리들'을 거의 완전히 무장 해제시켜버렸다. 영국의 총리였던 마가렛 대처의 유명한 말, 즉 "사회는 없다. 오직 개인들만이 있다"는 말은 물질적 성공에 매진하는 극단적 이기주의로 발전함으로써, 생명을 우선시하는 정치적 입장을 중심으로 연대할 가능성을 뿌리째 뽑아버렸다. 수십 년 동안 우리는 "우리 모두"에게 직접 닥칠 위협을 파악하거나 믿지 못하게 된 것 같다. "나에 관한 모든 것"이 아닌 위협은 감지할 수 없게 된 것이다.

    전 지구적 위기는 이제까지 순전히 "생각이 만들어낸 문제"라는 관점에서 다루어졌다. 오스트레일리아의 퀸즈랜드 해안에 수천 마일에 걸쳐 펼쳐져 있는 산호초 군락을 생각해보자. 2007년에 그레이트 배리어 산호초의 백화현상은 더 이상 무시할 수 없게 되었다. 그러나 당시 오스트레일리아의 존 하워드 총리는 관광객들이 가장 많이 찾아오는 그 산호초 군락 전역에 걸쳐 그늘 막을 세우면 '해결'할 수 있다는 믿기 어려운 주장을 했다.

    이런 식의 "문제 해결 방식"은 그 산호초가 지구상에서 가장 종 다양성이 풍부한 지역이라는 사실만이 아니라, 그 산호초 군락은 단지 '지점들'의 연속이 아니라 **전체**(whole)라는 것, 즉 어류, 갑각류, 조개류, 산호 종들이 복잡하게 얽혀 있으며 섬세하게 균형을 이루고 있는 생태계라는 분명한 사실을 간과한 해결 방식이다. 또한 산호초를 죽이는 것은 바닷물의 온도가 상승하기 때문인데, 이것 역시 **전체** 해류 체계의 일부분이다. 더군다나 그런 해결 방식은 지금의 경제체제, 즉 유한한 지구 위에서 무한하게 성장할 수 있다는 근본적인 결함을 인정하지 않는 지금의 경제체제가 원흉이라는 사실을 인정하지 않는다. 지구상에서 가장 큰 산호초가 온도 상승 때문에 매우 열 받고 있기 때문에 생명계 전체가 붕괴하기 시작했다는 사실을 깨닫는 것이 하나의 해결할 문제를 인식하는 것보다 더욱 근본적이며, 이런 것이 오늘날 살아 있는 모든 사람들이 씨름해야 하는 심층적인 도덕적이며 형이상학적인 문제라는 점이다. 그러나 오늘날 심하게 타협적인 사고방식을 갖고 있는 사람들에게는 이런 문제의식이 떠오르려면 아직 멀었다.

피할 수 없는 기회

분명히 우리는 지금 인류가 등장한 이래 이제까지 직면했던 순간들 가운데 가장 아찔하며 절박한 순간을 살고 있다. 우리가 직면한 위기 현실은 인류를 멸종시켜 영원한 망각의 세계 속으로 던져 넣거나, 아니면 우리를 매우 철저하게 신바람 나는 방식으로 일깨우도록 영감을 불어넣을 수도 있는 현실이다. 우리 행성의 위기에 대해 침착하고 창조적으로 살기 시작하는 방식은, 지금의 위기를 기술적으로 해결하기 위해 더 낫고 안전한 인간적인 '거품'을 만들어내는 방식이 아니라, 끊임없이 우리의 의무를 깨우쳐주는 계시로 받아들여 우리 자신을 생태적으로 깨어 있는 인간들로 만들 방법을 찾기 시작하는 방식이다.

우리의 현실로부터 도망치기 위해 수만 가지 방식을 동원하는 대신에 두 눈 똑바로 뜨고 우리의 현실을 올곧게 살아가는 것은 물론 가능하다. 그렇게 살기 위해 우리가 가장 먼저 깨달아야 하는 것은 우리의 세계관이 우리 문명의 기초를 이룬 이야기들의 틀 속에 갇혀 있다는 점, 즉 자연이란 우리가 정복하고 이용하기 위한 것이라는 틀, 보다 거칠게 말해서, 자연은 우리가 이윤을 얻기 위해 강간하고 약탈하는 것이라고 간주하는 틀 속에 갇혀 있다는 점이다.

이런 이야기들의 틀이 더 이상 우리가 시급히 필요로 하는 많은 것들을 설명하지 못하는 정도까지 되었고, 그런 이야기들은 거짓된 것이 되었다. 우리가 이제까지 의존해왔던 '진리들'은 우리의 문명을 신뢰할 수 있는 방향으로 이끌어갈 수 없다. 동시에 우리는 새로운 공통적 이야기를 찾아야만 우리가 직면하고 있는 새로운 현실을 이해할 수 있으며 또한 우리의 코앞에 닥친 위기에 대처할 수 있다.

우리는 이야기들을 통해 우리 자신들을 이야기한다. 만일에 우리가 지구의 관점들을 무시하는 것이 아니라 우리의 창의력을 통해 지구의 관점들을 지닌 채 살아가도록 되어 있었다면, 우리는 어떤 사람들이 되었을 것이며, 또한 우리는 어떤 행동을 할 것인가? 만일에 우리가 지구와 또한 이 땅에 사는 모든 생명체들의 법적인 권리들을 인식하고, 그에 따라 농업과 경제와 기술을 발전시킨다면, 우리는 그 과정에서 엄청난 배움의 기회와 공동 번영의 기회를 찾게 될 것이다. 이것은 인간의 고귀한 품위를 드러낼 매우 큰 모험이다. 이것은 또한 지구에 합당한 사랑과 자비의 행동이기도 하다. 우리가 지구의 모든 생명체들과 함께 지구를 공동 소유하고 있으며, 또한 인류의 운명도 다른 생명체들과 공동 운명체라는 사실을 깨닫는 것은 인간의 정신이 전례 없이 높아지는 것이다. 우리가 지구에 막대한 피해를 입히면서도 우리가 영원히 살 수 있으리라는 환상에서 벗어나는 것은 이제 더 이상 피할 수 없다. 이런 전환이 정치적 전환이 되도록 하기 위해, 또한 이제 불과 얼마 남지 않은 촉박한 시간 내에 인류 대다수가 행복한 삶이란 무엇인지에 대해 제정신을 차릴 수 있도록 하기 위해 우리는 최대한 노력을 경주해야만 한다. 우리는 이미 시작된 기후변화로 인해 그 대가를 톡톡히 치를 수밖에 없지만, 최소한 그 재난을 완화시킬 수는 있다. 그러나 우리의 집단적 환상을 지속할 수 있는 것처럼 가장할 때 정녕 우리가 치를 마지막 대가는 너무나 엄청나지만 피할 수 없다.

가슴의 반란

이런 문명 전환은 가슴의 반란에서 시작되며, 우리들 모두 속에 본래적으로 들어 있는 인식을 깨우는 것에서 시작된다.

이런 문명 전환은 우리의 삶이 지나치게 초과하고 있다는 것 자체에 대해 점차 우리가 구토증을 느끼고 있다는 점을 주목하는 데서 시작될 것이다. 우리는 정말로 더 많은 전자 장비들, 앱스, 장식품들, 패션 품목들, 장난감들, 대형 자동차들, 큰 집들, 자가용 두 대를 주차하는 공간 등 우리가 이제는 지긋지긋하게 생각하는 것들을 필요로 하는가? 그처럼 천박하고 협소하며 본질적으로 **따분한** 인간 이해에 대해 반란을 일으키는 가슴 속에서 전환이 시작된다.

이런 문명 전환은 더욱 악화되는 빈부격차에 대한 분노에서 시작될 수도 있으며, 은행들의 행태, 즉 엄청난 이윤을 남기면서 자신들의 잘못으로 수천 억 달러에 달하는 손실을 입었을 때는 공적인 자금을 통해 원조를 받고, 그 공적인 자금이란 납세자들이 낸 세금이지만 은행들은 그 납세자들의 저금과 주택들을 놓고 도박판을 벌이고 폭리를 취하는 행태에 대한 분노에서 시작될 수도 있다. 혹은 젊은이들의 절망, 즉 대학을 졸업하느라 엄청난 빚을 졌지만 일할 기회는 주어지지 않는 절망에서 시작될 수도 있다. 혹은 오래된 숲이 남김없이 벌목되어 일회용 젓가락이나 포장용 박스를 만드는 데 사용되거나, 식용유를 만드는 팜오일 플랜테이션을 만들기 위해 열대우림을 불태워버림으로써 마지막 오랑우탕들에게서 그 마지막 생태적 지위를 빼앗아버리는 것에 대한 슬픔에서 문명 전환이 시작될 수도 있다.[1]

선불교의 화두(話頭) 가운데 하나로서, 오른쪽 뇌의 가슴으로 느끼는 지성을 촉발시키는 재미있는 화두에 이런 것이 있다. "먼 옛날, 한 여인이 거위 한 마리를 큰 유리병 속에 넣어 키웠다. 거위가 커졌을 때, 그 병에서 꺼내고 싶었다. 당신은 어떻게 그 병을 깨뜨리지 않고 거위를 꺼내어 풀어주겠는가?"

우리를 덫에 걸리게 만들었으며 독성을 내뿜으며 지구를 산 채로 잡아먹기 시작한 인간의 사고구조(human mindset)를 당신은 어떻게 깨뜨리고 자유롭게 만들 것인가? 이 질문은 여전히 이런 문제 자체를 만들어낸 사고방식으로 너무 가득차 있다. 즉 이 문제를 깨뜨리고 자유롭게 만들어야 할 문제라고 보는 것은 그 자체가 장벽을 세우는 것이다. 왜냐하면 이런 질문을 하는 사람은

---

[1] 역자주: 옥수수를 바이오 연료로 사용하게 되자, 2008년에는 브라질의 열대우림 파괴가 64% 증가했으며, 37개 국가에서 식량폭동이 일어났다. Bill McKibben, *Eaarth*, 2010, p. 76. 또한 인도네시아의 열대우림은 목재 수출과 식용유를 만들기 위한 팜 오일 플랜테이션을 만드느라 18%만 남았다. 캐머론 감독의 8부작 다큐멘터리 "Years of Dangerously Living."

성격상 인간의 본래적인 자유를 찾을 수 있는 사람이기 때문이다. 그런 본래적 자유를 찾기 위해서는 당신이 '유리' '병' '거위'에 대해 안다고 생각하는 것부터 내려놓아야 한다. "그래서 당신은 어디에서 당신의 자기를 발견하는가?" 당나라 시대 선사 운문(雲門)은 마치 당신에게 감옥에서 나오라고 촉구하지 않는 듯이 일상적인 말투로 묻는다.

우리는 어떻게 인간의 삶이 묵시적 대재난 이후 시대의 박살 나는 존재들로 깨어지는 것을 피할 것인가? 이 질문은 매우 실제적이며 또한 엄청나게 중요한 질문이지만, 이 화두가 우리에게 요청하는 것은 우리가 본래 서로 나누어지지 않았던 상태를 다시 발견하여, 우리를 숨 막히게 만드는 공포 속에서도 만물이 이처럼 하나의 피붙이라는 진실이 주는 자유를 회복하도록 요청하는 것이다. 이것은 우리에게 이 위기와 구원은 각자의 안에 있다는 것을 계시한다. 혹은 선사 운문이 말한 것처럼, "의술과 질병은 서로를 치유한다."

이런 변화는 위에서 아래를 향하는 방법으로는 오지 않는다. 생명계에는 보스가 없다. 보스는 우리들 모두다. 즉 동시적으로 일어나는 무수한 국소적 활동들이 서로 나누는 지혜를 사용하는 우리들의 빽빽이 얽혀 있는 그물망 속의 우리들 모두가 보스다.

실천적인 차원에서, 유리병을 깨뜨리지 않고 거위를 풀어주는 방식들은 최근에 미국에서 벌어진 '점령하라'(Occupy) 운동과 멕시코에서 벌어진 '인디그나도'(Indignados) 운동처럼, 비폭력 저항의 공동체적 지성에서 볼 수 있다. 나는 그런 최근의 창의력이 풍부한 저항운동들의 에너지 속에서 풀려난 거위의 모습을 볼 수 있었다. 냉철하고 창조적이며 신명나는 현실 인식 안에서 우

수잔 머피

리의 진정한 자유를 확인하는 것은 그런 문제를 일으킨 사고방식을 뛰어넘는 데 매우 중요하다. 만일에 백 명 가운데 한 사람이 그 정도까지 깨어나기 시작한다면, 월스트리트를 '점령'한 민초들의 마이크처럼, 공적인 문제에 대해 발언할 권리가 부정되는 시점에서 변화는 사람들 사이에 물결을 일으키면서 공적인 담론을 확산시키게 된다.

무수하게 많은 작은 물방울들이 바위를 뚫는다. 무수하게 많은 잔물결들이 큰 물결이 되어 거대한 벽을 무너뜨린다. 눈앞에 버티고 선 장벽에 대해 선불교의 그 화두에 들어 있는 정신으로 단순히 그 장벽 밑으로, 그 장벽 위로, 그 장벽 옆으로 끝없이 밀려들면, 장벽은 넘어지게 마련이다. 중국 선불교에 큰 영향을 미친 도덕경에도 우리 시대를 위한 화두에서 똑같은 말을 한다. "세상에서 가장 부드러운 것이 가장 단단한 것을 압도한다."

마치 뇌종양을 앓는 사람이 회복하는 것처럼, 우리는 한때 우리에게 자연스러웠던 근본들을 다시 배울 필요가 있다. 즉 우리가 어떤 **행성** 위에서 살아가고 있는지를 철저하게 기억하는 가운데, 인간이 된다는 것이 무엇을 뜻하며, 사회의 한 구성원이 된다는 것, 가족과 공동체의 한 부분이 된다는 것, 거대한 생명 공동체의 일부가 된다는 것이 무엇을 뜻하는 것인지를 다시 배울 필요가 있다. 잠시만이라도 우리의 신경과 마음을 조용하게 하고, 우리의 인간성과 우리의 본성 속을 깊이 들여다봄으로써, 우리의 집단적인 광기를 치유할 약을 다시 발견할 수 있겠는가? 우리는 아직 죽지 않았으며, 우리가 손을 뻗치는 한, 세상은 여전히 우리의 민감한 손길에 살아 있기 때문이다.

지상의 생명이 관건인 때에는 다른 모든 것이 나중 일이다.

밤낮으로 나의 혈관 속을 흐르는 생명의 물결은
똑같이 세상을 통해 흐르며 리듬에 맞추어 춤을 춘다네.

먼지들이 범벅인 세상에서 무수한 풀잎들 속에 움트는
새싹의 환희가 나뭇잎들과 꽃들의 물결로 피어나는 것은
모두 똑같은 생명이라네.

탄생과 죽음, 밀물과 썰물이라는 바다의 요람 속에
흔들리는 것도 똑같은 생명이라네.

나의 팔다리는 이 생명의 세계가 어루만짐으로써
영광스러운 것이 되었나니.
이 순간 나의 피 속에서 춤추는
오랜 생명의 맥박이 나의 긍지라네.

— Rabindranath Tagore, *Gitanjali, LXIX*

사티쉬 쿠마르(Satish Kumar)는 대지를 걷고 또 걸어 자연과 연결된 영성에 이르렀다. 그는 자연을 자신의 안내인이며 대성당이라고 부른다. 그는 잡지 〈소생 Resurgence〉의 편집인이며, 슈마허 대학의 영적인 기둥으로서, 우리가 환경의 영적인 측면을 확인해야만 한다고 주장한다. 자연에 대한 공경심이 우리의 정치적 논쟁과 사회적 담론의 중심이 될 필요가 있다.

사티쉬 쿠마르

생태학의 세 차원: 흙, 영혼, 사회

위대한 운동들과 영원한 철학들은 흔히 그 본질적 메시지를 삼위일체로 요약해왔다.

힌두교의 삼위일체 가운데 하나는 브라만, 비슈누, 시바로서, 창조, 지속, 쇠퇴의 원리들이다. 그리스도인들은 성부, 성자, 성령을 고백한다. 그리스인들은 진, 선, 미에 초점을 맞추었다. 미국의 헌법은 생명, 자유, 행복의 추구를 택했으며, 프랑스 혁명은 자유, 평등, 형제애를 택했다. 오늘날 뉴에이지 운동은 정신, 몸, 영의 개념들을 중심으로 한다. 이런 삼위일체들은 각기 의미가 있으며 그 상황에서는 현실적합성이 있지만, 그 어느 것도 통전적이며 생태적인 세계관을 보여주지는 않는다. 그것들은 영적이거나 사회적이지만 인간중심적이며, 또한 인간과 자연의 연결성을 강조하지는 않는다.

그러나 고대 힌두교 경전인 〈바가바드 기타〉는 내 생각에 통전적인 삼위일체를 담고 있으며, 또한 생태학, 영성, 인간성을 포함한다. 그 삼위일체는 산스크리트어로 '야그나'(yagna), '타파스'(tapas), '다나'(dana)이다. '야그나'는 인간과 자연의 관계를, '타파스'는 인간과 신의 관계를, '다나'는 인간과 인간의 관계에 관한 것이다. 나는 이 삼위일체를 흙(Soil), 영혼(Soul), 사회(Society)로 번역하겠다.

흙의 생태학

처음에 생긴 것은 흙이다. 흙은 자연을 대표하며 또한 세상 전체를 지탱한다. 만물은 흙에서 생겨나며 흙으로 돌아간다. 생명을 지탱시키는 식량도 흙에서 온다. 생명을 양육하는 물도 흙이 담고 있으며 또한 불도 그렇다. 태양, 달, 별들도 모두 흙과 연결되어 있다. 흙은 자연계 전체를 뜻하는 은유이다. 우리가 흙을 돌보면, 흙은 우리 모두를 돌본다. 흙을 통해서 우리는 모두 서로 연결되어 있다. 우리는 흙에 의존해 있다. 모든 생명체들도 흙에 의존해 있다.

불행하게도 지난 몇 세기 동안의 과학, 기술, 경제, 철학은 인간을 지배적인 위치로 높이는 방식으로 발전했으며, 인간에게 최고의 지위를 부여했다. 우리가 발전시킨 세계관은 인간이라는 종자가 다른 종자들보다 우월하다고 가르쳤다. 동물들, 숲들, 강들과 바다들은 오직 인간의 필요를 위해 봉사할 뿐 아니라 인간의 탐욕과 욕망을 성취시켜야 했다. 이런 사고방식은 오직 인간이라는 종자만이 다른 모든 종자들보다 우월하다는 종자주의(species-ism)였다.

이처럼 교만한 세계관은 인간과 나머지 자연세계 사이의 상호적이며 서로 공경하는 영적인 관계를 소멸시켰다. 사실상 인간들은 자신들이 자연과는 분리된 존재들이며 자연 위에 존재한다고 믿게 되었다. 숲들, 강들, 새들, 그밖에 야생의 세계를 가리키는 자연은 저 밖에 있으며, 우리 인간들은 우리의 집들, 아파트들, 사무실들, 자동차들, 기차들과 비행기들 안에 둘러싸여 있다는 식으로.

최근에 철학자들과 과학자들 가운데는 기술, 과학, 산업, 무역을 통해 자연을 정복하는 것이 인간의 권리라고 간주하는 사람들도 있었다. 산업기술 시대에 인간은 자연과 전쟁을 벌여왔다. 식량을 증산한다는 명목으로 화학비료와 농약들로 땅에 독극물을 쏟아 부었다. 우리는 새들과 동물들을 우리 속에 가두고 잔인하게 다룸으로써, 동물 단백질 판매량을 늘려 더욱 큰 이윤을 얻었다. 열대우림과 낙엽송들을 가차 없이 파괴하는 것은 기업농을 위한 경작지를 늘리는 것으로 정당화했다. 바다와 강의 물고기들을 남획하여 고갈시키고 자연적 균형을 파괴하는 것은 우리가 자연과 벌인 전쟁의 또 다른 사례이다. 그러나 우리가 비록 이 전쟁에서 승리한다 해도 우리는 결국 완전히 패배하게 될 것이라는 사실을 미처 깨닫지 못하고 있다.

자연과의 전쟁은 우리의 확신, 즉 자연의 기능은 경제라는 엔진을 돌리는 것뿐이라는 확신에 의해 추진되고 있다. 이런 확신이 바뀌어야만 한다. 진실은 인간의 경제라는 것이 생태계 혹은 환경에 완전히 종속된 것이라는 점이다. 만일에 인간 경제의 자연적 자본이 고갈되면, 만일에 환경이 파괴되면, 경제는 끝장나고 만다.

따라서 21세기 인류가 직면한 도전은 자연과의 관계에서 겸손함을 배우는 것이며, 또한 인간과 자연 사이의 불연속성과 이원성을 극복하는 일이다. 자연은 단지 우리 바깥에 있는 것이 아니라, 우리 역시 자연이다. 배꼽, 출생, 원주민, 자연은 모두 어근이 같다. 자연이라는 말이 뜻하는 것은 태어난 모든 것이 죽는다는 뜻이다. 우리 인간들도 태어나고 죽을 것이기 때문에 우리도 자연이다. 이처럼 자연과 인간들은 하나다. 따라서 우리가 자연에게 행하는 것은 우리들 자신에게 행하는 것이라는 사실을 명심할 필요가 있다. 우리는 모두 연결되어 있다. 우리는 서로 의존하고 있는 세상 속에서 살아간다.

이처럼 인간과 자연이 하나라는 의식을 통해서 우리는 모든 생명들을 새롭게 이해하게 되며 그 가치를 새롭게 인식하게 된다. 노르웨이의 철학자 아르네 네스(Arne Naess)는 이것을 심층생태학(deep ecology)이라고 불렀다. 우리가 자연을 단지 인간을 위한 효용성이라는 관점에서만 이해하면, 비록 우리가 자연을 보존하고 우리를 위한 자연의 유익을 보호한다 해도, 그것은 천박한 생태학(shallow ecology)에 지나지 않는다. 그러나 우리가 모든 생명체들의 본래적인 가치를 인식하면, 심층생태학이다. 풀잎 하나, 지렁이 한 마리, 벌레 한 마리, 심지어 모기 한 마리조차도 살 권리가 있다. 따라서 나무들, 강들, 새들, 물고기들 역시 인간을 위한 효용성과 상관없이 살아갈 권리가 있는 것이다.

우리가 인간의 권리를 인식하는 것처럼, 심층생태학은 자연의 권리를 인식할 것을 요구한다. 자연과 우리의 관계는 비폭력 원리들과 생명경외에 대한 우리의 인식에 뿌리내려야 한다. 심층생태학은 자연히 경건한 생태학(reverential ecology)과 영적인 생태학(spiritual ecology)으로 이끈다.

자연은 죽은 물체가 아니다. 자연은 살아 있다. 가이아 이론(Gaia theory)을 주창한 제임스 러브록(James Lovelock)에 따르면,

지구는 살아 있는 유기체이며, 또한 힌두교 철학에 의하면, 자연은 지성을 갖추고 있으며 의식도 있다. 대지, 공기, 불, 물이 갖고 있는 요소들은 그것들에 본래적인 신성을 갖고 있다. 힌두교인들은 비의 신 '인드라'(Indra), 바람의 신 '바유'(Vayu), 불의 여신 '아그니'(Agni), 대지의 여신 '부미'(Bhumi)에 관해 말한다. 그들은 또한 태양신, 달의 여신, 히말라야의 신 '시바'(Shiva), 물의 신 '강가'(Ganga)에 관해 말한다. 본질적으로 신 혹은 신들은 자연과 따로 떨어진 존재들이 아니다.

〈바가바드 기타〉에 관해 설명하면서 힌두교 학자 비노바 바베(Vinoba Bhave)는 이렇게 말한다. "우리 주변의 모든 것은 신 아닌 것이 없다. 신은 언제나 우리들 모두 앞에 계신다… 생명을 지닌 것과 생명이 없는 모든 것 안에 나타나는 것은 주님이며, 주님뿐이다."[1]

비노바 바베는 계속해서 말한다. "신은 우주 안에 어디에나 계신다. 거룩한 강들로, 높은 산들로, 잔잔한 바다로, 가슴이 따뜻한 소들로, 고상한 말들로, 위엄 있는 사자들로, 아름다운 소리를 내는 뻐꾸기들로, 황홀한 공작새들로, 깨끗하고 쓸쓸한 뱀들로, 날개를 퍼덕이는 까마귀들로, 솟구쳐 오르는 불길로, 고요한 별들로 계신다. 신은 만물 속에 서로 다른 형태로 스며 계신다. 우리는 어디에서나 그분을 볼 수 있는 눈을 갖도록 우리의 눈을 훈련시켜야 한다."[2]

자연은 신적이며 거룩하고 성스러울 뿐만 아니라 풍요롭다. 그리고 모든 종자들은 생명을 지탱하는 생명력의 희생적 행동을

---

1) *Talks on the Gita*, Paramdham Prakashan, Pavnar, Warda, India, ch. 9, p. 124.
2) Ibid., ch. 10, p. 153.

통해 양육된다. 우리 인간들은 자연의 선물들을 받는 복을 받았다. 우리는 생활에 필요한 것들을 자연으로부터 얻는다. 우리가 식량, 물, 거처를 자연으로부터 제공받는 것은 겸손함과 감사함으로 받고, 또한 남용이나 고갈, 쓰레기와 오염을 시키지 않는 한 제공받을 수 있는 것이다. 인도의 위대한 지도자 마하트마 간디가 말한 것처럼, "자연은 모든 사람의 필요를 위해서는 넉넉하지만, 심지어 한 사람의 탐욕을 위해서는 넉넉하지 않다." 그에 따르면, 낭비는 폭력이며, 오염도 폭력이며, 또한 반드시 필요한 것이 아닌 소유를 축적하는 것 역시 폭력이다.

자연은 친절하고 자비로우며 관대하다. 자연은 무조건적인 사랑으로 넘친다. 예를 들어, 작은 씨앗에서 자라난 큰 사과나무는 해마다 수천 개의 사과를 산출한다. 사과나무는 결코 자신의 사과를 먹지 않는다. 사과나무는 아무에게도 무엇을 내놓으라 하지 않은 채 과일을 내준다. 누구에게든 기쁜 마음으로 향기롭고 맛나며 영양이 풍부한 과일을 무조건적으로 제공한다. 성자건 죄인이건, 농부건 철학자건, 인간이건 동물이건, 새건 벌이건, 아무런 차별 없이 모두를 초대하여 과일을 즐기도록 한다.

'야그나'(yagna) 원리에 따르면, 우리가 자연의 아름다움과 풍성함과 찬란함을 경축하는 방법은 우리가 자연에서 취한 것들을 다시 채움으로써 경축하는 것이다. 만일에 우리가 집을 짓기 위해 나무 다섯 그루를 취했다면, 우리는 오십 그루의 나무를 심어야 한다. 만일에 우리가 땅에서 밀, 벼의 곡식과 채소를 취했다면, 우리는 흙에 거름과 퇴비를 주어 다시 채우고, 7년간 경작한 후에는 땅을 놀림으로써 땅도 안식할 수 있게 해야 한다. 이것을 '야그나,' 곧 다시 채움, 회복과 갱신이라 부른다. 비노바 바베는

"만일에 우리들 백 명이 한 곳에 모여 그 장소를 못쓰게 만들고 공기를 오염시키고 자연에 피해를 준다면, 마땅히 우리는 자연에 보상하고 그 균형을 회복할 조치를 취해야만 한다. 바로 이런 목적으로 '야그나' 제도가 만들어졌다. '야그나'는 우리가 자연에서 취한 것을 상환하고 되돌려 놓기 위한 것이다... 그 손실을 메워주는 것이 '야그나'의 목적이다."[3]라고 말했다.

자연을 생명이 없는 기계로 보기 때문에 착취의 대상이 되지만, 자연을 성스러운 것으로 보면 예술, 문화, 종교에 영감을 불어넣는 원천이 된다. 우리는 반 고흐와 같은 위대한 예술가들이 해바라기를 그린 것에 대해 찬사를 보내지만, 해바라기 자체는 신의 위대한 작품으로서 그 예술가에게 상상력을 불러일으킨 것이라는 점을 망각하고 있다. 만일에 해바라기들이 없다면, 반 고흐는 없을 것이며, 연못의 수련이 없다면 모네도 없을 것이며, 몽 쌩뜨 빅뚜와르(프랑스 남부의 산 이름 - 옮긴이)가 없다면 세잔느도 없을 것이다. 예술가들은 언제나 자연의 성스러운 특질을 인식하고 있었다. 이제 과학자들, 경영자들, 정치인들도 예술가들처럼 인식하고, 자연을 단지 이윤을 얻기 위한 자원이라는 생각에서 벗어나야 한다.

우리가 자연 앞에 겸손하고 감사한 마음을 지닐 때, 우리는 자연**으로부터** 많은 것을 배울 수 있다. 그러나 인간중심적인 현대 문명 속에서 우리는 자연**에 관해** 배운다. 자연**으로부터** 배우는 것과 자연**에 관해** 배우는 것 사이에는 큰 차이가 있다. 자연에 **관해** 배울 때, 자연은 연구의 대상이 되어 자연에 대한 착취로 이

---

3) Ibid., ch. 17, p. 241.

끈다. 이 때문에 어떤 과학자들은 인간이 "자연의 비밀들을 훔칠" 사명이 있다고 말한다. 그러나 우리가 자연**으로부터** 배울 때는 우리가 자연과 친밀한 관계를 맺게 된다. 그러면 자연적 과정들의 신비를 향해 인간은 겸손함과 공경심을 갖게 된다.

인도의 위대한 시인 라빈드라낫 타고르(Rabindranath Tagore)는 콜카타 인근에 '샨티니케탄'이라는 이름의 학교를 세웠는데, 그 뜻은 "평화의 집"이다. 거기서 그는 망고나무 아래에서 수업을 하면서 학생들에게 말하기를, "여러분에게는 두 분의 선생이 있습니다. 한 사람은 나로서 여러분의 인간적 선생이며, 다른 한 분은 나무로서 우리는 지금 그 분 아래 앉아 있습니다." 그는 계속해서 "나는 여러분에게 지적인 지식을 가르칠 수 있지만, 여러분이 나무들을 바라보면 훨씬 더 많은 것을 경험할 수 있습니다. 지식과 경험이 만날 때, 지혜가 태어납니다."라고 했다.

나무들을 관찰할 때 우리는 어떻게 만물이 서로 연결되어 있으며 의존되어 있는지를 깨닫게 된다. 태양 에너지로부터 나뭇잎들은 광합성 작용을 일으키며, 비를 통해 나무는 영양을 얻고, 흙은 나무뿌리를 감싸고 있다. 오직 연결됨뿐이다. 부처님은 나무 아래 앉아 있는 동안에 깨달음을 얻었다.

자연을 경험할 때, 우리는 자연에 대한 깊은 사랑과 공감을 발전시키며, 또한 우리가 마음을 쓰는 무엇인가를 사랑할 때, 우리는 그것을 보존하며 보호한다.

현재의 환경운동은 멸망과 재난에 대한 두려움에 의해 추동되고 있다. 이런 태도는 참으로 지속가능한 미래를 위한 올바른 동기가 아니다. 지구에 대한 사랑과 공경심은 자동적으로 지속가능성과 조화와 일관성을 초래하게 마련이다.

우리는 조화를 찾는 것이 생태학의 가장 근본적인 원리라는 것을 인식할 필요가 있다. 조화가 깨어진 곳에는 어디나 갈등과 불화가 있게 마련이다. 우리 인간들의 책임은 조화를 회복하고 유지하는 일이다. 이란의 신비주의 철학자 후세인 곰세이(Hossein Ghomshei)는 말하기를, 우주적인 조화에 대한 지식은 과학이며, 그 조화를 표현하고 전달하는 것이 예술이고, 일상생활 속에서 그 조화를 실천하는 것이 종교라고 했다. 과학, 예술, 종교 사이에는 갈등이 없으며, 서로를 보완할 따름이다. 오늘날 많은 환경 문제들이 생겨난 것은 우리가 과학, 예술, 종교를 서로 다른 별도의 영역 속에 가두었기 때문이다. 만일에 우리가 지속가능한 미래를 창조하고 자원고갈의 문제, 인구폭발의 문제, 종다양성의 파괴 문제를 완화시키려면, 우리가 과학, 예술, 종교들 사이에 일관성을 찾을 필요가 있다. 이것은 흙과 지구에 대한 깊은 존경심을 통해 성취할 수 있다. 즉 인간으로 산다는 것은 흙과 지구 앞에서 겸손해지는 일이며, 겸손을 실천하는 일이다.

영혼의 생태학

〈바가바드 기타〉는 우리에게 자연세계, 흙과의 조화 속에 살도록 촉구한 것처럼, 우리들 자신, 즉 우리의 영혼과도 조화 속에 살라고 가르친다. 우리가 자연과 전쟁을 벌이고 있는 것처럼, 우리는 또한 우리들 자신과도 전쟁을 벌이고 있다. 우리들 자신과 평화를 이루는 일은 지구와 평화를 이루는 일에 선행되는 조건이다. 그리고 우리들 자신과 평화를 이루는 일은 우리의 참된 본성을 깨달아 우리들 자신이 되는 일이다.

우리들 각자는 독특하며 특수한 존재다. 스리랑카의 미술사가인 아난다 쿠마라스와미(Ananda Cppmaraswami)가 말한 것처럼, "예술가는 특수한 종류의 사람이 아니라 모든 사람들이 특수한 종류의 예술가들이다." 그는 모든 인간의 엄청난 잠재력에 관해 말한 것이다. 힌두교 철학자들은 "나는 브라만(Brahman), 곧 순수한 의식이다"라고 말했다.

산스크리트어에서 개인의 영혼을 뜻하는 말은 '아트만'(atman), 즉 친밀한 존재이며, 보편적 영혼을 뜻하는 말은 '파람아트만'(paramatman), 곧 궁극적 존재 혹은 신이다. 인간 개인을 뜻하는 말은 '나르'(nar)이며, 보편적 존재 혹은 신을 뜻하는 말은 '나라얀'(narayan)이다. 아랍어에서도 비슷한 형태를 볼 수 있는데, 개인은 '쿠드'(khud)이며, 신적인 존재 혹은 신은 '쿠다'(Khuda)로서, 개인을 뜻하는 말에 '아'(a)를 덧붙임으로써 개인의 협소한 자기정체성 혹은 자아(ego)에서 벗어나 신적인 의식으로 변화하며 신과 하나가 된다.

이처럼 각성된 상태에 이르는 길은 자기에 대한 지식, 이타적인 섬김을 통해서 이루어지며, 자아를 포기하고 "나는 전체의 한 부분이다"라는 의식을 갖는 것을 통해서 이루어진다. 즉 나는 지구라는 몸 전체의 한 기관이며, 지구 공동체의 한 구성원이라는 의식을 통해서 이루어진다.

흔히 우리는 국적, 인종, 종교, 계급, 젠더와 같은 분별지(分別智)와 관념들이 만든 협소한 자기정체성의 무게에 짓눌린다. 우리는 다른 사람들과 분리된 '나'라는 생각, 다른 사람들의 소유와 분리된 '내 것'이라는 생각 속에 갇혀 있다. 보편적인 사랑을 통해 우리는 이 자아(ego)에서 벗어날 수 있으며, 생태계(eco)의 일부가 된다. 에고(ego)가 에코(eco)로 바뀌는 것은 g를 c로 바꾸는 획기적인 도약이다. 그리스어 '에코'는 매우 아름다운 말이다. 이 말에서 생태학(ecology)과 경제(economy)가 파생되었다. '에코' 혹은 그리스어 '오이코스'(oikos)는 가정(home)을 뜻한다. 그리스 철학자들의 지혜에 따르면, 가정은 우리가 물리적으로 사는 곳만이 아니라 우리의 집, 즉 부엌, 침실, 욕실, 식당과 거실을 뜻한다. 지구라는 행성 전체는 870만에 달하는 생명체의 종자들이 그 구성원으로서 하나의 가족을 이루고 살아가는 가정이다. 모든 생명체 종자들은 한 가족이며 친척이다. 따라서 가정 혹은 '에코'는 관계의 장소인 반면에, 개별적 자기 혹은 자아는 분리, 불연속, 고립의 상태이다. 우리의 영혼은 고립 속에 굶주리고 있다.

"나는 대우주(macrocosm) 속의 소우주(microcosm)"라는 것을 깨닫게 되면, 우리가 신의 마음과 접속하게 되며, 협소한 자기 정체성에서 벗어나게 되고, 슬픔과 분리로부터 해방되며 공포와 파편화에서부터 자유롭게 된다.

때때로 우리는 이 세상이 매우 절박하게 구원을 필요로 한다는 것을 확신하게 되어, 이 지구를 구하기 위해 밤낮으로 일에 몰두하게 된다. 이런 입장 때문에 결과적으로 우리는 우리 자신의 행복을 무시하게 되며, 소진되거나 우울증에 걸려 결혼생활이 파탄나고 환멸에 사로잡히기 쉽다.

그러므로 〈바가바드 기타〉는 우리에게 흙을 돌보는 일과 우리 영혼을 돌보는 일 사이를 분리시킬 필요가 없다고 가르친다. 우리는 그 두 가지 모두를 할 필요가 있다. 영혼을 돌보는 일은 '타파스'(tapas)라 부르는데, 이것은 내적인 순결, 명상, 영성을 위한 시간을 내고, 우아하게 단순한 삶을 사는 것을 뜻한다. 마하트마 간디는 "당신이 이 세상 안에서 일어나는 것을 보고 싶은 변화가 되라"고 말했다. 그는 이론과 실천 사이, 말과 행동 사이에 통전성이 있어야 한다고 믿었다. 말이 힘을 얻게 되는 것은 살아 있는 본보기로서 그 말을 뒷받침할 때뿐이다. 바로 이런 이유 때문에 마하트마 간디는 낮 시간에 기도, 명상, 홀로 있음, 연구, 밭일하기, 음식 만들기와 물레잣기를 통합시켰으며, 이런 활동들이 인도를 통치하던 영국의 관리들과 협상하는 일, 독립운동을 조직하는 일, 그리고 불가촉천민들의 계급을 타파하는 일만큼이나 반드시 필요한 일이라고 생각했다. 그는 바깥 세상을 돌보는 일과 내면적인 세상을 돌보는 일을 통합시킨 완벽한 사례였다. 영성이라는 내면의 풍경과 지속가능성이라는 외적인 풍경은 완전히 연결되어 있다. 우리는 자비심을 키우고 진리를 탐구하고 아름다움을 감상하고 자기실현을 위해 일할 필요가 있다. 이런 방식으로 우리는 외부의 생태학과 내면의 생태학을 연결시킬 수 있다.

오늘날의 환경운동은 주로 경험과학, 합리적 사고, 데이터 수집, 외적인 행동들을 추구한다. 이런 방식으로는 충분하지 않다. 우리는 지구를 돌보는 일의 일부로서 우리의 영혼을 돌보는 일을 포함시킬 필요가 있다.

사회의 생태학

흙을 돌보는 일과 영혼을 돌보는 일은 사회를 돌보는 일로 확장될 필요가 있다. 전대미문의 경제성장, 과학 기술의 발전, 세계 무역의 증가에도 불구하고, 인류의 절반은 굶주리며 노숙자 신세이며 또한 무시당하고 있다.

제2차 세계대전 이후에 미국의 대통령은 유엔에서, 이 세상에는 선진국들의 세계와 후진국들의 세계라는 두 개의 세계가 있다고 선언했다. 선진국들의 세계는 산업, 기술, 자유무역, 소비주의 세계로서 모든 사람들의 생활수준을 높여준 세계인 반면에, 후진국들의 세계는 농업, 시골생활, 지역경제, 빈약한 소비의 세계로서 사람들을 가난하게 만드는 세계다. 주류 경제학자들과 정치인들의 사명은 세계를 산업화하고, 경제적 지구화를 창출하고, 또한 미개발의 문제를 해결하기 위한 자유 시장을 확대하는 일이다.

산업화를 위해 거의 70년 동안 불철주야 노력했음에도 불구하고, 이른바 후진국들의 고통당하는 사람들은 계속 증가하고 있다. 심지어 중국, 인도, 브라질 같은 나라들에서 정부들, 산업가들과 기업인들은 현대적인 물질주의의 길을 따르기 위해 자신들의 문화와 전통을 희생시키고, 자연자본을 파괴시켰지만, 여전히 시민들 대다수는 빈곤선 이하에 머물러 있다. 심지어 생활수준이 높아지고, 자가용, 컴퓨터, 고속도로가 많아졌지만, 일반적인 안녕과 행복, 사회적 응집력과 직업 만족도는 아직도 머나먼 꿈으로 머물러 있다.

이처럼 물질주의라는 새로운 종교는 군사주의의 성장과 함께 성장했다. 핵무기와 재래식 무기들을 위한 전체 군사비는 최근 몇 년 동안 네 배나 증가했지만, 안보나 평화는 여전히 요원할 따름이다. 여러 형태의 폭력과 정부들이 벌이는 합법적 전쟁들, 이른바 '테러리스트들'이 벌이는 불법적 전쟁들은 이 세상

곳곳에서 여전히 계속되고 있으며, 국가적 혹은 국제적 충돌은 해결될 기미를 보이지 않고 있다.

인류는 자연에 맞서 전쟁을 벌이고 있을 뿐만 아니라, 인류 자신에 맞서서도 전쟁을 벌이고 있다. 즉 이윤, 권력, 통제, 탐욕이 대다수 정치인들과 기업가들의 마음을 사로잡고 있으며, 광고 산업과 유명 인사들의 행태는 소비주의, 안락, 사치에 입각한 생활방식을 꿈꾸는 대다수 사람들의 마음을 유혹하고 있다.

이런 사태는 조화, 사회적 응집력, 안녕에 대한 비전에 도달할 수 없다. 따라서 정의, 평등, 자유를 확립함으로써 모두의 행복에 도달하기 위해서는 강력한 사회적 운동이 필요하다. 이런 운동은 단순히 사회적 공학이나 정치적 책략으로 이룰 수 있는 것이 아니다. 이런 운동은 오직 서로 돌봄과 이타적인 섬김에 관한 영적인 각성과 새로운 인식을 통해서만 가능하다. 〈바가바드 기타〉는 이것을 '다나'(dana)라고 부르는데, 이것은 나눔, 관대함, 남에게서 받기 전에 내 것을 내어줌, 자기이익을 넘어서는 일을 뜻한다.

자기이익을 최고의 가치로 간주하는 문화에서는 우리가 도대체 왜 우리의 자기이익을 포기해야 하는가를 자연스럽게 묻게 된다. 이 물음에 대해 비노바 바베가 지적한 것처럼, 〈바가바드 기타〉는 이렇게 대답한다. "왜냐하면 우리가 이미 사회에 큰 의무를 지고 있기 때문이다. 우리는 태어났을 때 완전히 무방비 상태였으며 연약했다. 우리를 돌보고 또한 우리를 양육한 것이 사회이기 때문에, 우리는 사회를 섬겨야만 한다."[4]

---

4) Ibid., ch. 17, p. 242.

우리는 피라미드, 타지 마할, 거대한 사원들과 대성당과 같은 위대한 건축물들을 물려받았다. 우리는 또한 수많은 문학 작품, 시, 음악, 그림들로 축복을 받았다. 또한 붓다, 무함마드, 예수 그리스도, 노자 등 위대한 성인들의 가르침으로 풍요롭게 되었다. 우리는 철학, 과학, 기술의 선물을 받아왔다.

우리가 조상들과 동료 인간들로부터 받은 선물들의 목록은 끝이 없다. 우리는 그들에게 빚을 지고 있다. 그리고 이제는 우리가 그 문화와 문명에 공헌할 차례이며, 또한 인류 가족 가운데 어느 아이도 굶주리는 일이 없도록 해야 하며, 어느 누구도 병이 걸렸는데 돌봄을 받지 못하는 일이 없도록 해야 하며, 어느 나라나 어느 공동체도 전쟁, 착취, 고문을 겪지 않도록 해야만 한다. 우리는 이런 목표를 내일 당장 성취할 수는 없을 테지만, 모두의 안녕을 위한 노력은 오늘 반드시 시작해야 한다. 자기이익이라는 협소한 울타리를 넘어 서로간의 이익을 향해 노력해야 한다.

그러나 서로간의 이익을 위해 일하는 비전은 결코 쉬운 것이 아니다. 사회 안에는 서로간의 이익을 위해 행동하는 것을 막는 뿌리 깊은 이해관계가 있어서 우리를 자기이익을 향해 몰아간다. 강자는 약자를 착취하며, 부자는 가난한 이들을 깔아뭉개며, 권력을 추구하는 자들은 힘없는 이들을 복종하게 만든다. 이런 상황에서 〈바가바드 기타〉는 투쟁과 행동을 주창한다.

마하트마 간디는 이런 투쟁과 행동의 원리를 가장 열렬하게 따른 사람들 가운데 하나였다. 그는 감옥에 들어가면서도 "마치 신랑이 결혼식장에 들어가듯" 기쁘게 들어갔다. 그는 비폭력, 진리, 자비를 실천했으면서도 반식민주의와 자유를 위해 투쟁했다. 마틴 루터 킹, 넬슨 만델라, 바클라브 하벨, 마더 테레사, 왕

가리 마아타이 같은 행동가들은 〈바가바드 기타〉의 정신에 따라 사회 전체의 행복을 위해 자신들의 목숨을 '다나'(dana)로 바친 사람들의 본보기들이다. 이처럼 탁월한 행동가들로부터 우리는 사회적 생태학에 대한 교훈을 배울 수 있으며, 또한 인간의 존엄성이라는 새로운 도덕적 질서를 확립하기 위해 수고할 수 있다.

이처럼 〈바가바드 기타〉의 길은 영적인 전사, 평화의 전사, 그리고 생태계의 전사의 길이다. 〈바가바드 기타〉는 이들을 '카르마 요기'(karma yogi)라 부른다. 즉 빼앗긴 사람들과 가난한 사람들의 행복과 평화를 위해 끊임없이 투쟁하지만, 그 자신들의 행동의 열매를 탐하지 않는 사람이다. 〈바가바드 기타〉는 나무가 그 자신의 과일을 먹지 않으며, 강이 그 강물을 마시지 않는 것처럼, '카르마 요기'는 그 자신의 행동의 유익을 구하지 말아야 한다고 말한다. 오히려 그는 다른 이들의 유익을 위해 자신의 목숨을 바쳐야만 한다. 이것이 '다나'이다.

〈바가바드 기타〉의 삼위일체는 세 발이 달린 걸상과 같다. 즉 '야그나'를 통해 우리는 흙을 다시 채우며, '타파스'를 통해 영혼을 채우며, '다나'를 통해 사회를 보충한다. 그러나 그 셋은 서로 배타적인 것이 아니다. 우리 모두는 동시에 이 세 가지 형태의 행동을 모두 할 필요가 있다. 간단히 말해서, 우리는 영적인 생활방식을 살면서 지구를 보호하며, 자기를 깨우치고, 또한 사회정의를 회복하는 투쟁에 참여해야 한다. 〈바가바드 기타〉의 이 오래된 삼위일체는 그 옛날과 마찬가지로 오늘날에도 여전히 현실적인 연관성이 있다.

골짜기의 혼은 결코 죽지 않는다.
그것은 여인, 최초의 어머니다.
그 입구는 하늘과 땅의 뿌리다.
그것은 거의 보이지 않는 베일과 같다.
그것을 사용해라. 결코 실패하지 않을 것이다.

― Lao Tsu, 도덕경(*Tao Te Ching*)

조애나 메이시(Joanna Macy)는 생태철학자이며 영적인 활동가로서 자기(self)라는 개념을 모든 생명체들과의 깊은 친척관계 속에서 파악한다. 불교와 일반 시스템 이론을 결합시켜서 그녀는 우리의 이야기를 생태적 자기로까지 확장시키는데, 이 생태적 자기는 이 세상이 자기의 몸이라는 것을 인식한다.

조애나 메이시

자기의 녹색화

우리가 안을 향해 돌아서고,
이처럼 절묘한 행성의 서로 얽혀 있는 생물학 속에서
우리의 참된 뿌리들과 마주치게 될 수만 있다면,
이런 뿌리들을 통해 자양분과 힘이 용솟음칠 수만 있다면,
그리고 수십억 년 동안 계속된 그 춤이 이어지도록 하기 위해
단호하게 결심할 수만 있다면.

— John Seed

우리가 사는 세상에서는 매우 중요한 일이 벌어지고 있지만, 이런 일이 신문에는 보도되지 않고 있다. 나는 이것을 우리 시대의 가장 멋지고 희망적인 발전이라고 생각하며, 또한 이것이 내가 이 시대를 살아가고 있다는 사실이 매우 기쁜 이유들 가운데 하나다. 이것은 우리의 자기(self)에 대한 개념과 관련된 일이다.

자기는 정체성과 행위자를 가리키는 은유적 표현으로서 이 가상적인 영역 위에 우리의 생존전략을 세우며, 이 개념을 중심

으로 우리의 자기보존 본능과 자기인정 욕구의 초점을 맞추며, 자기이익의 경계선을 두른다. 여기서 무엇인가가 변하고 있다. 우리가 이제까지 교육받아왔으며 또한 주류문화가 우리를 조건 지어왔던 전통적인 자기라는 개념이 서서히 무너지고 있다. 알란 와츠(Alan Watts)가 "피부 속에 싸여 있는 에고"라고 말한 것, 그리고 그레고리 베이트슨(Gregory Bateson)이 "서구문명의 인식론적 오류"라고 말한 것이 지금 벗겨지고 있는 중이다. 그 에고는 자기 정체성과 자기이익에 관한 더욱 큰 틀, 즉 생태철학자 아르네 네스가 생태학적 자기(ecological self)라고 부른 것에 의해 대체되고 있는데, 생태학적 자기는 우리의 행성 위에 함께 살고 있는 다른 존재들과 생명체들과 공존하는 자기이다. 이것이 내가 "자기의 녹색화"(the greening of the self)라고 부르는 것이다.

고무보트들 속의 보살

몇 년 전에 어느 대학에서 강연을 하면서, 나는 지구의 생명체들을 지키기 위한 활동들에 관해 사례들을 들어 설명했다. 사람들이 다른 생명체 종자들을 보호하기 위해 어떻게 자신들의 안락을 희생하고 심지어 목숨까지 거는가를 이야기했다. 예를 들어 인도 북부지역에서 나무를 껴안는 칩코(Chipko) 운동에서는 마을 사람들이 남아 있는 숲을 보호하기 위해 도끼와 불도저를 자신들의 온몸으로 막아냈다. 해양에서는 그린피스 활동가들이 고래와 같은 바다 포유류를 보호하기 위해 개입한다. 강연 후에 마이클이라는 학생으로부터 다음과 같은 편지를 받았다.

나는 나무를 껴안고 자신들의 온몸으로 전기톱을 막아서는 그 사람들은 내 몸통을 껴안는 것이라 생각합니다. 그들의 손가락이 나의 껍질을 파고들어 그 쇳덩이들을 멈추게 만들고 나를 숨 쉬게 하는 것처럼 느껴집니다. 고무보트들을 타고 고래잡이배의 작살들과 나 사이로 들어가, 나로 하여금 깊은 바다 속으로 도망치게 해주는 사람들은 **보살님들**이라는 말을 들었습니다. 나는 선생님의 인생과 나의 인생에 대해 감사하며, 생명 자체에 대해 감사합니다. 나 역시 나무를 껴안는 사람들과 그 보살님들의 힘을 갖고 있다는 것을 깨닫게 해주신 것에 감사를 드립니다.

이 학생의 말 가운데 가장 중요한 것은 그의 정체성에 변화가 생겼다는 점이다. 그는 자기에 대한 인식을 확장시켜서 나무의 자기와 고래의 자기를 품을 수 있었다. 나무와 고래는 더 이상 자기와 분리되어 "저 밖에 있는" 물체가 아니라, 그 자신의 생명력에 본래적으로 있는 것이다. 그의 돌볼 능력을 통해, 자기에 대한 경험이 피부 속에 싸여 있는 에고를 훨씬 넘어 확장되었다. 내가 이 학생의 편지를 인용한 것은 그의 말이 유별나기 때문이 아니라, 그와는 반대로 자기에 대한 낡은 감옥으로부터 해방되려는 욕망과 능력을 보여주기 때문이다. 오늘날 점점 더 많은 사람들 속에서 이런 욕망과 능력이 솟아나고 있는데, 이것은 오늘날 세상에서 벌어지고 있는 일들에 대한 깊은 관심 때문이며, 또한 사람들이 그런 관심에서 말하고 행동하기 시작했기 때문이다.

이처럼 자기에 대한 낡은 껍질을 벗겨내는 사람들 가운데 한 사람이 존 시드(John Seed)인데, 그는 오스트레일리아에 있는 〈열대우림 정보센터〉의 소장이다. 하루는 그의 사무실이 있는 뉴사우스 웨일즈의 열대우림을 걷다가 내가 그에게 물었다. "당신은 남아 있는 숲을 보호하기 위해 목재회사들과 정치가들에 맞서서 싸운 이야기를 했는데, 그런 절망을 어떻게 다루는가요?"

그는 대답했다. "나는 숲을 보호하려고 노력하는 것이 나 존 시드가 아니라는 것을 기억하려고 애씁니다. 오히려 나는 스스로를 보호하는 숲의 일부분이지요. 나는 최근에 인간의 사고 속으로 진입한 숲의 한 부분입니다." 이것이 바로 내가 말하는 자기의 녹색화이다. 여기에는 신비적인 것과 실용적인 것이 결합되어, 분리, 소외, 파편화를 초월한다. 존 시드는 이것을 "영적인 변화"라고 부른다. 모든 생명들과 서로 연결되어 있다는 깊은 깨달음을 가져다주는 영적인 변화인 것이다.[1]

자기에 대한 이런 변화는 인류에게 새로운 것이 아니다. 과거에도 시인들과 신비가들은 이런 생각에 관해 말하고 글을 써왔지만, 사회변화를 촉구하는 사람들은 별로 그러지 않았다. 이제는 둘러싸는 자기(encompassing self)에 대한 인식, 즉 생명의 넓은 펼쳐짐을 자기로 받아들이는 깊은 정체성에 대한 인식이 행동을

---

[1] 역자주 조애나 메이시 여사는 1985년 이후 존 시드와 함께 "만물협의회"라는 프로그램을 통해 자연 속의 다른 존재가 외치는 소리를 듣고 말하게 함으로써 "생태학적 자기"를 계발하는 워크숍을 계속해왔다(《산처럼 생각하라》, 이한 중 역, p. 149). 생태운동가들에게 가장 큰 문제가 되는 절망감을 이길 수 있는 능동적 희망 찾기의 방법을 체험적으로 진술한 것이 *Active Hope: How to Face the Mess We're in without Going Crazy* (2012)이다. 또한 세계 여러 곳을 여행하며 고통당하는 사람들이 어떻게 공동체적으로 치유하는 지혜를 발견하고 있는지를 기록한 책에는 전후 독일 부모들이 자녀들에게 자신들이 겪었던 고통을 겪지 않도록 온갖 삶의 풍요를 마련해주었지만, 그 자녀들은 결코 부모들을 용서하지 않았다는 고백도 실려 있다(*Pass It On: Five Stories That Can Change the World*, 2010, p. 46).

위한 동기를 불어넣는다. 그런 인식은 우리로 하여금 여전히 우리의 세상을 파괴시키는 권력들에 맞서서 일어설 용기를 준다. 자기를 이처럼 확장시킨 것이 생명을 위한 행동을 유쾌하고 또한 줄기차게 전개하도록 이끈다.

우리의 세상에서 지금 벌어지고 있는 일들을 본다면—우리의 물, 우리의 공기, 우리의 나무들, 우리의 동료 종자들에게 지금 벌어지고 있는 일들을 보는 것은 매우 괴롭다—우리가 생명을 성스러운 것으로 섬기고 또한 모든 생명체들과 기쁘게 소통하도록 격려하는 영적인 수행을 하지 않고서는, 우리 앞에 다가오는 엄청난 도전들을 직면하는 것이 거의 불가능하다는 점은 분명하다.

로버트 벨라의 책 《미국인의 사고와 관습》(Habits of the Heart)에는 자기의 녹색화에 관한 설명이 없다. 그러나 그 책을 읽으면 왜 자기의 녹색화가 반드시 필요한지를 알 수 있다. 그 책은 왜 미국 사회가 경련을 일으키는가를 설명하기 때문이다. 벨라는 산업이 성장하는 사회 속에서 개인주의가 더욱 촉진되고 있다는 점을 지적한다. 개인주의는 우리 사회에서 소외와 파편화를 초래할 뿐 아니라 우리의 생존 자체를 위험하게 만들고 있다. 벨라는 도덕적 생태학을 요청한다. "우리는 타인들을 우리의 끝없는 경쟁상대로 간주하기보다는 우리의 일부분으로 대해야 한다."

로버트 벨라에게 나는 "그런 일이 지금 벌어지고 있다."고 말하겠다. 그런 일이 벌어지는 이유는 세 가지가 함께 발전하기 때문이다. 첫째로, 전통적인 자기, 혹은 에고로서의 자기(ego-self)는 대량멸절의 위험성에 직면하여 심리적으로 또한 영적으로 도전받고 있다. 에고로서의 자기를 해체시키는 두 번째 힘은 과학에서 비롯된 인식방법이다. 살아 있는 시스템 이론과 시스템 인공두뇌학에서부터 자기를 과정으로 보는 관점, 즉 자기를 지탱시키는 관계들의 그물망과 뗄 수 없는 자기라는 관점이 생겨났다. 세 번째 힘은 우리 시대에 부활한 비이원론적 영성들(non-dualistic spiritualities)이다. 여기서는 내가 불교에서 경험한 것들만을 설명하겠지만, 나는 이런 변화가 다른 신앙 전통들, 즉 유대교 갱신 운동, 그리스도교의 창조영성, 이슬람의 수피즘(신비주의)에서도 일어나고 있으며, 토착민들의 문화적 메시지를 찾으려는 노력에서도 볼 수 있다. 이런 발전들이 자기에 관한 낡은 개념과 정의에서 벗어나도록 돕고 있다.

슬픔 때문에 가슴이 찢어진다

이처럼 자기에 대해 폭넓고 생태적인 의식을 갖게 된 것은 크게 보아 우리를 압도할 정도로 위협하는 위험들 때문이다. 우리의 생명계가 점차 파괴되고 있다는 소식을 듣게 됨에 따라, 우리가 알고 있는 세상이 조만간 끝장날 것이라는 염려들을 많이 하게 되었다. 미래가 있을 것이라는 확신이 사라진 것은 우리 시대의 중요한 심리적 현실이다. 이것이 자기에 대한 낡은 의식을 무너뜨린다고 내가 주장하는 이유는 무엇인가? 왜냐하면 일단 우리가 우리 시대의 위기들을 부정하는 짓을 멈추고, 아마존 열대우림이 불타는 것이든, 아프리카의 기근 사태든, 아니면 우리 도시들 속의 노숙자 문제든, 세상의 고통에 대한 우리 자신의 깊은 반응을 경험한다면, 우리가 경험하는 비탄, 분노, 혹은 공포는 우리들 개인만의 문제로 축소될 수 없기 때문이다. 우리의 생명계가 파괴되는 것에 대해 통곡할 때, 그것은 우리들 자신의 개인적 죽음을 생각할 때 비탄에 잠기는 것과는 완전히 다른 것이다.

지구에 대한 번민은 우리로 하여금 집단적인 경험을 할 수 있게 만드는 또 다른 시스템의 차원으로 우리를 끌어올린다. 그런 번민은 우리로 하여금 우리 자신이 만물과 근원적으로 서로 연결되어 있다는 것을 깨닫게 해준다. 아마존 열대우림이 불타고 있는 것이 마음이 아파서 당신이 울거나, 아팔라치아 산맥이 석탄채굴로 인해 벗겨지는 것을 보고 비통해서 운다면, 미안해 하지 말라. 당신이 느끼는 슬픔, 비탄, 분노는 당신의 인간성과 당신의 진화적인 성숙도의 척도이다. 당신의 가슴이 아파서 찢어지면 치유할 세계를 위한 여지가 생길 것이다. 사람들이 우리 시대의 슬픔들에 대해 정직하게 직시하는 모습을 볼 때, 바로 이런 일이 벌어진다. 그리고 이것은 적응하는 반응이다.

우리 행성을 위협하는 위기를 군사적 측면에서 보든, 생태학적, 혹은 사회적 측면에서 보든, 이런 생명계의 총체적인 위기는 우리의 자기라는 개념이 병적이며 또한 역기능적이기 때문에 생겨난 것이다. 그 낡은 자기 개념은 만물의 질서 속에서의 우리의 위치에 관해 잘못 생각한 데서 비롯된 것이다. 즉 자기는 너무나 별개로 분리된 것이며 또한 깨지기 쉬운 것이기 때문에 우리는 자기의 경계선들을 설정하고 방어해야만 한다는 생각은 망상이다. 자기는 너무 작고 또한 너무 많은 것을 필요로 하기 때문에 우리는 끝없이 취득해야 하며 또한 끝없이 소비해야만 한다는 생각 역시 망상이다. 또한 우리가 개인들로서, 기업체들로서, 국가들로서, 혹은 하나의 생명체 종자로서 다른 존재들에게 행하는 것들로부터 우리가 영향을 받지 않을 수 있다는 생각 역시 망상일 따름이다.

자기에 대해 그처럼 압축된 생각으로부터 벗어나야만 한다는 것은 물론 새로운 주장이 아니다. 많은 사람들이 자신들의 자기이익을 확대시켜 전체를 품어야 한다는 것을 불가피한 명령으로 생각해왔다. 우리의 상황에서 특이한 것은 우리의 정체성에 대한 이런 확장이 선하거나 이타적인 사람이 되려는 욕망에서 비롯된 것이 아니라 단지 우리들 자신의 고통을 직시하기 위한 것이라는 점이다. 그래서 이런 자기의식의 변화가 사람들에게 신뢰성을 주는 것이다. 시인 테오도르 뢰트케(Theodore Roethke)가 말한 것처럼 "나는 나의 고통을 믿는다."

자기의 두뇌공학

20세기 과학은 세상과 따로 분리된 채 세상을 관찰하고 행동하는 자기라는 개념을 무너뜨렸다. 아인슈타인은 자기가 인식하는 것들은 다른 현상들과의 관계 속에서 자기의 위치에 의해 결정된다는 것을 보여주었다. 하이젠베르크는 그의 불확정성 원리(Uncertainty Principle)에서 자기가 인식하는 것은 관측하는 행동 자체에 의해 변한다는 것을 입증했다.

시스템 과학은 한 발 더 나아가, 경험한 세계의 한 부분은 '나에 관한' 세계이며 나머지 다른 부분은 '타자의' 세계라고 주장할 논리적 혹은 과학적인 근거가 없다는 점을 보여줌으로써, 분리되어 있으며 일관된 자기라는 낡은 개념에 도전했다. 그런 이유는 우리의 자기라는 것이 개방적이며 자기를 조직하는 시스템으로서, 우리의 호흡, 행동, 사고 모두 우리의 자기 안에서 움직이며 우리를 지탱시키는 물질, 에너지, 정보의 흐름을 통해 우리가 공유하는 세상과의 상호작용 속에서 일어나기 때문이다. 이런 활동들을 유지시키는 관계들의 그물망 속에는 아무런 경계선이 없다.

시스템 이론가들이 지적하듯이, '당신' 혹은 '그것'이라고 단언할 수 있는 것에 맞서 있는 절대적인 '나'는 없다. 이것을 가장 분명하게 설명한 사람 중에 그레고리 베이트슨(Gregory Bateson)이 있는데, 그는 결정하고 행동하는 과정은 분명하게 고립된 주체, 즉 피부 속에 국한된 개인이라고 말할 수 없다고 설명한다. 그는 "정보를 처리하는 자기 교정(self-corrective)의 전체 단위는 몸의 경계선이나 '자기' 혹은 '의식'이라 부르는 것의 경계선들과 전혀 일치하지 않는 시스템이다."라고 주장한다. 그는 이어서 "보통 이해하는 자기는, 사고하고 행동하고 결정하는 더 큰 시행착오 시스템의 작은 부분일 뿐이다."라고 말한다.

베이트슨은 두 가지 사례를 들어 설명한다. 하나는 나무꾼이 나무를 쓰러뜨리는 과정이다. 그는 손에 도끼자루를 잡고 있으며, 도끼날, 나무 몸통이 있다. 쿵 소리를 내며 도끼로 찍는 과정을 반복한다. 피드백 회로(feedback circuit)는 무엇이며, 나무를 찍어 쓰러뜨리는 정보는 어디에 있는가? 그것은 나무꾼의 눈에서 시작해서 손으로, 도끼로, 다시 나무에 찍는 곳으로 움직인다. 이러한 자기 교정의 단위가 나무를 찍어 쓰러뜨리는 것이다.

또 다른 사례에서는 한 장님이 지팡이를 들고 보도를 따라 걷고 있다. 탁, 탁, 어이쿠, 여기에는 소화전이 있고, 저기에는 보도 가장자리 연석이 있구나. 걷는 것은 누구인가? 그 장님의 자기는 어디에 있는가? 무엇이 인식하며 결정하는가? 자기 교정의 피드백 회로에는 팔, 손, 지팡이, 가장자리 연석, 귀가 포함된다. 그 순간에 걷는 것은 자기다. 베이트슨은 그의 자기가, 서로 맞물린 과정들이라는 훨씬 더 큰 장(場)의 부적절하게 제한된 부분에 대한 잘못된 상(像)이라고 지적한다. 그는 계속해서 "이처럼 자기에 대한 잘못된 상이 오늘날 우리가 경험하는 전 지구적인 생태 위기의 근본이다. 우리는 우리가 생존의 한 단위이며 또한 우리가 우리 자신의 생존을 지켜야만 한다고 상상해왔으며, 또한 이 생존의 단위는 분리된 개인 혹은 분리된 종자라고 상상해왔지만, 실제로는 진화의 역사를 통해서 생존의 단위는 개인과 환경이며, 종자들과 환경이다. 왜냐하면 그들은 본래적으로 공생관계에 있기 때문이다."라고 말한다.

자기는 하나의 은유이다. 우리는 자기를 우리의 피부, 우리의 인격, 우리의 가족, 우리의 조직, 혹은 우리의 종자에 국한시킬 수 있다. 우리는 자기의 경계선들을 객관적인 현실로 간주할 수 있다. 베이트슨이 설명한 것처럼, 우리의 자기 반성적이며 목표 지향적인 의식은, 우리를 엮어서 짜고 있는 앎의 흐름과 고리 속에서 단지 작은 호(arc)만을 비추어준다. 우리의 마음은 이처럼 큰 회로들과 공존하는 것이며, "서로 연결시키는 패턴" 전체와 공존하는 것이라고 파악할 수 있다.

이런 방식으로 자기를 보다 폭넓게 구성하는 것이 당신의 독특성을 가리거나 혹은 당신의 정체성을 바다에 떨어지는 물방울로 만들어 정체성을 잃게 만드는 것이라고 생각할 필요는 없다. 시스템의 관점에서는, 보다 큰 자기 조직화 패턴들과 전체들이 등장하기 위해서는 다양성을 필요로 하며 또한 다양성을 창출한다. 통합(integration)과 분화(differentiation)는 함께 간다. 시인 로저 케이스(Roger Keyes)는 "생명이 당신을 통해 살도록 할 때," 당신은 "더욱 참 당신이 된다."

영적인 돌파구

자기를 작고 분리된 존재로 보는 전통적 자기 개념을 무너뜨리는 세 번째 요인은 비이원론적 영성들(non-dualistic spiritualities)이 다시 유행하게 된 것이다. 이런 추세는 모든 신앙 전통들에서 나타나고 있다. 나는 불교가 자기의 역동성을 분명하게 이해하고 있다는 점에서 독특하다고 생각한다. 시스템 이론들과 마찬가지로, 불교는 자기와 타자들 사이의 이분법을 철폐하며, 또한 자기가 홀로 스스로 존재하는 실체라는 개념은 틀린 것임을 분명히 한다. 불교는 시스템 이론보다 한 발 더 나아가, 자기에 대한 어떤 구체적 상(像)들도 병적인 것이 될 수 있다는 점을 보여준다. 불교는 이런 난관들을 넘어설 방법들과 이런 고통을 치유할 방법들까지 제시한다. 붓다가 보리수나무 아래에서 깨달은 것은 '파티카 사무파다'(paticca samuppada), 즉 모든 현상들이 서로 의존해서 함께 일어난다는 것인데, 여기서는 분리된 자기를 따로 떼어낼 수 없다.

수천 년 동안 모든 종교가 물었던 질문은 이런 것이다. "항상 남들에게 주목받기를 원하며, 항상 맛난 것을 원하는 이 욕심 덩어리 '나,' 이 '자기'를 어찌할 것인가? 그것을 십자가에 못 박아야 하는가, 희생해야 하는가, 억제해야 하는가? 아니면 그것을 인정하고, 개선시키고, 고상하게 만들어야 하는가?"

불교는 우리가 자기에 대해 할 것은 그 자기를 통해 볼 필요가 있다는 것을 깨닫도록 이끈다. 자기는 단지 인습이며, 편리한 인습임에 틀림없지만, 그 이상의 실체는 없다. 자기를 너무 심각하게 생각하고, 자기는 지속적인 것이기 때문에 당신이 방어해야만 하며 증진시켜야만 하는 것이라고 생각하면, 당신의 자기는 망상의 기초가 되며, 집착과 혐오의 배후에서 작용하는 동기가 된다.

이것이 어떻게 적극적인 피드백 고리로 작용하는가에 대한 아름다운 사례를 보기 위해서는 티베트의 생명의 바퀴(wheel of life)를 생각해보면 된다. 그 바퀴에는 존재의 다양한 영역들이 있으며, 그 윤회(samsara) 바퀴의 중앙에는 뱀, 수탉, 돼지가 있는데, 이것은 망상, 탐욕, 혐오를 가리키며, 이 셋은 서로를 뒤쫓기 위해 꼬리를 문다. 바퀴 멈추개는 우리의 자기 관념, 즉 우리는 그 자기를 보호해야만 한다거나, 그 자기를 증진시켜야 한다거나, 혹은 그 자기로 **무엇인가를** 해야만 한다는 관념이다.

오, 깨달음의 아름다움이여! 나는 내가 경험하는 것과 다름 아니다. 나는 이처럼 숨을 쉬는 자, 나는 지금 이 순간이며, 나는 변하는 존재이며, 생명의 샘에서 계속 솟아나는 샘물이다. 우리는 자기 보호와 자기 승진이라는 끝없는 다람쥐 쳇바퀴를 돌도록 운명의 굴레를 쓴 것이 아니다. 그런 타락한 순환을 깨뜨릴 수 있는 것은 '자기'란 단지 하나의 관념에 불과하다는 것을 볼 수 있는 지혜(prajna)이며, 그 통찰력을 지탱시키는 명상(dhyana)의 수행, 그리고 도덕(sila)의 실천을 통해 우리의 행위가 분리된 자기에 대한 예속으로부터 자유롭게 만드는 일에 주의를 집중하는 일이다. 불교의 가르침을 흔히 허무주의와 도피주의라고 치부하지만, 그런 편견과는 전혀 반대로, 불교의 이런 해방의 길은 사람들을 세상 속에서 더욱 사회적인 참여에 적극 투신하도록 만든다.

세상을 위한 우리의 고통은 우리의 참된 본성이 전체 생명계의 하나임을 드러낸다. 이것이 보살(bodhisattva)의 길이라는 것을 아는 사람은 우리 모두가 이 길을 갈 수 있다는 것을 알 수 있다. 우리들 각자는 우리가 만물과 더불어 공존하는 존재라는 사실을 인식할 수 있으며 또한 그처럼 더불어 살아갈 수 있다. 우리가 노숙자에게서 눈길을 돌릴 때, 우리는 그에게 무관심한 것인가 아니면 그를 보는 고통이 너무 크기 때문인가? 당신 주변 사람들의 명백한 무관심에 대해 너무 쉽게 자신을 속이지 말라. 무관심하게 보이는 것이 실제로는 고통에 대한 공포이기 때문이다. 그러나 보살은 만일에 당신이 이 세상의 고통에 가까이 다가가는 것을 두려워한다면, 당신은 세상의 환희로부터도 멀어지게 된다는 것을 알고 있다.

생태학적 자기에 대해 내가 좋아하는 것 가운데 하나는 그 생태학적 자기는 도덕적 훈계를 연관성이 없는 것으로 만든다는 점이다. 설교는 지루할 뿐만 아니라 효과가 없다. 이런 점은 노르웨이의 철학자 아르네 네스(Arne Naess)가 지적한 점인데, 그는 "심층생태학"(deep ecology)과 "생태학적 자기"(ecological self)라는 말을 처음 만든 사람이다.

네스는 우리가 자기의 정체성을 계속 확장하는 방법을 통해 우리가 자기를 경험하는 방법이 변한다고 설명한다. 그는 이 전통을 힌두교 전통에서 빌려온 용어로 '자기실현'(self-realization)이라 부른다. 이 진보 과정은 "자기가 분리된 자아를 넘어 더욱 확장함으로써 현상 세계를 더욱 많이 포함하게 되어 자기가 실현되는" 과정이다. 그는 이어서 이렇게 말한다.

이 과정에서 이타주의와 도덕적 의무와 같은 개념들은 뒤에 남겨진다. 이타주의(altruism)는 라틴어에서 암암리에 '타인'(alter)의 반대어 '에고'(ego)에 기초한 말이다. 이타주의는 에고가 타인을 위해 자기이익을 희생하는 것을 뜻한다. 그 동기는 일차적으로 의무이다. 즉 우리가 우리들 자신을 사랑하듯 타인들을 사랑**해야만 한다**는 것이다. 그러나 순전히 의무나 도덕적인 훈계 때문에 남을 사랑할 수 있는 사람들은 극히 소수에 불과하다.

불행하게도 생태운동에서 매우 도덕적 입장을 강조하기 때문에, 일반 대중은 자기들이 희생을 하도록, 즉 더욱 책임 있게 행동하고 더욱 관심을 갖고 더욱 도덕적인 기준을 따르도록 요청받고 있다는 잘못된 인상을 준다. 그러나 만일에 자기가 더욱 넓어지고 깊어져서 자연을 보호하는 것이 바로 우리의 자기를 보호하는 것으로 인식된다면, 그런 책임 있는 행동과 관심은 훨씬 자연스럽고 쉽게 나타날 것이다.

미덕은 요구되는 것이 **아니라**는 점을 유념할 필요가 있다. 우리 시대에 생태학적인 자기가 등장하는 것은 도덕적인 훈계가 먹혀들지 않기 **때문이다**. 설교는 우리가 자기이익을 따르는 것을 거의 막지 못한다.

따라서 분명한 선택은 우리의 자기이익이라는 개념을 확장하는 방법이다. 예를 들어, 나는 당신에게 "당신의 다리를 자르지 마세요. 그건 폭력입니다."라고 말할 것이라고는 꿈에도 생각하지 못한다. 그런 생각을 하지 못하는 이유는 당신의 다리가 당신 몸의 일부이기 때문이다. 아마존 열대우림의 나무들도 마찬가지다. 그 나무들은 우리의 몸 밖에 있는 폐다. 우리는 세상이 우리의 몸이라는 것을 깨닫기 시작했다.

생태학적 자기는 자기에 대한 다른 개념과 마찬가지로 하나의 은유적 개념으로서 우리의 인식과 행동에 유용하다. 생태학적 자기는 역동적이며 상황에 따른 관점으로서, 맥락과 필요에 따라 채택하는 것을 선택할 수 있는 관점이다. 우리가 선택할 수 있다는 말에 주목할 필요가 있다. 생태학적 자기는 은유이지 엄격한 범주가 아니기 때문에, 우리가 서로 다른 순간에, 서로 다른 차원에서, 혹은 조직적으로 서로 연결된 존재의 측면에서—죽어가는 강이든, 오도 가도 못하고 궁지에 몰린 난민들이건, 혹은 지구 행성 자체이건 간에—우리가 생태학적 자기를 선택할 수 있다. 이렇게 선택할 때, 우리의 확장된 자기는 더욱 폭넓은 자원으로 작용하게 된다. 이것은 마치 전하(電荷)가 없는 상태에서는 하나의 신경세포가 다른 중성자들의 전하에 개방되어 있는 것과 같다. 이런 확장을 통해 쾌활함과 탄력성이 생긴다. 우리가 이처럼 생명의 폭넓은 그물망 속에서 파악하면, 용기, 인내, 창의성과 같은 내적인 자원이 우리들 속에 흐르게 된다. 그런 힘들이 예상하지 못했던 축복처럼 우리에게 주어진다.

이처럼 우리의 자기이익을 지구의 다른 존재들까지 포함하는 것으로 확장함으로써, 생태학적 자기는 또한 우리의 시간에 대한 관점을 넓혀준다. 우리의 목표와 보상을 단지 우리의 일생이라는 관점에서만 보는 태도에서 벗어나게 함으로써, 우리의 시간성을 확장시킨다. 생명이 우리를 통해 흘러나오며, 우리의 심장을 통해 솟구치고, 우리의 폐를 통해 숨을 쉬는 것은 우리의 출생이나 임신에서 시작된 것이 아니다. 우리 몸의 모든 원자와 분자 속의 미립자처럼, 생명은 시간을 거슬러 올라가 처음으로 별들이 생성된 때에까지 이른다.

이처럼 자기의 녹색화는 우리로 하여금 시간을 새롭게 살도록 도와주며, 또한 우리 자신의 이야기를 지구 위의 생명의 이야기로 전개하도록 도와준다. 태초에 불꽃이 타올랐을 때에 우리는 거기에 있었으며, 또한 용암이 식어 굳어진 행성 위로 빗물이 쏟아져 소용돌이칠 때도 거기에 있었으며, 또한 태초의 바다 속에도 우리는 있었다. 우리가 어머니의 자궁 속에 있을 때 우리는 이 여정을 기억했다. 그래서 우리는 자궁 속에서 아가미와 꼬리와 손이 된 지느러미의 흔적을 지녔던 것이다. 대뇌의 신피질(新皮質)을 둘러싼 모든 주름 밑에 고이 간직되어 있으며, 또한 우리가 학교에서 배운 것은 바로 우리가 모든 생명체들과 깊은 친척 관계에 있다는 진리이며, 이런 진리는 우리가 상상도 하지 못한 힘을 우리에게 안겨준다. 이런 진리가 바로 우리의 가장 근원적인 자기라는 것을 확인할 때 샘솟는 그 환희가 우리의 생존을 도울 것이다.

"자연, 정신세계, 생명은 나에게 신성이 펼쳐지는 것처럼 보인다. 그 이상 내가 무엇을 더 요청할 수 있겠는가?"
- C. G. Jung, *The Earth Has a Soul*

"상상력은 인간의 모든 인지작용의 살아 있는 힘이며 일차적인 담당자이며, 또한 무한한 존재 안의
영원한 창조 행위가
유한한 정신 속에서 일어날 때 반복된다."
- Samuel Taylor Coleridge

지닌 마리 호겐(Geneen Marie Haugen)은 자연과 정신세계의 서로 뒤얽혀 있는 신비 속으로 안내하는 학자로서, 영혼이 살아 있는 세계의 경이 속으로 우리를 초대한다. 그녀는 우리가 자연과 교감하는 마법의 세계 속으로 들어가기 위해서는 상상력을 이용하라고 말한다.

지닌 마리 호겐

지구를 상상하기

    만일 우리가 강이나 산, 참새, 소나무, 도마뱀에게 다가갈 때 마치 그 모두가 살아 있으며, 생각할 줄 알고, 영혼과 상상력과 목적으로 가득 차 있다고 생각하면서 다가간다면, 세계는 어떤 모습이 될까? 만일 우리가 그처럼 생기가 넘치는 지구에 몸과 마음을 다해 참여한다면, 우리는 어떤 사람들이 될까? 만일 우리가 우리 아이들에게, 또한 우리들 자신에게, 지구에 깊이 새겨진 그 생명의 이야기들, 즉 산맥의 화강암 뼈대 속에, 비로 퍼붓는 하늘의 눈물 속에, 지축을 흔드는 화산 분화구 속에, 초록빛 향내를 풍기는 언덕들 속에 새겨진 생명의 이야기들을 노래하고 축하하도록 가르친다면, 세계는 생명으로 되살아날 것인가? 만일 우리가 그런 산천과 생명체들을 푸근한 마음으로 찬미하고 감사하는 마음으로 느낀다면 어떻게 될 것인가? 우리가 지구와 생명의 역사를 기억하거나 혹은 그 오랜 생성과정에 대해 가슴 벅찬 눈물을 흘리면서 우리 자신이 야생의 지구와 맺은 관계를 다시 회복하고 또한 세계의 혼(anima mundi)을 다시 살아나게 만든다면, 어떻게 될까?

이 질문들은 내가 환경교육을 시키던 대학원생들에게 오스트레일리아 원주민들의 노래 가사들에 관해 설명하던 중에 던졌던 질문들이다. 그 노래 가사들은 그 조상들이 꿈의 시대에 그 땅에 도착한 이야기들로서 매우 신화적일 뿐 아니라 생태학에 대한 깊은 인식을 지닌 이야기들이다. 전통적 믿음에 따르면, 그 노래 가사에 맞춰 춤을 추면 그 땅을 생기 있게 만든다. 나는 학생들의 상상력에 불을 지펴서, 심지어 우리와 같은 오늘날의 사람들도 그 땅과 사람들의 켜켜이 쌓인 대지의 시(geo-poetry)와 생명의 신화(bio-mythos)를 들을 수 있게 되기를 바랐으며, 또한 우리가 노래와 춤을 통해 그 원주민들의 전통에 경의를 표하기를 바랐다. 특히 오늘날 야생의 지구가 우리 인간의 손에서 겪고 있는 아픔들로 인해 탄식할 수 있기를 바랐다.

한 학생이 말했다. "나무들에게 말하거나, 아니면 강과 이야기를 나눈다는 것은 편안하지가 않네요."

충분히 그렇다. 오늘날 어른들이 돌이나 물, 숲이나 그밖에 다른 피조물들이 각기 나름의 조상들 이야기를 갖고 있다는 것을 상상하기는 매우 어렵다. 그들이 생성과정에서 거쳐 온 광대한 여정과 변화들은 우리가 반드시 알아야만 했던 이야기들이 아니었다. 아마도 더욱 어려운 일은 우리가 우리의 언어, 음악, 몸짓으로 그런 이야기들 속에 참여하는 것을 상상하는 일일 것이다. 만일에 이 야생의 타자들(wild Others)이 **마치** 우리의 말을 들을 수 있는 것처럼, **마치** 그들이 반응할 수 있는 것처럼, **마치** 지구가 계속 번창하기 위해서는 우리들과의 상호작용에 달려 있는 것처럼 상상하여, 우리가 야생의 세계를 공경한다면 어찌될까?

생기가 넘치는 세상을 향하여

세계가 성스럽고, 생기가 넘치며, 세계의 혼(anima mundi)이 있다는 생각은 사람들의 마음에서 몇 세기 전부터 사라지기 시작했다. 현대 과학과 산업화는 정신과 물질을 완전히 분리시킨 데카르트(Decartes)의 철학에 기초해 있다. 그렇지 않고서야 우리가 어떻게 석탄을 캐기 위해 산봉우리를 잘라내고, 공장폐수로 강물을 오염시킬 수 있었겠는가? 세계가 죽은 물질, 감각이 없는 물질로 만들어졌다는 일반적인 세계관에 대해 아무도 질문을 제기하지 않았다. 비록 우리의 감각과 경험은 그와 정반대였지만 말이다. 오늘날 우리들이 만물 속에는 감각, 정신, 혹은 영혼이 있을 가능성이 있다고, 혹은 그것이 확실하다고 주장하면 사회적으로 바보 취급을 당할 수 있다. 16세기에 천문학자 조르다노 브루노(Giordano Bruno)는 만물에 정령이 있다고 주장하여 중세 교회의 신적인 권위에 도전했다가, 화형 당했다.[1] 브루노가 처형됨으로써, 또한 그밖에 다른 많은 사람들과 생명체들이 사라짐으로써, 세계의 혼은 축하를 받지도 못하고, 공경을 받지도 못한 채, 더욱 깊은 그늘 속으로 빠져 들어갔다.

제임스 힐만(James Hilman)은 심리학이 세계의 정신적 깊이(psychic depth) 속으로 되돌아갈 필요성을 역설하는데, 우리는 이제까지 우리의 개인적인 생명들이 뿌리내리고 있는 세계 속의 지각력과 고통을 인정하지 않은 채 환자들을 치유하려고 해왔기 때문이다.[2] 세계가 이미 그 정신적 깊이를 실제로 상실했는지는

---

[1] De Quincy, Christian, *Radical Nature: Redeeming the Soul of Matter* (Montepelier, VT: Inner Cities Press, 2002), pp. 42-43.

나로서는 확실치 않지만, 분명히 토마스 베리(Thomas Berry) 신부와 같은 분들은 세계가 정신(psyche)으로 가득하다고 말한다. 즉 "우주는 태초부터 물리적-물질적이었을 뿐만 아니라 정신적-영적 실체였다."3)

우리는 일반적으로 우리의 몸을 우리 것이라고 간주한다. 즉 우리의 몸은 우리의 피부 바깥에 있는 것과는 구분되지만, 공기, 물, 햇빛과 음식에 의존하는데, 우리가 먹는 음식 역시 공기, 물, 햇빛과 음식에 의존해 있다. 우리 몸의 요소들은 수십 억 년 전 태초의 초신성(supernova) 속에서 태어났다. 우리의 몸이 어디에서 시작되며, 어디에서 끝나는지에 대해 어느 누가 확실히 말할 수 있겠는가?

일반적으로 사람들은 정신(psyche)이 완전히 주관적이며 개인의 두뇌에 있는 회색 물질 속에 들어 있다고 생각한다. 그러나 우리가 다른 동물들과 소통하는 것을 꿈꾸거나, 우리가 전혀 본 적이 없는 광경을 꿈꾸거나, 멀리 떨어져 있는 사랑하는 이에 관해 갑자기 어떤 직감을 느끼거나, 우리가 환상을 경험하거나, 우리가 살았던 적이 없는 삶을 '기억할' 때처럼, 세상의 보다 큰 정신세계와 접촉하는 경험을 통해서 볼 때, 과연 우리 '자신의' 고립된 정신, 마음, 혹은 상상력이 이런 보다 큰 정신세계로부터 끊어질 수 있는 것이라고 확신할 수 있는가? 집에서 기르는 개와 같은 우리의 동물 형제들이 꿈을 꾸며, 기억을 하고, 때로는 우리가 집에서 몇 마일 안에 있으며 혹은 몇 시간 안에 우리가

---

2) Hillman, James, *The Thought of the Heart and the Soul of the World*, (Putnam, CT: Spring Publications, 1992), pp. 22-23.
3) Berry, Thomas, *Evening Thoughts: Reflecting on Earth as Sacred Community*, ed. Mary Evelyn Tucker, (San Francisco: Sierra, 2006), p. 57.

집에 도착할 것이라는 점을 알고 있다는 것을 인식할 때, 혹은 식물들이 우리의 애정에 반응할 수 있다는 것을 인식할 때, 그 정신적 깊이라는 것이 오직 인간에게만 국한된 것이라고 확신할 수 있는가? 그리고 비록 오늘날에는 몸-마음-영혼이 서로 연결되어 있다는 생각이 '뉴에이지'에 스며들었지만, 우리는 얼마나 자주 그에 따라 살면서, 마치 우리의 상상력이나 정신적인 습관들과 우리의 몸이 경험하는 것—우리들 자신 너머의 몸을 갖고 영혼을 지닌 세계 안에서 우리가 경험하는 것—사이에 친밀한 관계가 있는 것처럼, 행동하며 살아가는가?

상상력이 문지방이다

여름철이면 새벽녘에 나는 피리를 들고 산봉우리 바위에 올라가는데, 거기에서는 골짜기들과 절벽들과 멀리 떨어진 산등성이들을 내려다 볼 수 있다. 나는 호두나무로 만든 피리를 부는 것으로 하루를 시작하며, 세계를 향해 인사를 드리고, 발밑에 펼쳐져 있는 바위, 구름, 소나무, 사시나무들, 벌판의 야생풀, 종달새, 산비둘기, 도마뱀들에게 멜로디를 들려준다. 나는 그들이 청중인 것처럼 연주를 한다. 나의 음악은 단순하며 세련된 것이 아니다. 때때로 나는 피리에 맞추는 나의 호흡 리듬 속에서 나를 잃어버렸다가, 다시 음악으로 피어나기도 하며, 또 어떤 때는 눈부신 세계 속의 나의 길벗들에 대해 예민하게 느끼기도 한다.

나는 이처럼 세계를 향해 나의 작은 아름다움을 바치는 일을 나 자신의 수행으로 삼아왔는데, 내가 피리를 불 때마다 나는 다른 피조물들이 마치 나의 연주를 듣는 것처럼 생각한다. 심지어 바위들도 '듣는' 것처럼 내가 지구의 인지작용을 하는 기관들에 참여하면서 연주한다고 상상하는 것이다. 내가 이처럼 몇 년 전부터 세계에 참여하는 것은 그런 참여가 나에게만이 아니라 타자들에게도 중요하다고 느꼈기 때문이다. 처음에는 휘파람을 부는 것으로 참여하기 시작했으며, 부드럽게 만지는 것으로, 그 다음에는 시와 노래로 참여했는데, 그런 참여가 매우 중요한 것이라고 적극적으로 상상하면서 참여했다. 비록 명백한 응답은 없었지만 말이다. 그렇게 나의 작은 아름다움을 바치는 일을 통해 나 자신이 더욱 생기가 넘치게 되었는데, 아마도 내 속에 감추어져 있었던 어떤 인지기관을 열어준 때문일 것이다. 마치 광야에 비가 쏟아진 후 들판이 갑자기 녹색으로 변하듯이, 내가 살아가는 세계 역시 더욱 큰 생기로 넘쳐나는 것처럼 보였기 때문이다.

나는 완전히 생기가 넘치는 세계 안에서 살고 싶다. 때때로 나는 그런 경험을 하지만, 청구서들을 지불할 때나 혹은 자동차 타이어를 교체할 때는 물론 그렇지 않다. 사실상 내가 21세기 생활을 유지하는 과제들에 빠져 있는 동안에는 지구가 내게 가까이 다가오지 않는다. 노트북 컴퓨터는 말을 하지 않고, 커피 주전자는 침묵한다. 심지어 창턱과 선반에 모아놓은 돌멩이들, 깃털들도 조용하다. 그러나 세계 자체는 변하지 않으며, 세계의 혼(anima mundi)은 항상 가까이 있으며 사태를 파악할 수 있을 것이지만, 단지 내가 세계를 인지하는 렌즈만 그 초점이 변하거나 넓어지거나 할 것이다. 이처럼 깊이 상상력을 발휘하면서 참여하는 의식을 통해 생기가 넘치는 야생의 지구를 대하는 것은 마치 3차원 안경을 쓴 것처럼, 희미하던 새로운 차원이 새롭게 열리게 되는 것으로서, 그것은 단순히 시각적인 차원만이 아니다.

거룩하며 정신적인 대기가 생생하게 고동치며, 호기심으로 활기차게 만들기 때문이다.

오늘을 사는 우리들도, 과거의 '자연 신비가들'과 많은 전통적인 사람들, 아마도 우리들 자신의 먼 조상들이 경험했던 우주처럼, 지적이며 의미가 풍부한 우주를 인지하는 문을 다시 열 수 있을까? 만일 우리가 세계의 혼을 경험하고 인지할 수 있는 상상력 넘치는 의식을 계발한다면, 과연 우리가 지구의 생명계를 지탱하는 시스템을 지금처럼 꺼버릴 수 있을 것인가? 생기가 넘치며 지적인 지구와 서로 교감하는 사람들이 과연 노천탄광을 만들거나, 핵발전소를 짓거나, 군산복합체들과 대량학살의 전쟁 경제체제를 만들었을 것인가? 모를 일이다. 그러나 지구와 서로 교감하는 문화가 지구를 공격하고 파괴하는 기술을 만들고 또한 우리가 사랑하는 존재들을 파멸시키는 황당한 문명을 발전시킬 것이라고는 예상하기 어렵다.

참여가 중요하다

만일에 우리가 인간 이외의 피조물들이 그들에게 중요할 뿐 아니라 우리에게도 중요한 것처럼 그들을 공경한다면, 우리는 어떤 사람들이 될까? 만일에 우리가 그 타자들이 물리적인 존재들일 뿐만 아니라 영적이며 정신적인 존재들이라는 것을 아직도 인정하지 않는다면, 세계에 대한 우리의 인식을 다른 관점에서, 다른 렌즈를 통해 보도록 가르치는 것이 가능할 것이다.

대부분의 현대인들로서는 인간 이외의 피조물들에 의도적으로 참여하기 위해서는 생생한 상상력이 필요하다. 그러나 마법에 걸린 매혹적인 세계는 아이들의 자연적인 집이다. 그 마법이 깨지기 전까지는 세계가 동료들과 놀이친구들, 악마와 귀신들로 넘치며 반짝거린다. 모든 것이 살아 있으며, 스릴이 넘치고 때로는 겁나게 무섭다. 돌, 구름, 나비들도 대화를 나눌 수 있다. 그러나 현대인들에게는 오래 전에 그런 마법이 깨어졌으며, 나이가 예닐곱 살 지나서도 그런 세계관을 지닌 사람은 철없이 순진하거나 정령숭배(animism)를 하는 사람, 혹은 정신 이상자로 의심받기 쉽다. 그러나 우리들 가운데 은밀하게 또는 절망 때문에 그처럼 매혹적인 생기가 넘치며 의미 있는 우주 안에 살고 싶어 하지 않는 사람이 누가 있겠는가?

풀잎들, 산봉우리들, 달, 버드나무, 지저귀는 새들, 족제비 등은 우리가 찬미하고 존경할 가치가 있다고 상상하는 것과, 이것을 가슴 깊이 믿고 또한 피조물들과 지구 자체는 어떤 방식으로든 우리를 인식하며 우리에게 반응을 보인다고, 그래서 그들이 우리가 인식을 하든지 못하든지 간에 인간의 문제에 참여할 것이라고 이해하는 것은 전혀 별개의 문제다. 만일에 당신이 성장한 문화 속에서 인간 이외의 세계가 당신과 대화를 나누기 때문에 당신이 헌신적으로 그들을 돌보아야만 한다고 배웠다면, 세계에 대한 당신의 경험과 참여는 그런 기초적인 이해를 반영할 것이다. 당신은 새들의 습관에서 아주 작은 변화가 일어난다든가, 처음 본 곤충들이 나타난다든가, 신기한 잎사귀가 생겨나는 것, 혹은 숲 속을 혼자 거닐 때 알 수 없는 소리가 "여기서 기다리세요!"라고 말하는 것에 대해 당신의 신경 전체를 곤두세우고 당신 자신을 근원적으로 다시 조율하게 될 것이다. 당신이 기다리면, 그 순간 때죽나무나 고라니가 눈에 들어올 것이다.

평생 동안 그런 경험을 하다 보면, 당신이 생기가 넘치며 매우 지적인 세계와 교감하고 있다는 당신의 확실한 믿음을 확증하게 될 것이다. 심지어 그런 경험을 두세 번만 하더라도, 당신이 사는 세계가 아무런 의미도 없고 생명이 없는 우주라는 끔찍한 외로움을 잠시나마 달래줄 것이다.

신비에 다가가는 길

대부분의 종교전통들에서 사람들이 겉으로는 창조주를 예배하지만, 피조물들 자체는 공경하지 않는다. 오늘날 세계의 정치와 경제체제를 좌우하는 사람들은 주로 유대-그리스도교에 충성한다고 주장하면서도 실제로는 지구의 생명 지원 체계를 파괴함으로써 이윤을 얻는 것에 대해서는 전혀 양심의 가책을 받지 않는 사람들이다. 종교인들은 몸을 갖지 않은 하느님이나 죽음 이후의 삶에 대해서는 외경심을 갖는지 모르지만, 물리적 우주, 그 피조물들 자체는 주로 생명이 없으며 죽은 물체들의 창고로서 약탈과 소비의 대상으로만 간주할 따름이다.

그러나 오늘날 몇몇 사람들은 물리적인 우주 자체 속에서, 즉 광합성작용을 하는 녹색의 놀라운 재능 속에서, 쥐를 낚아채 올라가는 올빼미 속에서, 어두운 밤하늘에 새겨진 우주론적 서사시 속에서, 달이 조수와 더불어 춤추는 모습 속에서, 그랜드 캐년처럼 우리를 현기증 나게 만드는 지층의 역사 속에서, 거대한 신비 혹은 신들의 임재를 느낀다. 시인 메리 올리버(Mary Oliver)는 "여름날"이라는 제목의 시에서, "나는 기도가 무엇인지 정확히는 모른다오. 그러나 어떻게 풀잎들에 주목해야 하는지, 어떻게 풀잎 속으로 넘어져야 하는지, 어떻게 풀잎 앞에 무릎을 꿇어야 하는지는 알지요..."라고 썼다.

풀잎에 주목하고 무릎을 꿇는 것은 서로 교감하는 행동이며, 또한 지구는 이렇게 사랑하는 마음으로 주목하는 사람에게 반응한다는 것을 아는 사람의 행동이다. 아마도 풀잎에 무릎을 꿇고 경의나 황홀경, 아니면 비통한 마음을 표시하면, 그 풀잎은 우리의 그런 마음의 신호를 은밀하게 지렁이들, 미생물들, 땅강아지들과 버섯들에 보낼 것이다. 우리가 두 손으로 부드럽게 나무껍질을 어루만지면, 그 나무는 아마도 흥분하여 수액으로 돋아나는 새순까지 붉게 달아오를 것이다. 새끼를 밴 노루는 새들의 아름다운 노래를 듣고 자기의 자궁 속을 흐르는 혈관 속에 더욱 힘차게 피를 흘려보낼 것이다.

비록 우리가 인간 이외의 세계에 대해 주목하는 것이 끼치는 영향을 측정할 수는 없다 하더라도, 비록 우리가 풀잎, 개구리, 올빼미, 노루의 가치를 측량할 수는 없다 하더라도, 우리는 아마도 최소한 그 한 순간만이라도 우리 자신이 얼마나 개방되어 있는지를 알아차릴 수는 있을 것이다. 우리가 주목하는 그 몇 초 동안, 혹은 몇 분 동안, 혹은 몇 시간 동안에는 우리는 예전처럼 똑같이 고립된 인간이 아니다. 이처럼 활기찬 세계에 주목하는 수행을 하다 보면, 그 영향이 쌓여서 결국 우리 자신의 의식을 다시 조율하게 될 것인데, 이렇게 조율한 의식을 나중에 다시 없애려면 고통을 겪을 수밖에 없을 것이다. 예를 들어 풀밭에 앉아서 명상을 해본 사람은 무심코 제초제를 사용하려고 할 때 그 명상의 경험이 생생하게 되살아날 것이다. 삼라만상 속에 흐르는 야생의 흐름을 찬미할 때 느낀 감각은, 나중에 우리가 미심쩍은 주방세제를 사용하려 할 때, 또는 우리가 아무런 생각 없이 수돗물을 틀어놓았을 때, 또는 설거지를 하면서 우리의 유일한 관심이 우리 자신의 기준에 맞추어 깨끗하게 되었는지에 대해서만 신경을 쓸 때, 우리 앞에 그 감각이 되살아날 것이다.

리처드 타나스(Richard Tarnas)는 〈코스모스와 정신 Cosmos and Psyche〉 독자들에게 "당신이 우주다(You are the universe)"라고 상상하도록 초대하는데, 특히 당신 자신이 "영적인 아름다움과 창조적인 지성을 지닌 매우 영적이며 신비한 우주"라고 상상하는 것은 우리의 상상력을 최대한 확장시키는 것이다. 당신은 지적이며 영혼이 깃든 우주인데, 당신에게 다가온 두 명의 구혼자는 모두 당신을 알고 싶다고 말하지만 서로 완전히 다른 사고방식을 갖고 있다. 당신이 선택해야 한다. 당신은 어느 구혼자에게 당신을 더욱 잘 드러낼 것인가? 당신을 열등하며 통제할 수 있으며 목적도 없다고 간주하는 구혼자에게 당신의 모습을 잘 드러낼 것인가, 아니면 "당신을 최소한 지적이며 고상하다고 생각하며, 마음과 영혼으로 가득한 존재이며, 도덕적 영감과 목적이 깃들어 있으며 영적인 깊이와 신비가 넘친다!"고 생각하는 구혼자에게 당신의 깊은 속을 드러낼 것인가?[4]

만일에 세계에 신비도 없고, 지성이나 감정도 없고, 목적도 없고 정신도 없는 것처럼 보인다면, 이것은 우리가 무거운 신발을 신고 둔감한 채 세계 속으로 들어가며, 우리의 상상력이 기업의 광고에 납치당하고, 미친 '오락 프로그램'과 넋 빠진 영화에 중독되고, 미디어가 조장하는 공포에 사로잡힌 때문이 아닌가?

---

4) Tarnas, Richard, *Cosmos and Psyche: Intimation of a New Worldview*, (New York: Viking, 2006), p. 39.

마음을 모아 살펴보는 일

인간을 비롯해서 많은 포유동물들은 사랑이 없는 곳에서는 번창하지 않는데, 이런 반응은 인간과 같은 온혈동물들, 젖을 먹고 크는 동물들에게만 국한된 것인가? 우리가 나팔꽃이나 채송화, 까치를 보면서 느낀 첫사랑은 영원히 지속되는가? 그래서 우리는 강과 바람을 향해 우리의 첫사랑을 노래할 수 있게 되는가?

인간 이외의 세계를 거룩한 것으로 공경하는 수행을 통해 나는 자연과 정신 사이에 서로 얽힌 신비에 다가갈 수 있었다.

예전에 내가 주관한 프로그램에 참가한 사람들 가운데, 북극 국립야생보호구역에서 활동했던 사람이 있었는데, 그는 자신이 야생의 세계에 관해 상당히 잘 안다고 믿고 있었다. 나는 사람들을 자연 속으로 데리고 가서 각자 홀로 자연과 '대화하는' 시간(solo time)을 갖도록 했다. 광야에서도 당신이 어느 방향으로든 계속 걸어가면, 도로나 잘 다져진 오솔길이나 물길을 만나, 나침반으로 당신의 위치를 찾을 수 있다. 그러나 이 사람은 얼마 지나지 않아 돌아와서, 자기는 한 번도 다른 사람을 볼 수도 없고 들을 수도 없는 '광야'에서 혼자 떨어져 있었던 적이 없었노라고 말했다. 그는 가이드나 동료가 가리켜주는 현상들만 바라보았던 것이다. 그는 나무들이 서로 맞부딪쳐 삐꺽거리는 소리, 풀밭 위를 지나는 바람 소리, 어두운 숲속에서 들리는 짐승들의 발자국 소리, 멀리서 들리는 개울물 소리, 다람쥐들이 조잘대는 소리, 새들의 지저귐과 날카로운 소리들이 만들어내는 전체 합창을 들어본 적이 없었다. 이런 깨달음을 통해, 그는 자신이 자연 속에서 완전히 초보자로서 여전히 방문객에 불과하며, 야생의 세계에 대해 친밀하지도 않고, 그 언어를 이해하지도 못한다는 사실을 알게 되었다. 이것이 그를 아마도 야생의 세계에 처음으로 친밀감을 갖고 깊이 주목하게 만들었을 것이다.

하루는 어느 여인이 숲 속에 들어가, 이끼와 전나무, 나뭇가지들 사이에서 날아다니는 이름 모를 새들에게 말로 찬미를 바쳤다. 그 여인은 귀를 기울여 듣고, 기다리며, 솔잎들과 고라니 똥, 낮게 자라는 식물들 사이를 천천히 걸었다. 햇빛이 높은 나무들 사이로 비치고, 나뭇가지들 사이에 걸린 거미줄이 빛나며, 큰 나무들의 껍질들에 난 주름들을 자세히 보았다. 나무에 코를 갖다 대고, 맨손으로 나무껍질을 어루만졌다. 심호흡을 하면서 그 여인은 엄청난 인지능력을 지닌 세계 속에 들어와 있는 자신을 깨닫게 되었는데, 자신이 그 총체적인 타자를 바라보고 있을 뿐만 아니라, 그 타자도 자신을 바라보고 있다는 것을 느꼈다.

또 다른 여인은 숲 속에 들어갈 때마다 자신이 침입자로서 환영받지 못하는 방해꾼이라고 느꼈다. 사람들은 그 야생의 세계 속에서 차지할 마땅한 자리가 없다고 믿었던 것이다. 그러나 그 여인은 꿈속에서 야생의 세계에 대한 갈망과 심지어 그 야생의 지구로부터 떨어져 있는 것에 대한 슬픔을 느꼈다. 낮에 그 여인은 꿈속에서 보았던 이미지 속으로 더욱 깊이 걸어 들어갔다. 오솔길을 따라 늪지대로 들어가, 자신의 손과 발, 얼굴을 진흙으로 발랐다. 그러자 진흙은 은연중에 그 여인의 일상적인 경계선들을 변화시켜, 문명화된 합리적 인간 자기와 원초적 자기 사이의 경계를 메워주었다. 늪지대의 크게 자란 풀들, 태양, 나무들, 물 위의 곤충들을 살펴보면서 그 여인은 다시 숲 속으로 들어갔는데, 피부에 발랐던 진흙이 말라 떨어지면서 고운 가루가 되는 것을 보며, 그녀는 자신이 지구로부터 새로 솟아나는 지구라는 것을 경험하게 되었다.

그 여인은 자신이 지구로서 걷고 있다는 것을 깨달았다.

우리는 때때로 전혀 예상하지 못했던 순간에 우리들 자신이 더욱 넓은 공동체와 연결된 존재라는 것을 의식하게 된다. 이런 획기적인 현현(epiphany)의 순간은 우리의 나머지 삶을 위한 방향을 바꿀 분수령이 될 수 있다. 우리는 심지어 그런 순간들을 갈망할 수도 있는데, 그런 순간은 우리의 인식 바탕에 놓인 기초적 신념을 흔들어놓고 영원히 변화시킬 수 있는 하느님의 손길에 닿는 순간이다.

우리가 아무런 준비나 계획 없이 우연히 그처럼 계시적 경험을 갖게 되는 것은 행운일 수 있다. 말로 표현할 수 없는 아름다움과 조우하거나 불치병에 걸리거나 어떤 극단적인 경험을 하게 되면, 우리는 급작스런 의식의 변화를 겪게 되거나 성스러운 깨달음에 이를 수도 있다. 그러나 더욱 일반적인 것은 이처럼 비일상적인 인식의 상태는 우선 명상, 기도, 찬미, 춤을 통한 수행 과정을 거쳐서 도달하게 된다.

자신이 지구로서 걸어 다닌다는 것을 경험한 여인, 총체적인 타자가 자신을 바라본다고 느낀 여인, 자신이 야생의 세계 속에서 순례자로서 초보자라는 것을 깨달은 남자는 모두 헨리 데이비드 쏘로우처럼 '의도적으로' 들판이나 늪지대와 숲 속으로 들어갔다. 그들은 각자 세계가 생생하게 살아 있으며 만물이 우주 창조 과정에 참여하고 있다는 상상을 하면서 자연 속을 걸었다. 그들은 자신의 몸과 감각, 상상력, 경이감, 주의력, 찬미를 바치려고 했다. 그들 가운데 아무도 미리 자신들이 자연 속에서 나올 때 매우 다른 사람이 되리라고는 기대하지 못했다. 물론 단 한 번의 사건이 반드시 그들의 인생을 바꾸어놓는 것은 아니지만, 생명이 넘치는 세계와 상상을 통해 서로 교감하는 과정을 통해 우리는 세계가 예전에 우리가 알고 믿었던 세계가 아니며, 또한 우리들 자신도 예전에 생각했던 우리가 아니라는 것을 경험적으로, 몸을 통해 깨닫게 될 수 있다.

　세계의 혼을 다시 활력 있게 만드는 길은 인간과 지구 사이의 의식적이며 서로 친밀하게 교감하는 **관계성**에 달려 있다. 만일에 세계의 혼에 대한 우리의 분별력이 오늘날 대부분의 사람들처럼 어렴풋하다면, 철저한 상상력을 발동시키는 목적 지향적 행동들을 통해 우리의 의식을 깨울 수 있다. 제임스 힐만은 우리의 "상상력을 통한 인식, 어린 아이들처럼 세계를 상상하는 행동이 세계에 생명을 불어넣으며 그 세계에 영혼을 되살려낸다"[5]고 썼다.

　아마도 세계는 인간과 지구의 관계에서 새로운 시대를 낳는 과정에 의식적으로 참여할 상상력이 풍부한 인간들의 출현을 학수고대하고 있을 것이다. 만물이 생생하게 살아 있으며, 정신과 목적과 지성으로 가득한 세계에 마음을 모으고 다가가는 수행을 하는 것이 우리를 다시 생생하게 살아나도록 만들 것이다. 또한 우리들 인간이 점차 생생하게 살아남으로써, 세계는 더 이상 죽어 있는 무감각의 세계가 아니라 그 자신의 염원과 정신적 깊이와 영혼을 지닌 세계로서 태어날 가능성과 고통으로 인해 반짝이게 될 것이다.

---

5) Hillman, p. 102.

만물의 어머니 가이아에게 바치는 노래

만물의 어머니 가이아여,
가장 나이가 많으신 분이며 만물의 토대이신
지구에게 노래를 바칩니다.

당신은 세상 모두를 먹이십니다.

누구든 당신의 거룩한 땅을 걷거나
바다의 오솔길을 통해 다니거나
날아다니거나
당신의 보물 창고에서 자양분을 꺼내주시는 이는 당신.

지구의 여왕이신 당신을 통해
아름다운 자녀들과
아름다운 수확이 나옵니다.

당신은 생명을 주고
다시 걷어 가십니다.
전심을 다해 공경하는 이는 복이 있나니
이런 마음을 지닌 이는 모든 것을 지니고 있습니다.

그들의 밭에는 빛나는 옥수수가 무성하고
들판에는 소떼가 살이 오르며

그들의 집은 좋은 것들로 넘쳐납니다.

사람들은 도시의 주인들이며
법은 공정하고
여인들은 단정하고
행복과 행운이 그들에게 넉넉합니다.

그들의 아들들은 젊음의 환희 가운데 기뻐하며
그들의 딸들은 놀이를 하며
풀밭에서 춤을 추며
부드러운 꽃들 넘어 깡충거립니다.

그들을 영예롭게 만드신 이는 당신
거룩한 여신, 거룩한 영.

잘 가셔요, 신들의 어머니,
별들이 빛나는 하늘의 신부.

나의 노래를 받으시고
나의 가슴이 사모하는 삶을 나에게 허락하소서.

지금도 그리고 또 다른 노래로
당신을 기억하리다.[1]

---

1) Cashford, Jules, trans., *The Homeric Hymns* (Penguine Classics, 2003); quoted in *Gaia, from Story of Origin to Universe Story*, (London: Gaia Press, 2010).

융 분석가이며 학자인 줄스 캐시포드(Jules Cashford)는 지구의 여신 가이아의 원형을 불러낸다. 오늘날 다시 새롭게 등장하고 있는 이 상징의 뿌리들을 추적하면서, 우리가 지구를 다시 상상하는 데서 왜 가이아가 중심적이며 성스러운 여신으로 등장했는지를 탐구한다.

줄스 캐시포드

가이아와 "세계의 혼"

우리 시대의 위기와 기회에 대답할 때, 가이아(Gaia)라는 이미지가 모든 곳에서 등장하고 있다. 적어도 2700년 전에는 가이아가 고대 그리스의 어머니 여신 지구(Mother Goddess Earth)였다. 그러나 그 이름과 살아 있는 정령들의 지구에 대한 기억이 지난 40년 동안 사람들의 의식 속에 다시 들어왔으며, 그 이후 가이아는 자체의 생명을 얻게 되었다. 이것은 우리가 의식적으로 통제할 수 없는 영역, 즉 신화와 꿈, 상징과 은유의 영역, 곧 우리들 속에 영감을 불러일으키고 상상이 "우리가 알 수 없는 물체들의 형태로 나타나는"2) 영역, 우리의 인생을 바꾸어놓는 직관들이 생겨나는 영역에서 자발적으로 솟아난 하나의 이미지로부터 기대할 수 있는 것이다.

카를 융(C. G. Jung)은 인간 정신의 이런 차원을 집단무의식이라고 불렀다. 융은 집단무의식과, 또한 그 집단무의식이 의식 속에 분명하게 드러나는 형태인 원형적 이미지들(the archetypal

---

2) Shakespeare, *A Midsummer Night's Dream*, V, I, 15-16.

images)은 개인을 넘어, 심지어 인류를 넘어, 보편적인 객관적 가치들의 담지자가 될 정도로 확장된다는 것을 발견했다. 원형들(archetypes)이란 우리가 다른 생물들과 공유하고 있는 본능들의 이미지들인 것처럼, 정신(psyche)도 "역시 자연," 혹은 "단순히 자연"이다. 융은 온전함의 원형은 인간의 자기(Self)에만 국한되는 것이 아니라 전체 우주를 포괄한다고 주장했다. 궁극적으로 융에게는 집단무의식이 세계의 혼(Anima Mundi)의 표현이 되었다.

항상 하나(One)로 존재하면서 수많은 다수(many)가 되는 하나의 영원한 신비(the eternal mystery of the One)를 파악하기 위해 우리의 일시적인 분별지가 이용했던 은유들은 여러 가지가 있다. 이 신비는 하느님이 피조물에 대해 초월해 있으면서 동시에 피조물 속에 내재하심으로써 피조된 우주가 그 창조의 원천인 신성에 참여하는 하느님의 신비이다. 이런 은유들 가운데 가장 아름다운 은유 중 하나는 대승불교 전통에서 비롯된 **인드라망**(Indra's Net)이다. 여기서는 우주를 무한한 그물망(net)으로 이해한다. 그물의 줄들이 교차하여 매듭을 짓는 곳에는 어디에나 분명하고 빛나는 진주가 있는데, 그 진주는 무한한 반사의 패턴 속에서 스스로 반사할 뿐만 아니라 서로 다른 진주들 속에 반사된다. 각각의 진주는 인간이든, 동물이든, 식물이든, 세포이든, 아니면 원자이든, 개체의 의식(consciousness)으로서 아무리 작은 진주라 하더라도 하나의 진주 속에서 변화가 생기면 다른 모든 진주들 속에도 변화가 일어나, 각자는 단수이면서 동시에 전체에 반응한다.

영지주의적인 도마의 복음(Gospel of Thomas)에서는, 예수 자신이 "나는 모두이다"(I am the All.)라고 말한다. "장작을 쪼개라.

그러면 내가 거기에 있다. 돌을 들어 올리면 너희가 그곳에서 나를 발견할 것이다."3) 예수 이전에 플라톤은 세계를 "영혼과 지성을 갖춘 살아 있는 존재로서… 다른 모든 살아 있는 실체들을 담고 있는 하나의 실체인데, 다른 모든 살아 있는 실체들은 그 성격상 모두 서로 관계를 맺고 있다."4)고 보았다. 한편 17세기 네덜란드의 유대인 철학자 스피노자는 "하느님과 자연은 똑같은 내용을 가리키는 두 단어"라고 보았다.

신비가들과 시인들은 항상 세계를 살아 있는 통일체(a living unity)로서 자신들의 영혼과 똑같은 영혼을 지녔다고 보았으며, (어느 시대든 주도적인 믿음이 무엇이든 간에) 비록 이런 관점이 지하로 내려가기는 했지만, 결코 죽어서 없어지지는 않았다. 중세시대에는 이런 관점을 거대한 존재의 사슬(Great Chain of Being)이라 불렀다. 연금술사들은 이것을 황금의 사슬(Golden Chain)이라고 불렀다. 올더스 헉슬리는 이것을 영속적 철학(Perennial Philosophy)이라고 불렀다. 시애틀 추장은 이것을 생명의 위대한 그물망(Great Web of Life)이라고 불렀다: "생명의 그물망은 인간이 짠 것이 아니다. 인간은 단지 그 그물망 속의 한 가닥일 뿐이다. 인간이 그 그물망에 행하는 것은 자신에게 행하는 것이다."5)

윌리엄 버틀러 예이츠는 이 살아 있는 통일체를 "위대한 정신"(Great Mind)과 "위대한 기억"(Great Memory)이라고 보았는데, 이것은 "각 세대마다 인간의 사고와 세계를 갱신한다." "사람의

---

3) *The Gospel According to Thomas*, Coptic Text est. and trans. by A. Guillaumont et al. (Leiden: E. J. Brill, 1976), passim.
4) Plato, *The Timaeus*, 29/30.
5) Chief Seattle, Anne Baring and Jules Cashford, *The Myth of the Goddess: Evolution of an Image*, (London: Penguine, 1992), p. 681에서 재인용.

열정들이 쌓아놓은 것은 무엇이든 간에 이 위대한 기억 속에서 하나의 상징이 된다." 자연 자체의 기억으로서 이 위대한 기억은 또한 **세계의 혼**(Spiritus Mundi) 혹은 **세계의 정신**(Anima Mundi)이었다. 집단무의식처럼, 예이츠의 위대한 기억은 우리로부터 따로 떨어져 있는 것이 아니다. 왜냐하면 우리의 기억들과 꿈들은 그 위대한 기억의 일부분이며, 또한 그 위대한 기억은 우리들의 일부분으로서, 모두가 따로 떼어낼 수 없게 얽혀 있으며, 또한 우리가 감지할 수는 없을지 모르지만 모두가 계속적으로 변하기 때문이다. 우리가 그 위대한 기억에 도달하는 것은 우리의 열정들과 "우리 존재의 깊이 속에서 일어나는 신비한 조류(tide)를 통해서"인데, 우리는 상상력을 통해서 그 상징들과 씨름하는 중에 그 위대한 기억을 불러낸다. 이런 점에서 "상상력은 항상 그 위대한 정신과 위대한 신비 속의 자극들과 패턴들에 따라 세계를 다시 만들려고 애쓰는 것"6)이 아닌가?

'가이아'가 바로 인간의 상상력이 그런 위대한 기억 혹은 "세계의 정신"의 패턴에 따라 세계를 다시 만들려고 애쓰는 상징들 가운데 하나가 되고 있는 것으로 볼 수 있겠는가?

가이아 가설

가이아라는 오래된 과거의 이미지를 우연히 되살려낸 것은 영국의 물리학자 제임스 러브록(James Lovelock)이 1970년대 말에 그의 친구인 소설가 윌리엄 골딩과 함께 산책하면서였다. 러

---

6) Yeats, W. B., *Essays and Introductions,* (London: Macmillan Press Ltd., 1961), pp. 50-52.

브록은 지구가 스스로 조절하는 시스템이라는 그의 새로운 가설을 위한 이름을 찾고 있었다. 그는 지구가 항상성(homeostasis)을 갖고 있다는 것, 즉 바깥 세계의 변화에 대응하여 포괄적으로 내적으로 적응하면서 스스로 조절하는 능력을 갖고 있다는 사실을 주장하려고 했다. 골딩은 그리스의 만물의 어머니 여신의 이름 '가이아'를 제안했고, 이렇게 "가이아 가설"이 탄생했다.[7]

그러나 아무도 가이아 이미지가 마치 그 자체의 정신을 갖고 있는 것처럼, 우리 시대의 상상력을 사로잡을 것이라고는 예상하지 못했다. 얼마 지나지 않아 "가이아 가설"은 러브록이 의도했던 것보다 더욱 근본적인 것이 되었는데, 지구를 오늘날 대다수 사람들이 이해하고 있는 것처럼 죽은 '물질'로서 역학의 법칙들로만 통제할 수 있고 설명할 수 있는 것이 아니라, 살아 있는 것으로 보도록 만들었다. 이 "새로운 가이아"는 "옛 가이아"를 되살려냈는데, 둘 모두 생기가 넘치며 지성적이며 목적을 갖고 있어서, 한 마디로 영혼을 지니고 있어서, 지구는 하나의 기계라기보다는 여신처럼 생각하게 되었다.

돌이켜보면, "시스템 이론"이라고도 알려진 과학적 가설을 설명하기 위해 '가이아'라는 이름을 우연히 선택한 것처럼 보이는 것은 보다 깊은 차원에서는 의미 있는 것처럼 보인다. 융은 어떤 사건들이 동시에 함께 일어나는 것은 그 원인으로 연결된 것이 아니라 의미로 연결될 수 있다는 점을 가리키기 위해 '동시성'(Synchronicity)이라는 개념을 도입했다. 이런 경우에는 의미에 대한 직관이 그 물리적 표현과 심리적 표현들 모두의 기초가 되

---

[7] Lovelock, James, *Gaia: A New Look at Life on Earth*, (Oxford: OUP, 1979).

는 보다 깊은 영역, 즉 시인 릴케가 "모든 것이 법칙이 된다"8)고 말한 깊이를 가리키는 것일 수 있다.

우리는 "세계의 혼"에 대한 새로운 표현이 신령한 이미지('numinous'라는 말은 그리스어에서 신의 '움직임,' 즉 신의 임재가 생생하게 나타나는 것이라는 뜻에서 온 말이다.)로 명백하게 표현될 것을 기대할 것이다. 신령한 이미지가 우리에게 **빛을 비추고**, 우리들의 습관적인 인식 범주 너머로 우리를 유인한다. 그 신령한 이미지는 콜러릿지의 표현처럼 "일시적인 것을 통해서 또한 일시적인 것 안에서 영원한 것을 **투명하게**"9) 보여주는 것이다. 그 신령한 이미지는 또한 옛 이미지가 새로운 방식으로 보여진 것일 수도 있다. 그 신령한 이미지는 현재 인간의 의식 속의 불균형을 보상하기 위해 집단무의식의 깊이로부터 온 것이기 때문에 신령한 것일 수 있다. 가이아라는 이미지는 살아 있는 지구의 이미지로서 우리의 의식 속에 조화를 회복시키는 이미지라고 볼 수 있다. 이런 조화는 플라톤이 우주와 개인의 영혼 모두에 대해 표현한 이미지가 가이아와 완전히 잘 어울리는 조화였다.

여신으로서의 가이아

세계가 어린아이 상태였을 때는 "세계의 혼"과 인간 개인의 영혼이 하나였다.10) 그 둘 사이가 분리되지 않았다. 고대 그리스

---

8) Rilke, R. M., *Letters to a Young Poet,* trans. M.D. Herter Norton (New York & London: W.W. Norton & Co.), p. 38.
9) Coleridge, S. T., *The Statesman's Manual,* (New York: Harcourt Brace Jovanovich), p. 476.

에서 지구의 어머니 여신 가이아는 "신들의 어머니, 가장 나이가 많으신 분, 기초"로서의 비전을 구현했다. 올림포스의 창조 신화에서 가이아는 카오스로부터 생겨난 첫 번째 존재였다.11) 따라서 가이아는 '코스모스'(문자적으로는 '질서,' '조화를 이룬 전체')의 기원이며, 또한 세계를 의미 있게 만들고 인간의 정신이 쉴 수 있는 기초를 놓은 본래의 경이의 순간을 불러일으킨다. 그러니 가이아는 "만물의 어머니" 이외에는 아무것도 될 수가 없었다.

앞에 인용한 호메로스의 "만물의 어머니 가이아에게 바치는 노래"(기원전 500년경에 기록되었지만, 십중팔구 그보다 오래 전부터 종교적 축제들에서 불렀을 것이다.)에서는 가이아가 우주를 낳은 어머니였다. 즉 가이아의 모든 자녀들은 우주의 자녀들로서 그녀의 본질로 형성되었으며 또한 그녀의 성스러운 원전을 공유했다. 그러나 '가이아'는 그리스어 일상용어에서 '대지'를 가리키는 말로서, 우리가 호미로 파는 흙, 우리가 밟는 땅을 가리켰다. 가이아를 대문자로 쓸 경우에만 여신 이름이었다. "우리에게 곡식을 주는 땅"은 또한 "세상을 먹이시는 어머니"였다. 초기 그리스인들의 정신세계에서는 대지와 그 여신 사이에 용어상 구분이 없이, 하나이면서 같은 것이었다. 따라서 가이아는 여신이면서 대지로서, 항상 더욱 깊은 시적인 비전에서 분명했다. 오늘날의 표현으로는, 가이아가 우주를 하나의 역동적인 살아 있는 전체로 보는 것이었으며, "세계의 혼"을 표현한 것이었다.

---

10) P. B. Shelley, *A Defence of Poetry*, 11. 111-113.
11) Hesiod, *Theogony*, trans. Dorothea Wender, in *Hesiod and Theognis*, (London: Penguin Classics, 1973), pp. 27-9.

서양에서 마지막으로 이처럼 지구를 성스러운 것으로 공식적으로 공경했던 것이 2500년 전이었다는 사실은 얼마나 놀라운 일인가!

상징으로서의 가이아

21세기를 살고 있는 우리들 가운데 많은 사람들에게 여신 가이아는 새로운 의식의 방식을 가리키는 상징이 되어 때때로 "가이아 의식"(Gaia Consciousness)이라 불리게 되었는데, 이 표현은 지구를 모든 생명체들의 집으로서 살아 있는 존재로 공경하는 표현이다. 살아 있는 생명체 **모두는** 가이아 자신의 본래적 생명을 공유하며, 또한 가이아 자신의 역동적으로 변하는 생명에 구체적인 형태를 부여한다. 이런 관점에서는 지구가 또다시 주체들의 교제(communion of subjects)가 되며, 또한 '당신'(Thou)이 되어 우리에게 밀접한 관계를 맺을 것을 요청한다. 따라서 지구는 더 이상 죽은 물질들이 아니며, 객체들의 집합도 아니며, '그것'(it)도 아니다. 지구는 단순히 인간이 마음대로 약탈할 자원이 아니다. 지구는 언제나 그랬던 것처럼 또 다시 성스러운 것이 된다.

우리 시대에 가이아라는 이미지가 다시 우리의 의식 속에 들어오게 된 것은 그다지 뜻밖의 일이 아니다. 사람들이 신성함을 어머니 지구로부터 처음에는 하늘의 아버지 신에게로 옮겨놓고 (기원전 2000년경 바빌론에서), 그 다음에는 유대-그리스도교의 초월적 신에게로 옮겨놓음으로써, 교리적으로 신의 본성에서 여성적 원리를 배제시킨 이래로, 가이아 이미지는 지난 2000년 내지 4000년 동안 매우 천천히 변화를 위해 오랫동안 준비해온 분명한 토대 위에 세워져 있다.

그리스도교 사상에서는 성모 마리아(Virgin Mary)가 상징적으로 초기의 어머니 여신(Mother Goddess)의 상상의 폭의 많은 부분을 이어받아서, 성모 마리아를 "하늘의 여왕," "바다의 별"(*Stella Maris*), "지하세계의 여왕"이라고 부른다. 그러나 성모 마리아는 교리적으로 "지구의 여왕"일 수 없다. 왜냐하면 지구는 '타락한' 세계에 속하기 때문이다. 그러나 집단무의식에서는 이런 불균형을 바로잡으려는 운동이 있는 것 같다. 우리는 그 흔적을 수백만 명의 사람들이 성모 마리아로 하여금 신적인 질서를 상상하는 데서 보다 본질적인 역할을 해주기를 요청하는 것에서 찾아볼 수 있다. 신약성서에서 마리아가 처음에는 순수한 그릇으로 나타나고, 그 다음에는 단순히 사랑하는 어머니로 겸손하게 나타나지만, 놀랍게도 나중에는 신적인 존재로 높여질 정도가 되어 교리적으로 아니라 할지라도 이미지 상으로는 '여신'이 되었다.12) 그러나 마리아의 이미지를 담은 신학은 변하지 않았기 때문에, 마리아의 신성은 **지구로서**(as Earth) 현현한 것에서 측정되는 것이 아니라 **지구로부터의**(from Earth) 거리에 의해 측정되며, 따라서 하늘의 아버지 신과 지구의 어머니 여신 사이의 오랜 모순은 더욱 높은 차원에서 강조되었을 따름이다. 그러므로 마리아로는 불충분하여 그리스도교 전통 바깥에서 어떤 이미지를 찾을 필요성이 여전히 남아 있었다. 결국 20년 후에는 가이아가 과학과 상징을 탁월하게 결합한 모습으로 등장하게 되었다.

그러나 오늘날 전 세계의 수많은 사람들에게 성모 마리아의

---

12) Baring and Cashford, *The Myth of the Goddess*, ch. 14. 참조

지위가 중요하다는 사실은 카를 융의 주장, 즉 "개인의 집단무의식 속에서, 역사는 스스로를 준비한다."13)는 주장의 타당성을 인정하는 것처럼 보인다. 만일 우리가 우리들 역시 '가이아'라는 사실을 생각하고, 또한 우리의 의식은 지구가 스스로를 의식하는 것의 일부라는 것을 생각한다면, 이것은 "가이아 가설"이 주장하는 것처럼, 전체의 자기 조절의 **역동성**(dynamic)의 한 측면일 수 있지 않을까? 다시 말해서, 가이아는 집단무의식을 통해 작용하거나, 아니면 아마도 좀 더 분명히 깨우치는 방식으로 말해서, 가이아는 세계의 혼(*Anima Mundi*)에 대한 가장 최근의 표현이지 않겠는가?

이런 점은 어머니 지구를 표현하는 가이아가 우리들 속에 있을 뿐만 아니라 우리들 바깥에도 있음을 말한다. 시인 릴케가 표현한 것처럼 "우리들 속에 있는 것이 우리를 둘러싸고 있다."14) 가이아는 우리들 속에서, 우리가 단지 그 일부에 불과한 전체 생명계와 새롭게 책임적 관계를 맺도록 급박하게 호소하고 있다.

1972년에 지구 전체에 대한 새로운 이미지가 집단적인 상상력 속에 들어오게 된 것은 아폴로 17호 우주비행사들이 찍은 놀라운 사진들을 통해서였다. 그 사진들은 지구에 대한 전대미문의 관점을 제시했는데, 그 관점은 우리들 자신으로부터 시작되는 관점이 아니라 우주로부터 시작되는 관점으로서, 최초로 우리에게 매우 아름답고 빛을 내는 전체로서의 지구의 모습을 보여주었다.

이처럼 역사적 관점을 통해 '가이아'가 새롭게 유행어가 된

---

13) Jung, *The Tavistock Lectures*, p. 682.
14) Rilke, "To Music."

것의 의미를 찾는 것은 가능하다. 가이아가 위대한 어머니 지구였으며 또한 성스러움의 옷을 입고 있었을 때는 인류가 가이아의 자녀로서 가이아의 다른 자녀들처럼 가이아의 엄청난 신성에 참여했다. 19세기와 20세기에 인류가 자연으로부터 거리를 두고, 자연과 대립하고, 결국 자연을 약탈하는 오랜 과정을 거친 다음에, 우리의 이미지들은 새로운 신화를 창조하는 방향으로, 즉 조셉 캠벨이 표현한 것처럼, "하나의 조화로운 존재로서의 통합된 지구에 대한 신화"15)를 창조하는 방향으로 나아가고 있다.

가이아를 우리의 아름다운 살아 있는 지구로 보며 또한 가이아가 창조한 모든 피조물들에 대한 자비로서 공감하는 것은 우리를 다음의 진화 단계로 나아가도록 영감을 불어넣는데, 그 다음 단계는 지구와 지구 위에 사는 모든 생명체들이 예전처럼 성스러운 존재들이 되는 단계이다. 가이아라는 이 상징과 이 이야기 속에 우리가 상상력을 발휘해서 참여하고, 또한 "하나의 조화로운 존재"를 실현하는 과정에서 우리에게 맡겨진 몫을 감당하는 것은 우리에게 달려 있다. 이 "하나의 조화로운 존재"에 대해 우리 인류는 하나의 종자로서 너무 오랫동안 파괴시켜 왔으며 날이 갈수록 더욱 큰 파괴를 자행하고 있다. 아마도 이런 방식으로 인류는 다시 "상징적 생명"을 살 수 있을 것이며, 상상력을 통한 새로운 의식의 차원에서 세계의 영혼들(souls of the world)과 세계의 혼(World Soul)이 다시 결합할 수 있을지 모르겠다.

이런 비전은 알베르트 아인슈타인의 말을 떠올리게 한다.

---

15) Campbell, Joseph, *The Inner Reaches of Outer Space: Metaphor as Myth and Religion* (New York: Alfred van der Marck Editions and Toronto: St. James's Press, 1986), p. 17.

한 사람의 인간은 우리가 '우주'라고 부르는 전체의 한 부분이며, 시공간의 제약을 받는 한 부분이다. 우리는 우리 자신, 우리의 생각, 우리의 느낌들을 세계의 나머지 것들과 분리된 것으로 경험하는데, 이것은 일종의 우리 의식의 시각적 환상이다. 이런 망상은 우리에게 일종의 감옥으로서, 우리를 개인적인 욕망에 국한시키며, 또한 우리들에게 가장 가까운 몇몇 사람들에 대한 애정에만 국한시킨다. 우리의 과업은 우리의 감옥으로부터 우리를 해방시켜, 우리의 이해와 연민의 범위를 넓혀 모든 살아 있는 생명체들을 포용하고 또한 자연 전체의 아름다움을 품에 안아야만 하는 것이다.[16]

---

[16] Einstein, Albert, *The Expanded Quotable Einstein,* ed. Alice Calaprice, (Princeton and Oxford: Princeton University Press, 2000), p. 316.

세계의 혼과
자연의 빛은
격렬한 불꽃을 일으키며,
거대한 세계의 구조 속에서 또한 그 구조를 통해서
어디에서든 원소들의 열매 속으로
분산되거나 흩뿌려진다.

― 연금술 본문

심층심리학자이며 영적인 세계로 입문하도록 돕는 빌 플로트킨(Bill Plotkin)은 우리의 영혼에 대한 이해를 전체 지구 공동체 안에서의 우리의 위치까지로 확대한다. 그는 만일 우리가 건강한 문화를 가지려면, 세계의 혼을 돌보는 엄청난 과업을 끌어안을 필요가 있다고 말한다.

빌 플로트킨

"세계의 혼"을 돌보는 일

특히 21세기 초에 인류가 당면한 가장 절박하며 생명을 증진시키는 프로젝트는 세계의 혼(anima mundi)을 돌보는 일인데, 세계의 혼은 지구의 혼이라 부를 수도 있으며, 또는 인간 이상의 공동체(more-than-human community)의 혼이라 부를 수도 있다.

이 글은 세계의 혼이라는 말의 의미를 탐색하고 또한 우리가 어떻게 세계의 혼을 돌볼 수 있을지를 탐구하는 글이다. 첫째로, **영혼**(soul)이라는 보다 근본적인 개념을 살펴보고, 이어서 인간의 **영혼**이라는 특정한 개념을 살펴본 후에, 인간의 영혼과 세계의 혼 사이의 관계를 살펴보려 한다.

영혼

나는 '**영혼**'이 어떤 사물이 세계 안에서 갖는 궁극적 위치를 뜻하는 것으로 본다. **만물**은 세계 안에서 특정한 위치를 갖고 있으며, 따라서 만물은 이런 점에서 영혼을 갖고 있다. 즉 모든 피조물, 산, 강, 계곡, 돌, 꽃, 아이, 책, 피아노, 집, 찻잔뿐 아니라 모든 조직, 종교, 학문도 영혼을 갖고 있다. 지구, 달, 은하수 역시 영혼을 갖고 있으며, 모든 일몰, 허리케인, 혼인식, 죽음에도 영혼이 있다. 그리고 관계들, 즉 친구, 연인, 가족, 약탈자와 먹이, 농부와 밭, 교사와 학생 사이의 관계에도 영혼이 있다.

내가 만물은 **위치**를 갖고 있다고 말하는 것은 지리적인 위치가 아니라 만물이 맡고 있는 역할, 기능, 지위, 다른 것들과 맺고 있는 위치를 말한다. 한 사물의 위치는 그 사물이 세계 안에서 어떻게 들어맞는지를 말해준다. 예를 들어, 특정한 노인이 당신의 삶에서 할머니, 스승의 위치를 차지할 것이다. 일반적으로 노인들은 자연, 문화, "세계의 혼"을 지키는 수호자의 위치를 갖는다고 말할 수 있다.

한 사물의 **궁극적인** 위치는 그 사물이 세계 전체 혹은 우주 전체 안에서 차지하는 전형적인 위치를 말한다. 따라서 영혼은 사물을 가장 중심적으로 또한 가장 포괄적으로 명시하는 위치로서, 한 사물의 가장 **진정한** 위치, 한 사물의 정체성의 핵심, 그 결정적 의미, 목적, 존재 이유를 말한다.

예를 들어 인간의 영혼은 우주의 장엄함을 의식적으로 축하하는 것이라고 말할 수 있다. 독립선언서의 영혼은 (미국이 아무리 이 영혼을 드러내는 데 형편없었다 할지라도) 아마도 보편적인 인간의 평등성을 확증하는 것이리라. 진정한 민주주의의 영혼, 혹은 더 좋게 말해서 미래의 생태정치(biocracy)의 영혼은 모든 종자들과 모든 서식지의 절대적 권리를 확증하는 것이 될 것이다. 예수의 영혼은 사랑이며 붓다의 영혼은 공(空)이라 할 수 있다.

인간의 **영혼**이란 인류를 포함한 세계 전체 안에서의 개인의 궁극적인 위치, 즉 단지 인류 사회 안에서가 아니라 지구 공동체 안에서의 그의 위치를 말한다. 이것은 오늘날 많은 사람들에게 불가사의하며 신비한 생각일 것이다. 즉 우리들 각자는 사회적-직업적 역할을 넘어 독특한 **생태학적** 역할을 갖고 있다는 것, 우리 각자가 생명의 그물망을 섬기며 양육할 독특한 방식을 위해 타고난 역할이 있다는 것이다. 이처럼 각자의 독특한 생태학적 역할 혹은 위치의 본질을 이해하는 것이 매우 드물지만 전형적으로 오랜 세월이 걸리는 영적인 입문과 수행 과정이라는 정신적-영적 과정에서 우리가 얻고자 하는 결과이다.

한 사람이 세계 안에서 차지하고 있는 궁극적인 위치는 그의 독특한 정체성, 그의 **신화적이며 시적인**(mythopoetic) 정체성, 즉 상징과 은유, 이미지와 꿈, 원형과 신화를 통해 표현되고 드러나는 정체성과 부합한다. 또는 좀 더 시적인 표현이지만 똑같은 의미로 말하자면, 영혼은 "당신이 세계와 나눌 수 있는 가장 위대한 대화," "당신이 갖고 태어난 이미지의 중심에 있는 진실," "당신의 씨앗 속에서 기다리고 있는 모습으로서 미래의 하늘 아래서 자라나고 그 가지를 뻗어나갈 모습," 혹은 "거대한 신비 속에서 당신이 맡은 개인적 퍼즐 조각"이다.[1] 예를 들어보자.[2] 아일랜드의 시인 윌리엄 버틀러 예이츠의 영혼은 그가 이십대 후반

---

1) 이 문장에 나오는 영혼에 대한 세 가지 정의는 시인 David Whyte의 표현이며, 마지막 것은 Geneen Marie Haugen의 표현이다.
2) 더 많은 예를 보려면, 나의 책 *Soulcraft: Crossing into the Mysteries of Nature and Psyche*, (New World Library, 2003)와 *Nature and the Human Soul: Cultivating Wholeness and Community in a Frangmented World*, (New World Library, 2008)을 보라.

에 쓴 시들을 통해 잘 드러났는데, 그는 "달의 은빛 사과들과 태양의 황금빛 사과들을 땄다."3) 생태철학자이며 불교 신자이며 지구의 원로인 조애나 메이시는 서른일곱 살에 자신의 삶을 변혁시킨 경험을 했는데, 그것은 "불교의 법의 통찰력과 현대 서양 정신을 연결시켜, 동양과 서양의 사상계 사이에" 놓인 돌다리라는 내적인 이미지를 경험했다. 그 순간에 메이시는 자신의 운명이 그 돌다리의 돌 하나가 될 운명이라는 것을 알았다. "단지 하나의 돌, 그것으로 충분했다."4) 문화사가였던 토마스 베리 신부는 "야생의 세계가 그 자연적 변화 주기 안에서 보존되고 더욱 진척되게 한" 영혼을 입었으며, "지구의 꿈"5)을 감지하고 그 꿈을 정교한 언어로 다듬어 표현하고, 그 꿈이 잘 펼쳐지도록 주도한 영혼을 입었다고 말할 수 있다.

당신의 궁극적 위치로서 당신의 영혼은 당신의 것인 동시에 세계의 것이기도 하다. 그렇다. 당신의 영혼은 당신의 위치이지만 그러나 당신의 영혼은 또한 세계 안에서 독특한 위치이기도 하다. 마치 가물거리며 박동하는 공간처럼 발견되고, 주장되고, 점유되기를 기다리는 위치처럼 말이다. 당신의 영혼은 세계 안에 있으며 세계의 혼이다. 마치 강의 소용돌이처럼, 바다의 물결처럼, 혹은 불 속에서 타오르는 불길처럼 말이다. 이런 이유 때문에 나는 인간의 영혼이 정신적(신화적-시적)이며 동시에 생태

---

3) From "The Song of Wandering Aengus," in T*he Collected Poems of W. B. Yeats*, ed. Richard J. Finneran, (New York: Scribner, 1996), p. 59.
4) Macy, Joanna, *Widening Circles*, (Gabriola Island, BC: New Society Publishers, 2000), p. 106. 또한 조애나가 영혼과 조우한 것에 관한 논의를 위해서는 *Nature and the Human Soul*, pp. 269-271을 보라.
5) Berry, Thomas, *The Great Work*, (New York: Bell Tower, 1999), p. 13, and *The Dream of the Earth*, (San Francisco: Sierra Club Books, 1988).

적이라고 생각한다. 우리의 영혼은 우리의 개인적인 정신적-생태적 지위(psycho-ecological niche)이다. 정신(psyche)은 자연으로부터 따로 떨어진 것이 아니며 세계로부터 따로 떨어진 것도 아니다. 오히려 정신은 세계 안에 있는 만물의 속성이다.

만일에 당신의 영혼이 세계 안에서의 당신의 궁극적 위치이며, 또한 당신은 그 위치로부터 완전히 당신 자신이 되도록 살아야 한다면, 당신이 완전히 당신 **자신**이 되기까지는 이 세계가 완전히 **세계 자체**가 될 수 없다. 당신의 영혼은 세계의 혼의 일부이다. 우리가 어떻게 우리의 인생을 살아가는가 하는 것이 세계의 혼에 직접적인 영향을 끼친다. 세계는 우리가 그 성스러움을 인식하고 또한 세계가 진화하면서 창조적으로 전개되는 과정에서 우리가 맡고 있는 성스러운 역할을 발견하고 그 역할을 살아내는 것을 필요로 한다.

우리의 자아(ego)는 개별적 인간 정신의 일부분으로서 심리적 거리를 두고 그 정신의 나머지 부분을 관찰하는데, 정신에 관해 제한된 지식만 갖고 있다. 우리가 젊을 때는 우리의 자아가 알지 못하는 우주적 성분이 우리의 궁극적 위치이며 우리의 영혼이다. 이런 지식은 정신의 깊이 속에, 또한 야생의 세계 속에 감추어져 있기 때문에, 그 지식을 발견하고 이해하기 위해서는 성숙한 자아를 필요로 한다. 오늘날의 사회에서는 대부분의 사람들이 결코 이런 지식을 발견하지 못한다.

우리들 각자가 평생 동안 걸어가야만 하는 이런 자기 발견의 여정, 즉 우리의 궁극적인 개별적 위치를 의식적으로 발견하는 여정은 인간의 온전한 의식을 위해 미리 필요한 것이며, 이 세계의 장엄함을 완전히 맛보기 위해 미리 요구되는 것이며, 생명에 완전히 참여하는 특권을 위해 선행되는 것이며, 또한 이 세계에 무엇인가 성스럽고 본질적인 것을 기여할 책임을 위해 미리 요구되는 것이다.

세계적으로 지혜 전통은 당신의 영혼의 삶을 살아가는 것보다 더 큰 축복은 없다고 말한다. 그렇게 살아가는 것이 당신의 가장 깊은 개인적 성취의 원천이며, 또한 타자들에 대한 당신의 가장 큰 섬김의 원천이다. 그것이 당신이 태어난 목적이다. 그것이 진정한 개인적 힘(power)의 중심이다. 개인적 힘은 사람들과 사물들을 지배하는 힘이 아니라, 타자들과 더불어 사는 파트너십의 힘이며, 생명을 공동창조하며 증진시키는 힘이며, 진화하는 우주와 협력하는 힘이다.

당신이 당신의 궁극적인 위치를 발견하기 전에는 어떤 점에서 당신은 길을 잃은 존재다. 다시 말해서 영혼의 길을 떠나기 전에는 당신이 특수한 운명을 지녔지만 그것이 무엇인지를 알지 못하는 것이다.

당신의 영혼은 당신의 참된 집이다. 당신이 마침내 이 정신적-생태적 지위에 도착하여 그 지위를 점유하면, 당신은 더 이상 길 잃은 존재가 아니라 완전히 이 세계에 참여하는 존재로 느끼게 된다. 당신의 영혼이 차지하고 있는 이 특수한 위치는 당신이 친숙한 어느 지리적 장소보다 훨씬 더 근원적으로 당신에게 친숙한 장소다. 당신은 즉각적으로 이 특수한 위치가 바로 당신의 원천이며, 알짬이며, 당신이 진정으로 속한 곳이라는 것을 안다. 이 특수한 위치는 아무도 당신에게서 빼앗을 수 없는 당신의 정체성이다. 이 위치에서 살기 위해 당신은 누구의 허락이나 승인을 필요로 하지 않는다. 그렇게 살기 위해 당신에게 특별한 직업이나 그 어떤 것이 요청되는 것도 아니다. 당신은 그것을 위해 고용될 수도 없고 그것으로부터 해고될 수도 없다. 이 위치에서부터 행동하는 것은 당신을 당신 자신의 가장 분명한 개인적 힘(당신의 영혼의 힘), 양육하며 변화하며 창조하는 당신의 힘, 현재에 충실하며 경이감을 느끼면서 살 수 있는 당신의 힘과 조화를 이루도록 만든다.

당신이 생전 처음으로 의식적으로 당신의 궁극적인 위치에서 살아가며 또한 당신의 영혼으로부터 행동하게 될 때, 당신은 '**여기에**'(Here)라고 생전 처음으로 말할 수 있으며 그 의미를 알게 된다. 당신은 마침내 당신 자신의 중심에 도달한 것이다. 당신이 지리적으로 또는 사회적으로 어디를 가든, **여기에** 머물고 있는 한, 당신은 집처럼 느낀다. 어느 곳이든 **여기**가 된다.

이것이 위치의 힘이며, **여기**의 힘이다.

진정한 어른들과 참된 원로들

진정한 어른은 무엇보다 자신을 지구 공동체의 일원으로서 경험하는 사람이며, 자신의 영혼과 만나 지구 공동체 안에서 자신의 궁극적이며 독특한 위치에 대한 계시적인 경험을 한 사람이다. 그는 사람들 사이에서 이 독특한 위치를 구현하기 위한 실제적이며 문화적으로 효과적인 방법을 체득한 사람이며, 그렇게 구현하기 위해 결단하고 실제로 그렇게 살아가는 사람이다.

참된 원로는 어른으로 오래 살아온 후, 더 이상의 노력 없이도 자신의 궁극적 위치를 한결같이 점유하고 있는 사람이다. 이로써 그는 자유롭게 세계의 혼을 돌보는 데서 더욱 큰 안목과 깊이와 성취를 이룰 수 있다. 그는 타자들로 하여금 자신들의 영혼을 위해 준비하고 발견하고 구체화하도록 도와줌으로써 세계의 혼을 돌보며, 또한 지구의 모든 생명체들이 그 영혼의 진화를 향해 나아가도록 지원하는 것을 통해 세계의 혼을 돌본다.

영과 세계의 혼

영(Spirit)은 보편적 의식, 지성, 정신, 혹은 원대한 상상력으로서 우주와 우리를 포함해서 우주 안의 만물을 생기 있게 만들고 또한 우리들 각자의 정신이 거기에 참여하는 것을 말한다. 영에는 많은 이름이 있는데 흔히 대문자로 표기하여, 절대자, 신, 도(Tao), 일자(the One), 하느님, 알라, 부처의 본성, 위대한 신비, 불이(不二) 등이다.

플라톤은 세계의 혼(anima mundi)에 관해 글을 썼는데, 세계의 혼은 전체 우주를 하나의 살아 있는 통일체로 만드는 것이다. 그래서 세계의 혼은 내가 영이라고 말하는 것을 다르게 말하는 방식일 수 있다. 영과 세계의 혼 둘 다 모든 사람들과 모든 사물들이 공통적으로 갖고 있는 것, 즉 우리가 하나의 코스모스 안에서 같은 멤버십을 갖고 있으며, 우리 각자는 만물을 담고 있는 일자(One Being)의 한 면이라는 것을 가리킨다.

이와 대조적으로 인간의 영혼이라는 관념은 우리로 하여금 세계와 개별적이며 독특한 관계를 맺도록 요청한다. 이런 점에서 영혼과 혼은 서로 반대되는 것을 암시한다. 즉 독특한 것 대 보편적인 것, 하강을 통해 접근하는 것 대 상승을 통해 접근하는 것이다. 그러나 궁극적으로 각각의 영혼은 영의 표현으로서 존재하며 또한 영을 위한 대리자 혹은 메신저로서 복무한다.

우리들 각자가 영과 영혼과 개별적으로 관계를 맺는 것은 서로 모순되는 것이 아니라 서로를 보완한다. 완결된 영성은 우리가 영과 영혼 모두와 맺는 관계를 환영하지, 단지 영과 영혼 둘 가운데 어느 하나와 맺는 관계만을 환영하지 않는다. 영성의 이 두 영역은 함께 전체를 이룬다. 둘 가운데 어느 하나만으로는 불완전하다.

영은 우주의 영혼, 즉 우주의 "궁극적 위치"를 가리킨다고 말하고 싶으며, 어떤 점에서는 이것이 맞는 말이지만, 우주의 궁극적 위치는 우주 자체이다. 우주 자체 이상의 존재의 맥락은 없다. 우주는 완전히 자기를 가리키는 것이며 자기를 규범으로 삼는 것이다. 다시 말해서 영은 영혼의 특별한 케이스이며 우리가 영혼이라는 말로 뜻하는 것의 경계선을 이루는 조건이다.

그러나 우리가 영을 세계의 혼이라고 말할 때는 우리가 우주의 의미, 목적, 존재 이유, 그 본질에 대해 매우 강조하는 것이다. 개인과 전통이 우주의 본질을 이해하는 방식은 물론 매우 다양하지만, 그러나 세계의 혼을 말함으로써 우리는 우리의 주제가 정확히 이처럼 원대한 것이라는 점을 담대하게 선언한다.

원로들의 일

건강한 인간의 문화는 세계의 혼을 돌본다. 오늘날 서양 문화와 서구화된 문화를 나는 병리적인 풋내기 문화라고 부르는데, 이미 몇 세기 전에 세계의 혼을 돌볼 능력을 상실했기 때문이다.6) 이것이 오늘날 우리가 직면한 딜레마의 뿌리다. 우리 시대의 다차원적인 위기들에 대해 효과적으로 대응하기 위해서는 우리가 다시 세계의 혼을 돌보는 방법을 배워야만 한다.

세계를 돌보는 일과 세계의 혼을 돌보는 일 사이의 차이점은 생태학과 영적인 생태학(혹은 심층생태학) 사이의 차이점이다. 병리적인 풋내기 문화에서는 "세계를 돌보는 일"을 묵상할 때조차도 매우 제한되고 협소한 인간중심적 관점에서 이해된다. 즉 세계를 돌보는 일이 다른 생명체 종자들의 필요나 심지어 우리 자신의 손자들의 필요와는 관계없이 우리의 즉각적인 자기중심적 필요를 가장 잘 충족시켜주는 관점에서 이해된다. 이와는 대조적으로, 우리가 세계의 혼을 강조할 때는 우리가 세계를 성스러운 것으로 받아들이며, 세계 자체가 우리가 이해할 수 있는 것보다 훨씬 다르며 훨씬 크고 훨씬 신비한 목적, 본질, 운명을 가진 것으로 받아들이는 것이다. 강조점이 우리의 협소한 필요에서 세계의 필요로 바뀌며, 세계가 그 자신의 궤적에 따라 진화하려는 염원에 강조점을 두는 것이다. 시인 로빈슨 제퍼스는 다음과 같이 표현했다.

> 나는 이 둥그런 지구를 믿는다오.
> 세계가 그 모든 새끼들을 한 배에서 낳는 것은
>   결코 우연과 행운이 아니라
>   느낌과 선택이라네.
> 또한 갤럭시, 그 불덩이 수레 위에서
>   우리는 돌아가고 있으며

---

6) *Nature and the Human Soul*을 보라.

별들의 회오리바람 속에서
　　우리의 태양은 하나의 먼지 알갱이
　　하나의 전자
이 우주의 거대한 원자는
　　맹목적 힘이 아니라
　　그 생명을 성취하며 그 진행과정을 의도한다네.[7]

건강한 사회에서는 세계의 혼을 돌보는 일이 일차적으로 참된 원로들의 일이다. 그들은 세계가 필요로 하는 것과 욕망을 인식하고 이해하고 지혜롭게 응답하는 데 가장 큰 능력을 지닌 이들이다. 그들은 세계가 안내하는 바에 따라 가는 능력 덕분에 가장 잘 안내할 수 있는 이들이다. 참된 원로들은 세계의 혼에 귀를 기울임으로써 인류와 인류를 포함한 생명의 그물망 사이의 관계를 평가할 지혜와 관점을 얻어, 우리로 하여금 균형 잡힌 관계를 유지하도록 안내한다. 지금은 우리가 매우 분명하게 보고 있는 것처럼, 만일에 인간이 그 전체와 균형을 유지하지 못하면, 모두가 고통을 받게 되며 마침내 모두가 죽게 된다.

오늘날 세계에서 이런 참된 원로들이 매우 적다는 사실을 인정할 때, 우리가 할 수 있는 일은 무엇인가? 우리는 여전히 존재하는 참된 원로들의 일을 지원할 수 있다. 우리는 건강한 사회의 "문화적인 원로 기능"을 수행하는 비정부 기구들을 만들고, 가담하고 지원할 수 있다. 또한 우리들 각자는 인생의 어느 단계에 있든지 상관없이, 개인적 정신의 원로 차원에서 지혜를 얻을 수

---

[7] Jeffers, Robinson, from "De Rerum Virtute" in *The Wild God of the World*, (Palo Alto: Stanford University Press, 2003), p. 176.

있다.

앞으로 내가 '원로'를 말할 때는 위에 말한 세 가지, 즉 참된 원로들, 문화적으로 원로 기능을 수행하는 기구들, 그리고 우리들 각자 안에 있는 원로의 능력을 뜻하는 말로 사용하겠다. 반면에 내가 "참된 원로들"을 말할 때는 단순히 노인들(때로는 전혀 노인들이 아니다)이 아니라 그들의 발달 단계에서 세계 자체의 소리를 들을 수 있으며, 또한 세계의 혼을 돌보려는 그들의 욕망이 그들의 삶의 최우선 과제가 되어 심리적 및 영적인 중심이 된 흔치 않은 개인들을 가리키는 말이다.

심리적으로 건강한 모든 사람들 속에 있는 원로의 차원은 그들 속에서 생태계 전체를 방어하고 양육하는 데 격렬한 힘을 불러일으킨다. 우리들 속의 원로는 모든 생명체들과의 상호의존성을 느끼며, 또한 어떻게 다른 모든 존재들과의 관계를 통해 자신의 존재의 본질을 찾게 되는가를 깨닫게 한다. 그의 가슴은 세계의 고통 앞에서 자연스럽게 깨어져 열리며, 또한 멸종이 일어나고 서식지가 파괴되는 현실에서 생명을 보호하기 위해 아무리 먼 길이라도 간다.

원로의 최우선적인 욕망은 모든 존재들이 그들의 참된 위치를 차지하는 것이며, 자신들의 영혼을 구체화할 기회를 얻게 됨으로써, 세계가 그 포괄적인 운명에 따라 완전하게 기능하게 되는 것이다. 원로는 어떻게 각각의 종자, 서식지, 사회적 이슈가 다른 모든 것들과 연결되어 있는지를 본다. 원로는 만물이 살아 있다는 것, 만물이 서로 잘 어울린다는 것, 그리고 우리 모두가 그 전체에 참여하는 자들이며 또한 전체를 반영한다는 것을 이해한다.

원로는 생명의 그물망을 정성을 다해 돌보며 만물의 권리를 적극 옹호함으로써 인간 공동체에 올바름, 관용, 함께 아파하는 자비심, 용서, 완결의 기운을 불어넣어 준다. 오늘날의 세계에서 이런 기운이 희박한 것은 참된 원로들이 드물기 때문이며 또한 그런 원로들을 우리가 반드시 필요로 한다는 생각이 희박하기 때문이다.

지구의 혼을 돌보는 일

지구의 혼(the soul of the Earth)은 어떤 사람들이 '가이아'라고 부르는 존재의 본질이다. 다른 개인을 참으로 깊이 있게 아는 것은 그의 영혼을 인식하고, 궁극적으로는 그가 생명의 그물망 속에서 어떻게 어울리는가를 인식하는 것이다. 지구의 혼을 인식하기 위해서는 도교에서 말하는 생명의 길, 세계의 만물이 다른 모든 것과 관계를 맺고 있다는 것, 다른 것 없이 존재하는 것은 아무것도 없다는 것, 별개의 것처럼 보이는 것이란 실제로는 더욱 큰 패턴 속의 한 요소라는 것을 알 필요가 있다. 이것은 중국인들이 이(理)라고 부르는 것, 자연의 역동적인 패턴, 지구 안에서 또한 지구 전역에 걸쳐서 펼쳐지고 있는 관계의 그물망을 감지하는 것이다.

따라서 지구 공동체를 진정으로 돌보기 위해서는 우리가 지구의 혼, 즉 놀라울 정도로 다양한 형태와 종자들을 통해 표현된 자연의 패턴을 감지하거나 통찰할 수 있는 방법을 배워야 한다. 언어로 적절하게 표현할 수 있는 능력을 넘어서, 지구의 혼을 온전하게 이해하기 위해서는 오랫 동안 수행하여 개인적인 발전을 거쳐야 한다. 참된 원로는 지구의 요구들과 욕망을 이해하는 데 탁월한 사람이다. 진정한 원로들은 지구가 속삭이며 안내하는 소리를 들을 수 있다. 특히 오늘날처럼 전대미문의 위기와 대전환의 시대에는 우리가 가장 필요로 하는 것이 바로 지구의 이런 안내이다.

지구의 혼을 돌보는 일은 인간 공동체(문화)와 인간 이외의 세계(자연) 사이의 평형을 유지하는 일이다. 건강한 사회를 이루지 못하면, 인류는 굶주림, 질병, 전쟁으로 인해 사라진다. 생태적 야생의 세계와 다양성을 보전하지 않으면, 인간을 비롯한 많은 종자들이 서식지를 잃거나 붕괴되어 사라지게 된다. 20세기를 통해서, 그리고 지금 21세기를 시작하면서, 우리는 대부분의 정부들과 대기업들이 문화와 자연 모두를 방치하는 것을 비통한 심정으로 바라보고 있다. 우리의 희망은 지구의 혼에 맞추어 사는 지도자들과 조직들, 즉 개인, 풀뿌리 네트워크, 비정부 기구, 그리고 보다 지역적이며 작은 규모의 정부와 사업체들에 있다.

지구의 혼(*anima mundi*)을 돌보는 데는 다음과 같은 네 차원이 있다. (1) 어린이들의 순진함과 경이감을 지키고 키우는 차원, (2) 청소년들의 안내자가 되는 차원, (3) 문화의 발전과 변혁을 인도하는 차원, (4) 인간의 문화와 지구 공동체 사이의 균형을 유지하는 차원이다.

어린이들의 순진함과 경이감을 지키고 키우는 차원

지구에 살고 있는 모든 생명체들의 아름다움을 즐기는 것과는 별도로, 원로들은 자녀들을 바라보며 함께 어울리는 데서 큰 기쁨을 누린다. 지구의 혼을 예민하게 감지하고 감사하면서 원로들은 어린이들 속에 있는 야생의 본성, 특히 어린이들의 타고난 순진함, 경이감, 삶의 본질적인 토대를 인식하는 일에 통달해 있다. 원로들은 어린이들의 이런 특질을 사회가 약화시키지 않도록 보호한다.

그러나 원로들은 어린이들의 이런 특질을 단지 보호하는 것만이 아니라 어린이들과 함께 어울리면서 이런 특질을 키우고, 또한 인간의 문화만이 아니라 인간 이외의 세계 속에 몰입하는 학습과정을 통해 어린이들의 온전한 인격발달을 도모한다. 예를 들어, 원로들은 어린이들이 어려서부터 인간 이외의 자연을 만지고 갖고 놀게 하며, 자연에 관한 이야기를 들려주는 일의 중요성을 강조한다. 또한 어린이들이 좀 더 나이를 먹으면 야외에서 자유롭게 뛰어놀며, 탐구하며 감정을 받아들이며, 상상력과 감각을 축하하고, 성스러운 이야기들(신화와 우주론)을 즐길 필요가 있다는 점을 주창한다.[8]

진정한 지구의 원로이셨던 토마스 베리 신부는 어린이들이 자신들의 집이 산업세계가 아니라 "숲과 들판과 꽃들과 새들과 산들과 계곡들과 시냇물과 별들"의 세계라는 것을 이해해야만 한다고 상기시켜주었다.[9] 베리 신부는 또한 어린이들이 우주를 직접 경험할 수 있어야만 한다고 제안했다. 사실상 그는 **우리 모두**가 우주를 어떻게 경험해야 하는가에 대해 어린이가 우리의 안내자라고 믿었다.

---

[8] 나는 *Nature and the Human Soul*의 4장과 5장에서 이처럼 생태 중심적이며 영혼 중심적인 아동 발달에 관해 자세하게 설명했다.

[9] Berry, Thomas, *Every Being Has Rights,* (Great Barrington, MA: E. F. Schumacher Society, 2004), p. 7.

어린이들의 영혼을 돌보는 일은 오늘날 인류가 당면한 생태학적 위기에 대해 우리가 실천적으로 또한 영적으로 대처하는 근본원리 가운데 하나이다.

청소년들의 안내자가 되는 차원

원로들은 청소년들에게 인생의 단계들과 과업들, 온전함, 심리적 유형들에 관해 가르침으로써 그들의 발달을 돕는다. 원로들은 청소년들 각자의 독특함과 온전함을 이해하도록 돕는다. 청소년들이 십대에 받는 도전들의 미로를 잘 통과하도록 가치관, 감정 조절과 표현, 내적인 비판자와의 관계, 그리고 진정성, 갈등, 섹스 등의 지뢰밭에 관해 안내한다.

특히 중요한 것은 특정한 청소년이 자신의 영혼의 세계로 진입하려 방황할 때, 그 심리적, 영적, 문화적 방황을 알아차리는 기술을 갖고 있는 것이 원로들이다. 원로들은 청소년들이 정체성을 찾는 과정에서 도움을 주며, 자신의 영혼과 조우하는 방법을 가르치고, 공동체와 지구 안에서 자신의 독특한 역할을 찾는 데서 매우 중요한 역할을 한다.10)

원로들의 생태중심적인 세계관은 청소년들이 자신들의 개인적인 운명을 찾아나서는 과정에서 많은 정보를 제공한다. 원로들은 인간의 발달이라는 큰 그림을 이해하기 때문에, 청소년들의 사회적 및 심리적 갈등의 깊은 차원을 볼 수 있다.

---

10) 자신의 영혼과 조우하는 과정에 대해서는 *Soulcraft and Nature and the Human Soul*을 보라.

문화의 발전과 변혁을 인도하는 차원

세계의 혼을 돌보는 세 번째 차원은 문화의 발전 방향을 개인적으로 또한 집단적으로 감독하는 일이다. 기술 향상, 환경의 변화, 사회적 변화와 문화적 변화는 사회기관, 사회의 가치들에 대한 중대한 수정을 요구할 수 있다. 오늘날처럼 지구가 다차원적인 위기를 겪고 있을 때는 특히 그렇다. 인류 역사에서 어느 때보다도 더 그렇다. 우리 시대에는 앞으로 닥칠 끔찍하게 어려운 시대를 뚫고 나가기 위해 참된 원로들이 절실하다. 문화를 구체적으로 바로 잡도록 인도하고, 적절한 조치를 취하고, 그런 조치들을 감독할 원로들이 절실하다. 참된 원로들은 우리들 각자 속의 원로를 지원뿐 아니라 생태중심적 조직들에 대한 지원을 필요로 한다.

원로는 문화 전통을 간직한 사람일 뿐 아니라 보다 중요한 점에서 그 전통의 표층적 형태보다는 그 깊은 구조적 본질, 그 신화적이며 시적인 기능을 간직한 사람인데, 새로운 문화적 발전이 싹트는 것은 그 깊이에서 비롯된다.

지구의 원로인 조애나 메이시 여사가 우리 문화의 발전 방향에 영향을 끼친 것 가운데 하나는 그녀가 "지구적 차원의 시간 인식"이라 부른 것을 중심으로 한다.11) 이것은 사람들로 하여금

---

11) 역자주: 지구 46억 년의 역사를 하루 24시간으로 보면,
오전 0시 - 지구라는 불덩어리 생성 (태양 둘레를 돌던 물질들이 한 데 모임) 곧이어 작은 행성과 충돌하여 달 생성
오전 2시 - 지표면이 충분히 식어 스팀이 비가 되어 내리기 시작하여 바다가 생겨남
오전 3-4시 - 따뜻한 물 속에서 첫 생명체들 나타나기 시작 (대기 중에는 산소가 별로 없었고 오존층도 없어 자외선 차단되지 못하여 지상에는 생명체가 살 수 없었다)

자신들의 현재 삶을 훨씬 더 큰 시간적 맥락 속에서 경험하도록
도와주는 관점들로서, 이것은 우리가 과거 세대들과 미래 세대
들 모두와 연결되어 있다는 강렬한 의식을 깨우쳐준다. 이처럼

오전 10시 반 - 광합성 작용 시작되어 산소 증가, 모든 생명체는 단세포 생물
오후 6시 반 - 다세포 생물 등장
오후 8시 - 얕은 바다 바닥에 벌레들 등장
오후 9시 20분 - 첫 물고기 등장
오후 9시 45분 - 육지에 식물 등장
오후 10시 - 파충류, 곤충 등장
오후 10시 40분 - 화산, 소행성 충돌로 생명체 95%가 멸종
오후 10시 45분 - 공룡이 등장하여 지배하게 됨
오후 11시 40분 - 폭 6마일 크기의 소행성이 지구와 충돌하여 큰 동물들 멸종하고 포유류가 지배하게 됨
오후 11시 50분 - 일부 포유류가 바다로 들어가 고래와 돌핀이 됨
오후 11시 58분 - 아프리카의 작은 원숭이가 인간과 침팬지의 공통 조상이 됨
오후 11시 59분 40초 - 원숭이 비슷한 인간의 조상이 불을 사용하기 시작
오후 11시 59분 55초 - 인간 등장

* 인류(호모 사피엔스) 역사 24만 년을 하루 24시간으로 보면
오전 0시 - 호모 사피엔스 등장, 아프리카에서 사냥과 채집으로 군집생활
오후 6시 - 아프리카에서부터 다른 대륙으로 이동하기 시작함
오후 10시 - 농사 시작, 여리고에 도시 건설
오후 11시 20분 - 바퀴를 사용하기 시작하고, 문자를 사용하기 시작
오후 11시 30분 - 스톤헨지, 이집트와 중국, 페루, 인더스 계곡, 에게해에 도시 국가
오후 11시 45분 - 붓다, 공자, 예수, 모하메드 등장
오후 11시 55분 - 풍차 사용
오후 11시 57분 - 컬럼버스가 북아메리카 대륙에 상륙
오후 11시 58분 - 산업혁명
오후 11시 59분 - 세계 인구가 10억에서 70억으로 증가
오후 11시 59분 40초(1950년) 이후 인류는 그 이전까지 인류가 사용했던 자원들과 연료 이상을 사용함

출처: Joanna Macy & Chris Johnston, *Active Hope*, (Novato, CA: New World Library, 2012), pp. 154, 156.

지구적 차원의 시간 인식은 오늘날 우리 사회의 독특한 시간 인식과는 완전히 대조된다. "우리의 경제와 기술은 단기 목표들을 위한 순간적 결정들에 달려 있어서, 우리를 자연의 리듬과 단절시킬 뿐만 아니라 과거와 미래로부터도 단절시킨다. 현재에만 고립된 우리들은 영원히 계속되는 시간에 대해 장님이 되었다. 우리의 선조들의 사고방식과 우리의 자손들의 권리 주장은 점차 우리의 관심을 끌지 못한다."12)

조애나 메이시 여사는 지구적 차원의 시간 인식을 통해 우리를 우리의 선조들과 미래의 존재들 모두에 대한 인식으로 안내하며, 원로의 그처럼 광대한 관점을 통해 우리가 선택해야 하는 것을 파악하도록 돕는다. 지구적 차원에서 시간을 인식하는 궁극적인 목적은 "생명을 구하려는 것"이다. 지구 위의 모든 종자들의 생명을 구하는 것은 원로들이 문화 발전을 인도하는 핵심 목표이다.

조애나 메이시 여사가 문화를 인도하는 또 다른 작업은 사람들로 하여금 현재의 지구적 상황의 끔찍함을 직시할 수 있게 하여 결과적으로 비탄, 절망, 전략적 도전을 통해 새로운 힘을 받도록 확신시키는 일이다.

원로들은 개인적인 성숙이 흔히 자기의 죽음, 곧 능동적 해체에서 비롯된다는 것을 안다. 이것이 재탄생 이전에 항상 필요한 것이다. 마찬가지로 원로들은 자신들이 감독할 책임이 있는 현대 문화를 변혁하기 위해서는 우리의 자멸 가능성으로 인해 우

---

12) Macy, Joanna, and Young Brown, Molly, *Coming Back to Life: Practices to Reconnect Our Lives, Our World*, (Gabriola Island, BC: New Society Publishers, 1998), p. 135.

리가 피할 수 없는 비탄과 절망 속으로 집단적으로 내려갈 필요가 있다는 것을 안다. 이렇게 비탄과 절망 속으로 내려감으로써 우리의 행동하려는 의지, 상상력을 통해 효과적으로 대응하는 우리의 능력에 힘을 실어준다. 우리 시대의 원로들은 인간 집단을 위해 현재의 전 지구적인 통과 의례에서 이 세계의 안내자 역할을 맡아야만 한다. 그렇게 하는 것이 세계의 혼을 돌보는 길이다.

인간의 문화와 지구 공동체 사이의 균형을 유지하는 차원

세계의 혼을 돌보는 네 번째 길은 아마도 세계의 혼을 수호하는 원로들의 가장 중요한 요소일 것이다. 참된 원로는 문화의 관리인으로서의 역할을 맡아야 한다. 이것은 우리들 각자 속에 있는 원로를 위해서도, 또한 문화적으로 원로의 기능을 수행하는 기관들을 위해서도 마찬가지다. 원로들은 인간과 야생의 세계 사이의 장기적인 지속가능성에 대해 책임을 맡고 있으며, 또한 땅, 강, 공기의 생명력에 대해서도 책임을 맡고 있다. 원로들은 모든 생명체들의 다양성과 통전성을 수호하는 사람들이다.

"생명의 수호자"는 노년기의 토마스 베리 신부의 정확한 특징이다. 베리 신부는 자신이 주도하였을 뿐만 아니라 세계 전역의 많은 조직들과 집단들과 협력하여, 인간의 모든 활동이 지구의 기능에 순응하도록 재구성하는 절박한 작업을 이끌었다. 그는 원로들이 젊은 세대들로 하여금 우리의 삶을 통제하는 네 가지 기성 조직들, 즉 정부와 법적인 기구들, 경제와 기업체들, 교육과 대학조직, 종교 조직들 속에서 새로운 문화를 발전시키도

록 도와야만 한다고 말했다.[13]

원로의 가장 중요한 과업의 핵심 주제는 "지구헌장"(2000)에 잘 드러나 있는데, 이 헌장은 새롭게 등장하는 지구 공동체에 대한 희망과 열망을 구체화한 독립선언문으로서 전 세계적으로 교차문화적인 협정이다. 이 헌장에는 다음과 같은 내용이 포함되어 있다.

우리는 지구 역사에서 결정적인 순간에 서 있다. 인류가 미래를 선택해야 하는 시간이다. 세계가 점차 서로 의존되어 있으며 깨지기 쉬운 상태가 되어 감으로써, 미래는 위기와 약속을 동시에 지니게 되었다. 앞으로 나아가기 위해서는 우리가 문화와 생명체의 멋진 다양성 한복판에서 공동 운명을 지닌 하나의 인류 가족이며 하나의 지구 공동체라는 사실을 인식해야만 한다. 우리는 자연에 대한 존중, 보편적 인권, 경제정의, 평화의 문화에 기초한 지속가능한 지구 사회를 건설하기 위해 연대해야만 한다. 이런 목표를 향해서 지구 위에 살고 있는 우리들은 서로에 대한 책임과 생명계라는 더욱 큰 공동체에 대한 책임, 그리고 미래 세대들에 대한 책임을 선언하는 것이 시급하다.[14]

지구헌장은 비정부기구가 수행하는 문화적 원로 기능을 가장 잘 보여준다.

---

13) Berry, *Every Being Has Rights*, p. 9.
14) 지구헌장(www.earthcharter.org)의 초안은 1992년 리우 데 자네이루에서 열린 지구정상회의에서 마련되었다. 2012년 11월 현재 유엔은 아직 이 헌장을 승인하지 않고 있다.

빌 플로트킨   *257*

생태 중심적이며 영혼 중심적인 사회에서는 참된 원로들이 정치인, 공동체 지도자, 재판장으로 봉사할 수 있는 유일한 사람들이다. 노자의 도교(기원전 6세기)에서 이런 가르침을 볼 수 있는데, 지도자나 통치자는 오랜 세월 동안 영혼의 성숙을 위해 노력한 후에 상당한 지혜와 무욕의 경지에 도달한 사람들이어야 한다. 참된 정치인의 과업은 사회를 다스리는 과업보다는 인간의 영역과 피조물의 나머지 영역 사이, 마을과 지구 공동체 사이의 균형을 감독하는 과업이다. 이것이 통치에 대한 통전적 접근 방식으로서 여기서 가장 중요한 원리는 전체와의 올바른 관계인데, 예를 들어 북미 원주민 이로쿼아 부족의 전통에서 18세기 미국 건국자들은 민주주의의 원리들 가운데 많은 것을 배웠다.

서양문명에서 정치사는 권력욕에 사로잡힌 병적인 풋내기들, 혹은 기껏해야 의도는 좋지만 심리적으로 풋내기에 불과한 지도자들의 이야기들로 가득하다. 진정으로 어른 정치인들은 매우 적다. 참된 의미의 **원로** 정치인들은 더욱 적다. 현재 선진국들 가운데서 미국은 병적인 풋내기 정치를 선도하고 있다. 미국에서는 너무 많은 정치인들이 선택하는 동기가 탐욕과 공포인데, 이것은 미성숙, 과대망상, 도덕적인 발달이 결여된 탓이다. 유권자들 대다수 역시 심리적으로 풋내기에 불과하기 때문에, 이런 정치인들이 비도덕적인 기록들에도 불구하고 계속 선출되고 있다.

따라서 사회적인 건강과 생태적인 건강은 모든 유권자들의 인격적 발달과 진정한 인간의 성숙을 추구하는 문화를 확립하는 과업에 달려 있다. 원로들은 개인적이며 집단적 성숙을 지향하는 과업을 감독하기에 가장 적임자이며, 이런 성숙은 인간의 문화와 지구 공동체 사이의 균형을 유지하는 데 결정적이다.

자아 중심적 세상에서 세계의 혼을 돌보는 일

세계의 혼을 돌보는 일은 심지어 건강한 문화 속에서도 매우 어려운 과업이다. 그러나 특히 자아 중심적인 사회, 문화적인 몰락의 마지막 단계에 있는 사회에서는 더욱 어려운 과업이다. 원로들의 숫자가 훨씬 줄어든 오늘날에는 소수의 원로들이 인류 역사에서 지구를 돌보는 매우 광범위하며 긴박한 과업을 감독해야만 한다.

세계의 현재 상태는 지구에 관심을 기울이는 사람들 모두에게 엄청난 염려와 절망을 불러일으키지만, 특히 황폐하게 변하고 있는 세계를 통절하게 느끼는 성숙한 영혼들에게는 더욱 그렇다. 우리는 인류를 포함해서 생명계의 파괴를 지켜보아야 하며, 또한 동시에 우리가 할 수 있는 보호운동을 치열하게 전개해야만 한다.

자아 중심적인 세계에서 생명계의 다양성을 보존하는 노력 가운데 우리의 사랑에 덧붙여 우리의 성숙한 분노는 우리의 가장 큰 자원 가운데 하나가 될 수 있다. 성숙한 분노는 수많은 사람들과 생명체들에게 고통과 죽임과 멸종을 초래하는 권력자들에 대한 건강한 대응 조치 가운데 하나다. 여기에는 우리가 크든 작든 공범이라는 사실에 대한 분노도 포함된다. 이런 분노는 건설적 행동을 증진시키며 또한 고난 받는 생명에 대한 자비심도 증진시킨다. 증오심과 완전히 구분되는 성숙한 분노는 티베트 불교도들이 말하는 것처럼 "순수한 자비심에서 곧바로 솟아난다."15)

오늘날 세계의 혼을 돌보는 일은 많은 사람들의 관심을 받지 못하고 있는 실정이다. 우리는 인류 역사에서 그 어느 때보다도 참된 원로들을 절실하게 필요로 하며, 사회에서 가장 건강한 조직들과 기구들이 원로 기능을 수행하는 과업, 그리고 모든 인간의 정신 안에서 원로의 차원이 오늘날처럼 절실했던 적은 없었다. 세계의 혼은 여기에 달려 있다.

---

15) 조애나 메이시와 개인적인 편지에서, 2007년.

하느님은 인류를 구원하시지만,
자연은 인간 연금술사들에 의해 구원받을 필요가 있다.
그들은 변화의 과정을 일으킬 수 있는 사람들로서,
그 변화의 과정만이 물리적인 피조물 속에 갇혀 있는
빛을 해방시킬 수 있다.

- Stehpan Hoeller

산드라 잉거만(Sandra Ingerman)은 지구와 우리들 자신을 치유하기 위해 오래된 샤머니즘의 의례를 행한다. 오늘날의 세계가 매우 위험하게 균형을 상실했다는 점을 깨달은 후, 그녀는 지금이 지구의 지혜를 완전히 구체화하고 또한 영적인 변화를 위한 샤머니즘의 능력을 적용할 때라고 본다. 만일에 우리가 마음을 모아 함께 노력한다면, 우리의 집단적인 영적 에너지가 지구를 바꿀 수 있다.

산드라 잉거만

지구를 위한 약(藥)

나는 우리가 지금 직면하고 있는 생태학적인 위기를 잘 통과할 것이라고 매우 희망적으로 본다. 나는 미래에 대해 희망적이다. 내가 희망을 갖는 이유는 오래된 샤머니즘의 영적인 의례가 갖는 능력이 다른 영적인 전통들과 더불어 지구를 치유하고 변화시키는 것을 목격했기 때문이다.

지금은 우리가 영적인 치유 형태를 생태학적 위기에 적용할 때이며, 동시에 샤머니즘을 하나의 생활방식으로 받아들일 때이다. 장기적인 치유를 하기 위해서는 우리가 지구와 모든 생명을 공경하는 삶을 살아야만 한다.

샤면과 영적인 치유자들은 영의 눈을 통해서 환자의 몸을 들여다보며, 그 에너지의 장을 파악한다. 샤면은 영적인 차원에서 균형을 잃은 것을 치유한다. 환자의 질병이 감정의 차원이나 육체의 차원에서 나타날 수도 있지만, 샤면은 나타난 증상의 배후에 있는 일상적으로 감추어져 있는 에너지 시스템을 파악해야만 영적인 차원에서 균형을 회복시킬 수 있다. 눈에 보이지 않는 에너지 시스템에서 일단 조화를 회복하면, 환자의 몸과 감정을 치유할 수 있다. 이런 점은 오늘날 생태학적 위기를 맞이한 지구 곳곳에서 드러나고 있는 질병들의 경우에도 마찬가지다.

오늘날 우리는 단순히 환자의 증상을 치유하려는 경향이 있다. 우리는 흔히 핵심에 있는 에너지 체계를 간과하며 또한 어떻게 균형 상태를 회복하여 사람이나 지구의 전체 생명력이 다시 건강하게 흐를 수 있는가를 간과한다.

지구를 위해서만이 아니라 우리들 자신과 다른 생명체들을 위해서도 참으로 적극적인 치유를 하기 위해서는 증상에만 초점을 맞추는 방법을 중단해야만 한다. 영의 눈을 통해서 에너지의 흐름을 보아야만, 생명의 그물망에서 그 에너지의 흐름을 가로막고 있는 것을 찾아낼 수 있다.

토착민들의 가르침은 지구와 우리 자신들을 치유하는 데 매우 중요한 방식으로, 여성적인 신성에 대한 가르침을 담고 있다. 지난 수천 년 동안, 이 세상에 존재하는 만물은 살아 있으며 혼을 갖고 있는 것으로 알고 있었다. 우리는 살아 있는 모든 것들의 행동이 영향을 끼치는 생명의 그물망에 연결되어 있다. 우리는 나무, 식물, 바위, 강, 동물, 새, 곤충, 파충류의 혼에 관해 말할 수 있으며 또한 그들의 신적인 성격을 감지할 수 있다. 존재하는 만물이 살아 있기 때문에, 그 각각의 존재 역시 우리들 속의 신적인 측면을 감지한다. 지구는 살아 있으며 성스러운 존재이다. 지금은 우리가 지구의 맥박에 맞추어 조율할 때이다.

샤머니즘에는 여러 전통에서 비롯된 의식으로서 깊이 듣는 의식이 있다. 우리가 찾는 대답들은 자연 속에 있다. 자연은 그 가르침들을 항상 우리와 나누어 갖는다. 그 대답들은 또한 우리 자신의 내면적인 지혜 속에도 있다. 우리는 우리 에너지의 초점을 머리로부터 가슴으로 옮겨서, 우리 자신의 내면적인 지혜를 들을 수 있어야만 한다. 우리는 인생에서 우리가 사랑하는 것을 기억해야만 하며, 또한 우리를 경외심과 경이감의 장소로 데려가 우리의 열정을 다시 불붙이는 것을 기억해야만 한다. 우리는 숨을 쉴 때마다, 걸음걸이마다, 말과 생각을 할 때마다 생명을 어떻게 공경하며 존중하는지를 기억해야 한다. 당신이 복을 빌어주는 것이 당신에게 복을 빌어준다. 이것이 상호성의 힘이다.

우리는 깊이 듣기를 통해서 우리의 일상적인 귀로는 들을 수 없는 것, 즉 우리를 만물과 연결시켜주는 사랑하는 여성적 지혜에 관해 말해주는 신의 음성을 들을 수 있다. 지구에게 궁극적인 봉사를 하기 위해서는 우리의 존재함—행동과 반대되는—으로부터 오는 변화의 힘을 가르치는 여성적인 신과 우리가 다시 연결되어야만 한다.

우리는 당면한 도전들에 대해 합리적인 해결책을 찾는 경향이 있다. 우리는 계획을 세우려고 시도한다. 우리가 직면하고 있는 생태학적인 문제들은 합리적인 행동 계획 이상을 필요로 한다. 우리가 진정한 치유를 위한 문을 열기 위해서는 영의 능력, 즉 신, 원천, 하느님, 여신의 능력에 맡겨야만 한다.

지구를 위한 약(藥)의 원리들

나는 샤머니즘 공부를 통해서 고대의 영적인 치유방법들과 현대 서양문화 사이에 다리를 놓는 방법을 배웠다. 내가 중요하게 초점을 맞춘 것 가운데 하나는 어떻게 고대의 영적인 방법들이 환경 파괴를 되돌릴 수 있는가 하는 것을 살피는 방법이었다.

나 자신을 돕는 영들을 통해서 나는 우리의 생태학적 위기를 되돌리는 데 필요한 영적인 과업의 기본적인 원리들을 찾기 시작했다. 샤머니즘의 의례를 통해서 내가 배운 것은 그리스도교의 비교(秘敎) 전통, 유대교의 카발라, 다양한 연금술, 도교, 힌두교, 요가, 고대 이집트 종교에서 비롯된 영적인 가르침들과도 서로 통하는 것이었다.

우리가 살고 있는 외부 세계는 우리의 내면적 의식 상태를 반영하는 것이다. 이것은 "위에 있는 것처럼 아래에 있고, 안에 있는 것처럼 바깥에 있다"는 가르침 속에서 찾아볼 수 있다. 이것은 영적인 관점에서 볼 때, 우리 환경에서 나타나는 독극물은 우리의 내면적 독극물의 반영이라는 뜻이다.

샤머니즘에서는 생각이 본질이라고 이해한다. 말은 씨앗이라고 이해한다. 아람어 '아브라카다브라'(*abracadabra*)는 문자적으로 "내가 말하는 대로 창조하겠다"(*abraq ad habra*)는 뜻이다.

토착 문화에서는 미심쩍은 생각들이나 감정들을 표현하는 것과 그런 것을 몰아내는 것 사이의 차이를 잘 이해한다. 그러나 서구문화에서는 눈에 보이지 않는 영역에서 일어나는 일들에 대해 그 정당성을 인정하지 않기 때문에, 우리는 흔히 독이 되는 생각들과 감정들에 가득 차게 되어 그런 것들을 세상 속으로 내보낸다. 이런 점을 깨닫지 못하기 때문에, 우리는 "독이 되는 에너지들"을 타인들에게, 지구에게, 심지어 우리들 자신에게 내보내고 만다.

열쇠는 우리 모두가 느끼는 감정의 깊이를 어떻게 깨달을 것인지를 배우는 길이다. 우리는 그것을 깨닫고 난 후에 우리의 생각과 말 배후에서 작용하는 에너지를 변화시켜야만 한다.

우리는 패배주의적인 태도들과 신념들을 우리가 원하는 결과로 이끌 생각들과 말들로 대체하는 방법을 배울 필요가 있다.

모든 영적인 전통에서는 물리적 세계 속에 드러나는 모든 것이 보이지 않는 영의 영역에서 시작된다고 가르친다.

우리는 아기가 자궁 안에서 자라난다는 사실을 기억해야만 한다. 나무들과 풀들은 씨앗에서 시작되어 땅 속에서 양육되며 점차 뿌리, 가지, 잎사귀, 새싹, 열매, 꽃으로 확장된다. 창조는 우리를 통해서 이루어진다.

우리는 흔히 변화가 단지 마술적으로 일어나는 것으로, 즉 우리의 외적인 변화를 위해 필요한 내면적인 과업이 없이, 일어나는 것으로 기대한다. 우리는 과학이 우리 시대의 모든 질병을 마술적으로 '치료'하기를 바란다. 그러나 우리가 찾는 참된 변화는 우리의 내면에서부터 나와야만 한다. 우리는 영적인 수행들을 우리의 일생생활에 통합시켜, 그 수행을 살아낼 필요가 있다.

우리는 어두운 의식 상태를 통과해 그 의식들을 황금빛 빛으로 변화시킬 필요가 있다. 이것이 연금술의 진정한 의미이다. 그러면 우리의 외부 세계는 다시 우리에게 빛의 상태를 반사한다.

우리는 단지 형태와 물질만이 아니라는 점을 기억해야만 한다. 우리는 빛을 비추는 존재들이다. 우리의 운명은 빛을 발하는 것이다.

지금 우리들 가운데 많은 사람들이 전혀 검토하지 않은 생각들, 태도들, 감정들을 갖고 돌아다닌다. 우리는 두려움에 가득한 삶을 살고 있으며, 이로 인해 증오와 전쟁이 발발한다. 우리는 자원이 부족하며 또한 우리가 만들 수 있는 것이 제한되어 있다고 믿는다. 이것은 우리가 어떻게 서로 분리된 장소에서 살고 있는지를 반영한다.

우리가 우리의 신적이며 빛나는 본질에 발맞추어 나갈 때, 우리는 다시 하나 됨의 장소로 옮겨간다. 하나 됨의 상태 속에서 우리는 사랑과 풍성함만을 경험한다. 모든 치유와 창조가 가능하게 된다.

동시에 우리는 하나 됨 속에서 우리가 지구의 모든 생명체들과 연결되어 함께 생명의 그물망에 참여하고 있다는 점을 기억해야만 한다. 이것은 우리가 공경과 존중의 장소에서 살아야 한다는 뜻이다. 우리는 자연의 일부분이지 자연으로부터 따로 떨어진 존재들이 아니다. 흙, 공기, 물, 불(태양과 지구의 핵에 있는 불)과 같은 모든 요소들은 살아 있으며 우리에게 생명을 준다. 이 사실을 깨달으면, 우리는 우리에게 생명을 주는 것을 결코 오염시키지 않는다.

궁극적인 가르침은 이것이니, "세상을 변화시키는 것은 우리가 무슨 행동을 하는 것이 아니라 우리가 어떤 사람이 되는가 하는 것이다." 우리 안에서 '생성되는'(becoming) 부분은 우리가 영적인 존재로서 우리의 운명이 빛을 발하는 것이며 무제한적인 사랑의 통로가 되는 것이라는 점을 기억하는 일과 관련되어 있다. 우리가 이 세상에 태어난 이유는 사랑의 능력에 관해 배우고 또한 사랑을 통해 창조하기 위해서이다. 우리가 '행동하는' 이 부분은 우리가 의식을 지닌 존재로서 어떻게 지구 위에서 살아갈 것인가 하는 문제와 관련되어 있다. 우리는 모든 행동, 생각, 말에서 의식적으로 살아야만 한다. 왜냐하면 우리의 외적인 세계는 우리의 내면 상태를 반영한 것이기 때문이다.

우리의 인식이 우리의 현실을 창조한다. 우리는 우리의 삶과 지구 위에서 무슨 일이 벌어지는가에 대한 우리의 인식을 바꾸는 방법을 배워야만 한다. 우리는 우리가 어디에서 아름다움과 풍성함을 감지하는가에 대한 인식을 품어야만 한다. 그리고 우리가 이런 인식을 품는 방법은 생명이 우리에게 또한 우리를 위해 선물로 준 모든 것들에 대한 감사함을 통하는 것이다.

나는 다른 영적인 전통들을 연구하면서 샤먼, 신비가, 성인들이 기적을 일으킨 단서를 발견하려고 했다. 모든 기적들의 한 부분처럼 보이는 형식이 떠오르기 시작했다. 그 형식의 각각의 요소는 따로 떼어낼 수 없었지만, 함께 결합하면 변환이나 '기적'을 만들어냈다. 변환은 한 물체의 본성을 변화시키는 능력으로 이해할 수 있다. 지금 우리가 논의하는 맥락에서는, 이것이 환경을 변화시키는 독성 물질들을 중성적 혹은 무해한 물질들로 변화시키는 과업을 뜻한다.

마침내 내가 파악한 형식은, 의도 + 연합 + 사랑 + 조화 + 집중 + 초점 + 상상력 = 변환이다. 기적이 일어나기 위해서는 우리가 바라는 것에 대한 강한 의도를 갖고 있어야만 한다. 모든 영적인 수행은 의도의 능력을 가르치는데, 의도는 불가피하게 행동으로 이끈다.

또한 기적에는 사랑의 원천인 신적인 힘과 연합하는 것이 관련된다. 사랑은 변화를 일으키는 가장 큰 힘이며 모든 기적들에 가장 중요한 요소다. 사랑으로 가득한 열린 심장이 있는 곳에는 기적의 에너지가 생명으로 생성될 것이다. 사랑의 능력을 불어넣는 사람들이 있는 곳에서는 스스로 치유가 일어날 수 있다. 이런 사람들은 흔히 방법이나 기술을 사용하지 않는다. 단지 그들이 존재하는 것만으로도 그 주변의 모든 사람들을 더욱 높은 의식의 단계로 끌어올린다.

영적인 전통들은 또한 우리가 건강하기 위해서는 조화로운 삶을 살아야만 한다고 가르친다. 내면의 조화는 외부의 조화를 창조한다. 대부분의 사람들은 또한 영적인 수행이 성공하기 위한 열쇠는 우리가 하는 일에 집중하는 능력이라고 말한다. 동시에 우리는 우리의 단기적인 목표와 장기적인 목표 모두에 초점을 맞추어야만 한다.

상상력은 변혁의 기적을 일으키는 또 다른 핵심 요소이다. 우리는 순수하고 깨끗하며 모든 생명체들을 뒷받침하는 환경을 마음속에 그릴 수 있어야만 한다. 상상력의 힘을 통해 우리는 우리가 사는 세계를 조각할 능력을 갖고 있다.

많은 샤먼들은 우리가 잘못된 꿈을 꾸고 있다고 말한다. 우리는 자연과 따로 떨어졌을 뿐만 아니라 영적인 영역으로부터도 분리되어 있다는 환상을 갖고 살기 때문에 우리의 삶과 환경의 희생자들이다. 이런 환상들은 씨앗들로서 공포, 분노, 증오, 절망, 흑암의 나무들로 자라날 것이다. 우리가 새로운 지구를 창조하기 위해서는 새로운 꿈을 꿀 필요가 있다.

1997년에 꿈속에서 이집트의 신 아누비스가 나에게 나타나, 환경오염을 되돌리는 과업의 열쇠는 변모(transfiguration)라고 말해주었다. 나는 샤머니즘 전통들에 관한 이야기들을 통해서 샤먼들이 늑대나 까마귀 같은 동물들로 그 모습이 변한 것에 관한 이야기들을 들었던 적이 있었다. 그러나 처음에는 그런 변모가 환경오염을 되돌리는 것과 어떻게 연결되는지를 알 수 없었다.

이것에 관한 중요한 통찰을 얻게 된 것은 나의 환자 가운데 암으로 죽어가는 사람을 통해서였다. 그녀에게 나의 꿈에 관해 들려주자, 그녀는 생기가 되살아나 예수에 관한 이야기들이 그녀에게 불러일으킨 열정을 말하기 시작했다. 그녀는 근본주의적인 그리스도인으로서, 예수가 어떻게 변모했는지, 그리고 어떻게 밝은 빛을 비추기 시작했는지를 잘 알고 있었다. 이처럼 신적인 빛의 변모된 상태에서 그는 기적적인 치유 활동을 했다.

나는 아누비스 신이 나에게 준 메시지를 이해하게 되었다. 즉 빛이 치유하며 변혁시킨다는 메시지였다. 나는 다양한 영적인 책들을 통해서 수많은 치유자들과 영적인 지도자들이 신적인 빛 속으로 변모할 때 기적적인 치유 활동을 한 것을 알 수 있었다. 우리는 본질적으로 모든 존재들에 연결된 영적인 빛이기 때문에, 우리의 피부를 넘어서면 우리는 영인 것이다. 우리를 신적인 빛에서 분리시키는 모든 것을 내려놓을 때, 우리 주변의 모든 것은 신성, 빛, 완전의 상태로서 우리에게 비춰진다.

지난 몇 년 동안 나는 여러 집단의 사람들과 실험을 통해서 하나의 공동체로서 우리가 환경오염의 독성을 중성적 물질로 변환시킬 수 있는가를 알아보았다. 우리는 탈이온화시킨(순수한) 물을 가져다가 암모늄 수산화물로 오염을 시켰는데, 암모늄 수산화물은 일반적인 오염물질이다. 그 알칼리성을 쉽게 측정하는 방법은 수소이온 농도를 나타내는 피에이치(PH) 띠를 사용하는 것이다. 우리의 예식은 우리를 우리 자신의 신성으로부터 분리시키는 것을 내보내고, 우리 자신을 우주의 힘으로, 빛과 우주적인 사랑의 신적인 근원으로 느끼는 예식이었다. 그 물은 완전한 조화의 장소를 우리에게 반사하며, 또한 그곳에서 우리는 우리 주변의 모든 것에 영향을 끼치는 영적인 빛을 발했다. 나는 많은 집단들에게 이 작업을 제시했는데, 매번 그 물의 수소이온 농도는 1-3포인트씩 떨어져 중성을 향해 변해갔다. 과학적인 관점에서 보면, 이것은 불가능한 일로 보일 것이다.

처음에 이런 실험들을 한 후에 나는 가스 방전 시각화(GDV) 특수 카메라를 사용하기 시작했는데, 이 카메라는 사람, 식물, 액체, 가루, 죽은 물체로부터 발산되는 물리적, 정서적, 정신적, 영적 에너지를 포착하여 그 에너지를 컴퓨터 모델로 환산해준다. 다시 말해서 이 특수 카메라는 이온 장의 에너지를 측정하고 평가하여 그 정보를 영상과 함께 통합시켜 컴퓨터에 보여준다. 이 카메라를 갖고 우리들 모임의 물질 에너지들의 변화를 기록으로 남길 수 있었다. 실험에서 변수를 다르게 하기 위해서 우리는 모임에 물 이외에도 음식(복숭아와 크래커)과 흙도 놓았는데, 카메라는 물만이 아니라 음식과 흙의 에너지 변화도 포착할 수 있었다.

이런 방식으로 실험을 하면 우리는 방 안에 있는 모든 사람과 모든 것들이 그 신성 안에 있다는 것을 감지한다. 비록 물리적 차원에서는 질병에 대한 보고들이 있을 수 있지만, 영적인 차원에서는 우리가 모든 생명들의 신적인 완전함을 인식한다. 이런 방식으로 우리는 각각의 존재가 그 빛을 발산하도록 고무시킨다. 우리가 우리의 의식을 변화시키기 시작하고 또한 우리들 내면의 빛과 조우하게 되면서, 우리는 우리의 외부 세계에서 큰 변화를 이루도록 영향을 끼칠 수 있다. 우리가 어떤 사람이 **되는가** 하는 것이 세계를 변화시킨다.

우리는 새로운 꿈을 꾸는 사람들

내가 앞에서 말한 것처럼, 세계 여러 곳의 샤먼들은 우리가 잘못된 꿈을 꾸고 있다고 믿는다. 왜냐하면 우리의 삶에서 일어나는 모든 일들은 꿈이기 때문이다. 우리가 이 가르침을 잊어버린 만큼 우리의 생각과 우리의 상상력은 세상의 문제를 더욱 키울 따름이다. 우리는 상상력을 이용하여 지구의 꿈을 꾸는 훈련을 함으로써, 우리가 사랑, 평화, 빛, 풍성함, 모두의 평등성을 품도록 해야만 한다.

세계 현실의 골격이 무너져 내리고 있다. 홍수, 허리케인, 토네이도, 지진이 생명의 구조를 허물고 있다. 조직의 구조가 무너져 내림으로써 정부와 종교 기관들에 대한 엄청난 환멸을 초래하고 있다.

우리는 계속해서 지구의 중대한 변화를 경험하고 있다. 이것은 진화의 일부분이다. 옛날에 강과 바다였던 곳이 오늘날에는 땅이 되고 있으며, 옛날에 땅이었던 곳이 오늘날에는 물에 잠기고 있다. 인간의 의식이 진화하는 것처럼, 지구도 계속해서 진화하고 있다.

우리는 지금 함께 새로운 역사를 향해 어둠을 통과해나가고 있다. 지금은 변화의 시간이다. 그리고 모든 변화에는 죽음이 관련된다. 죽음은 끝이 아니다. 죽음은 새로운 것으로 옮겨가는 것이다. 우리는 새롭고 건강한 생활방식을 향해 나아가고 있다. 더 이상 모든 생명을 건강하게 뒷받침하지 않는 낡은 패러다임을 벗어던져야 한다는 뜻이다. 동시에 우리는 새롭게 펼쳐지는 꿈에 대한 적극적 태도와 비전을 지녀야만 한다.

참된 샤먼들은 실재의 새로운 구조를 창조하며 계속해서 생명의 그물망 위에서 과업을 수행한다. 조화가 깨어진 패턴들을 보면서, 그들은 미술, 노래, 춤, 꿈을 통해 전체 그물망의 패턴을 바꾸어나간다.

집단적인 구조를 바꾸기 위해서는 우리의 생각들과 꿈들을 바꿀 필요가 있다. 우리가 보이지 않는 영역에서 실재의 새로운 구조를 만들기 위해 노력할 때, 그것은 물리적 세계 속으로 분명히 드러나게 되어, 무너져 내리는 모든 것을 그 새로운 구조가 대체할 것이다. 이런 방식으로 우리는 눈에 보이지 않는 세계를 건설하여 그것이 새로운 물리적 실재로 드러나도록 한다.

우리가 우리의 생각, 말, 꿈을 사용하여 눈에 보이지 않는 세계를 건설할 때, 우리는 실재의 새로운 구조를 짜는 핵심에 닿는 것이다.

기꺼이 꿈을 꾸려는 사람들이 나서지 않는다면, 우리의 미래는 어찌될 것인가? 진화과정이 붕괴될 때, 미래에 대해 우리가 어떤 전망을 가질 수 있겠는가? 만일 우리가 집단적으로 미래에 대한 새로운 비전을 갖는다면, 우리는 이런 적극적 변화를 이끌어나갈 힘을 발견하게 된다.

이런 힘을 발견하기 위해 우리는 우리가 살고 싶은 세상을 상상할 수 있어야만 한다. 우리는 시각, 청각, 느낌, 후각, 미각 등 모든 감각을 동원해서 이런 상상을 한다. 왜냐하면 우리는 모두를 위한 사랑, 빛, 조화, 아름다움, 평화, 풍성함과 평등성을 받아들이는 세상에서 살아가는 것을 충분히 상상할 수 있어야만 하기 때문이다.

만일에 세계 전역의 사람들이 조화로운 생활방식으로 되돌아가는 길에 상상력의 초점을 함께 맞춘다면, 어떻게 될지를 상상해보라. 사람들은 생활에 지쳐갈수록, 자신들의 감각이 더욱 마비되는 곳으로 들어간다. 미디어는 우리들 내면에서 아름답고 생생한 새로운 이미지들이 떠오르게 하는 대신에 미디어 자체가 우리를 위한 이미지들을 제공해준다. 우리가 MP3와 이동전화기를 통해 음악을 듣지만, 우리들 내면이 우리를 통해서 연주하도록 허락하지는 않는다.

우리의 창조적인 상상력을 사용하는 열쇠는 우리 내부의 강한 감각들이 우리 자신의 생생한 이미지, 소리, 냄새, 취향, 느낌을 발산하도록 애쓰는 일이다. 우리가 단지 수동적으로 영화를 관람하는 대신에, 영화 속에서 우리들 각자가 힘 있게 살아가는 우리 자신의 영화를 만들 필요가 있다. 우리의 감각이 강렬하게 살아나도록 해줄 열정적인 불쏘시개를 필요로 한다. 우리는 외부 세계가 우리의 삶을 위한 대본을 써주도록 허락할 것이 아니라, 우리의 내면세계에서 태어나는 대본을 써야 할 필요가 있다. 이것을 위해서는 우리가 우리의 깊은 감각을 사용하여 만들어내는 것이 실질적인 것이 되도록 해야만 한다.

내 생각에 사람들은 평면 텔레비전처럼 작동한다. 우리들 자신의 깊은 감각은 어디에 있는가? 우리는 외부세계로부터 너무 많이 주입되고 있다. 우리는 우리의 감각들이 내면세계로부터 솟구쳐 올라 외부세계로 퍼져나가게 할 필요가 있다.

만일에 우리가 우리 자신의 생생한 이미지가 지닌 진정한 힘과 접촉하지 못한다면, 우리 자신의 내면에서 솟아나는 노랫가락을 듣지 못한다면, 우리가 냄새 맡고 싶어 하는 아름다운 향기를 느끼지 못한다면, 사랑으로 키우고 요리한 건강한 음식의 맛을 즐기지 못한다면, 생명의 아름다움을 만지는 느낌을 갖지 못한다면, 우리가 만들어내는 것의 모든 힘은 사라지고 만다. 만일에 우리가 만들어내는 것이 열정과 감격으로 세상 속에 내놓는 것이 아니라면, 그것은 아무런 힘이 없다. 그러면 세상이 우리의 창조적인 작업을 그 껍데기로 뒤집어 싸서, 아무런 깊이도 힘도 없는 것으로 만들어버린다.

이 세상에서 무슨 일이 벌어지든, 우리의 영적인 과업이 선한 비전을 유지하는 것이 중요하다. 우리의 꿈들이 세상의 무너져 내리는 구조를 대체하며 또한 새로운 건강한 삶의 구조를 만들어낸다.

흔히 사람들은 미래가 우리가 상상할 수 있는 것보다 훨씬 크다고 말한다. 사람들은 만일에 자신이 상상하는 미래가 자신들의 에고가 원하는 것에 기초한 것일 경우에는 어떤 일이 벌어질 것인지를 묻는데, 이것은 자신들의 가장 높은 영적인 의식에서 상상한 미래가 아닐까 봐서 두려워하기 때문이다. 그런 사람들에게 나는 우리가 하루 24시간 동안, 일주일에 7일 동안 우리의 상상력을 이용한다고 설명한다. 우리 모두는 항상 우리의 상상력을 사용하지만, 안타깝게도 우리의 마음을 모아 상상하지 않는 경우들이 많다. 그러나 일단 우리가 선한 결과를 얻기 위한 의도를 분명히 하면, 우리 내면의 영적인 힘들과 외부의 영적인 힘들이 모든 당사자들에게 최선인 것을 드러내기 위해 작동한다. 우리는 단지 우리가 꿈을 꿀 때, 항상 모든 생명체들을 사랑하는 열린 마음을 가질 필요가 있다. 그러면 우리의 에고는 가장 적극적인 것을 창조하기 위해 노력함으로써, 우리의 꿈의 결과에 자신을 내려놓게 된다.

하나의 지구 공동체로서 함께 일하기

모든 영적인 전통에서 우리가 찾아볼 수 있는 것 중 하나는 한 개인이 자신만의 일을 하는 것과는 대조적으로, 한 집단이 치유에 초점을 맞출 때 발생하는 집단적인 능력의 사례들이다.

나는 "지구를 위한 약"(Medicine for the Earth) 훈련 프로그램에 나의 집 마당에서 자라는 복숭아 한 개를 가져갔다. 당시 산타페 지역은 매우 극심한 가뭄이었다. 나는 매일 그 나무들을 바라보면서 가뭄 속에서 얼마나 고통스러울까 하는 심정으로 나의 느낌을 나무들에게 투사하는 대신에, 하느님의 빛 가운데서 밝게 버티는 모습을 감지했었다. 가스 방전 특수 카메라로 그 복숭아 사진을 찍었더니, 복숭아는 매우 건강하고 튼실하게 나타났다. 그러나 모임에 모였던 50명이 그 복숭아를 하느님의 빛 가운데서 감지할 때, 그 에너지의 장이 기하급수적으로 높아졌다.

이처럼 한 집단이 함께 초점을 맞출 때, 개인에게 또한 환경에 기적적인 치유가 일어났다는 이야기들은 수없이 많다. 이런 사례 가운데 하나는 2010년에 멕시코 만에 원유가 유출되었을 때, 그 지역의 식물들이 사람들이 예상했던 것보다 훨씬 빨리 되살아났던 일이다. 세계 전역에서 수백만 명의 사람들이 그 지역 환경이 회복되도록 각자 나름의 방식으로 영적인 의식과 치유 과업을 수행했던 것이다.

우리는 어떻게 우리가 전 지구적인 영적인 집단들 사이에 상호작용하는가를 검토해야만 한다. 지구상에 수백만 명의 사람들이 지금 영적인 과업에서 전투를 벌이고 있다. 우리는 각자 우리가 부름 받은 방식으로 우리의 과업을 수행하고 있지만, 그 과업은 모든 생명체들이 유익함을 얻기 위한 과업이다.

우리들 대부분은 영적인 집단들의 과업에 관해 합리적으로 생각한다. 그러나 정말로 중요한 것은 우리의 몸속에서 그 영적인 집단들의 능력을 느끼는 일이다. 이것은 힘이다. 힘으로서 그것은 남성적 원리이며 동시에 여성적인 원리이며, 합리적 사고와 구체적인 느낌 모두를 통해 접근할 수 있는 것이다.

지금 우리는 우리의 몸속에서 주로 결핍, 오염, 질병을 믿는 집단적인 강력한 힘을 느끼는데, 이것은 지구 위에서 적극적인 변화를 일으키는 것이 불가능하다고 굳게 확신하는 믿음이다. 그 결과, 이런 집단적인 힘은 더욱 불타오르고 있으며 강화되는 힘을 통해 더욱 분명히 드러나고 있다.

그러나 우리가 영적인 집단들의 순수한 에너지가 넘치는 힘을 느끼게 되면, 이 힘이 우리의 집단적인 혼수상태를 깨어나게 할 것이다. 집단적인 에너지와 능력이 새로운 인간과 공동체를 건설하며, 변혁시키는 에너지의 장을 창조한다. 그 에너지와 힘은 그 자체로 행동을 촉발시키지는 않지만, 그 에너지와 힘에 스스로를 조율하는 사람들로 하여금 효과적인 행동을 취하도록 힘을 실어준다.

우리가 하느님의 본성의 능력을 체험하고 지구 전역에 빛을 비추고자 할 때, 우리는 보편적인 사랑의 도구가 된다. 우리가 영적인 삶을 살면, 우리는 조화를 회복한다. 우리는 초점을 맞춰 함께 꿈을 꾸어야 한다.

창조주는 보편적인 사랑으로 지구와 생명을 창조했다. 지금은 우리가 지구와 모든 생명을 사랑할 때다. 우리가 숨 쉴 때마다, 우리의 가슴이 사랑 안에서 하나가 되도록 하자.

나의 주님,
제가 무릎을 꿇고 손을 뻗친 채
당신께 기도를 드립니다.
오, 눈에 보이지 않는 자비하신 영이시여!
이 환희의 집에 저를 받아주옵소서.
모든 의로움, 모든 선한 마음의 지혜로
제가 창조의 영께 환희를 바치게 하옵소서.

- The Divine Songs of Zoroaster

이슬람 신비주의의 교사이며 학자인 피르 지아 이나야트 칸(Pir Zia Inayat Khan)은 우리의 존재가 영적으로 빛나는 살아 있는 우주 안에 있다는 것을 인식하는 페르시아와 인도의 성스러운 전통과 우리를 다시 연결시켜 준다. 빛의 내면적인 세계와 그 천사들의 힘은 삼라만상 어디에나 현존한다.

피르 지아 이나야트 칸

살아 있는 지구에 대한 페르시아와 인도의 비전

서쪽의 카스피아 해로부터 동쪽으로 벵갈 만까지는 높은 산봉우리들과 사막, 그리고 비옥한 강 유역들로 이어지는 광활한 지역이 펼쳐진다. 청동기 시대에 북쪽에서부터 아르야 족이 이주하여 아르야나 배자(이란) 문명과 바라타(인도) 문명을 건설했다. 이란에서는 조로아스터교(拜火敎, Mazdaism)가 생겨났으며, 인도에서는 힌두교, 자이나교, 불교가 생겨났다. 기원후 7세기에는 아라비아에서 이슬람이 나타나 동쪽으로 확산되기 시작했다. 중세시대까지 아르야 족의 땅은 이슬람의 땅이기도 했다.

사상은 공백 가운데서 생겨나지 않으며, 영적인 사상들도 마찬가지다. 성스러운 비전들은 인간의 개성적 기질, 역사적 사건으로부터, 또는 성스러운 관습들이 계기를 만들어 생겨나지만, 아마도 가장 근본적으로는 (초월적 원천을 제외하고) "공기, 물, 장소"로부터, 즉 그 비전들이 태어난 풍토의 특성으로부터 생겨날 것이다.

신의 현현 이야기들이 편집되고 또한 전달되면서, 그 처음의 풍부한 자극적 맛은 흔히 사라지게 되어, 구체적인 통찰력 대신에 추상적인 교리가 영원히 자리를 잡게 된다. 그러나 항상 그런 것은 아니다. 영적인 전통들은 흔히 사람과 지구 사이, 영혼과 대지 사이의 오래된 유대감에 대한 가장 뜻 깊은 저장고이다. 이런 사실은 힌두교, 조로아스터교, 이슬람과 같은 전통 속에서 가장 잘 드러나는데, 이 세 종교 전통은 때로 한데 뒤얽힌다.

예수 그리스도보다 아마도 천 년 전에 살았을 이란의 위대한 예언자 조로아스터의 외적인 생애에 관해서는 알려진 것이 별로 없다. 그의 생애, 죽음, 활동에 관한 확실한 역사적 사실들이 알려진 것이 별로 없다는 점을 보상해주는 것은 그의 아베스타 노래, 가타스 경전과 그의 내면생활에 관해 전해진 전승들의 계시적인 능력이다. 이런 노래들과 전승들은 우주의 성스러운 질서와 그 심원한 신비들에 대한 묵상에 깊이 몰두했던 선각자의 모습을 보여준다.

조로아스터가 자신의 소명을 발견한 것에 관한 이야기는 팔레비어로 기록된 〈자드 스파람의 선집〉(*Selections of Zad-Sparam*)에 나온다. 이 책은 그가 서른 살 때 봄 축제에 참가한 동안 다이티 강을 걸어서 건넌 이야기를 들려준다. 네 차례에 걸쳐 서로 다른 깊이에서 그 강을 건넜는데, 네 번째는 너무 깊어서 그의 머리만 물위에 내놓고 건넜다. 그가 물에서 올라오자, 빛으로 된 옷을 입은 엄청난 존재가 그에게 다가왔다. 그는 보후 마나, 즉 선한 정신이었다. 그는 조로아스터에게 따라오라고 하여 순수한 영들의 회의로 안내했는데, 그 회의의 사회자는 아후라 마즈다(지혜의 주)였으며, 그의 일곱 권세들이 참석했다. 조로아스터는 마즈다에게 완전에 관해 물었고, 그 대답으로서 첫 번째 완전은 선한 생각이며, 두 번째 완전은 선한 말이며, 세 번째 완전은 선한 행동이라는 것을 들었다.

그 이후 몇 년 동안 조로아스터는 여섯 차례의 회의에 참석했다. 아후라 마즈다는 더 이상 나타나지 않았고, 그의 권세들인 거룩한 불멸자들이 매번 그 예언자에게 복을 내려주었다.

조로아스터는 원초적 물의 폭포로 연결된 "두 거룩한 교제"인 쌍둥이 봉우리 후카이야와 아우신드에서 동물계의 보호자인 보후 마나를 알현했다. 그 증인들은 다섯 종류의 동물들, 즉 헤엄치는 동물, 굴 파는 동물, 날아다니는 동물, 숲속의 동물, 풀을 먹는 동물의 대표자들이었다. 회의에 참가한 동물들은 아후라 마즈다의 종교에 대한 자신들의 믿음을 고백했으며, 또한 보후 마나는 조로아스터에게 동물계를 지키는 역할을 맡겼다.

불을 다스리는 아르타 바히스타(완전한 존재)가 "토잔 강"(아마도 투르크메니스탄의 테젠 강)에서 조로아스터에게 나타났다. 불의 요소들 한복판에서 아르타 바히스타는 조로아스터에게 거룩한 불을 유지하는 것에 관해 가르쳤다.

금속들의 수호자 크샤트라 바이르야(바람직한 통치)는 금속들의 영의 모임 한복판에서 자신을 드러냈다. 그의 가르침은 여러 금속을 보존하고 적절하게 사용하는 방법에 관한 것이었다.

이어서 여성적인 불멸의 존재들이 나왔다. 첫 번째로 나온 스펜타 아르매티(거룩한 헌신)의 영역은 대지이다. 스펜타 아르매티는 "지역, 국경, 거점, 정착지, 구역"과 연관된 땅의 정령들이 배석한 아스나바드 산비탈의 샘물 곁에서 조로아스터를 영접했다.1) 그 여신은 조로아스터에게 대지를 돌보도록 맡겼다.

똑같은 산에서, 조로아스터는 하르베타트(성실)에 관한 비전을 보았는데, 그는 물을 수호하는 대천사였다. 강과 바다의 정령들이 그를 수행하는 동안에 그는 불멸자로부터 축복과 물을 지키고 달래는 가르침을 받았다.

마침내 다이티 강 강둑에서 식물의 정령들이 둘러싸고 있는 가운데, 예언자 조로아스터는 식물계의 수호자 아메르타트(불멸성)을 알현했다. 그 여신은 예언자에게 식물들을 어떻게 돌보고 달래는지를 가르쳐주었다.

아베스타 경전에 간직된 조로아스터의 예언적 메시지에는 앙그라 아이뉴(파괴적인 정신)와 그의 악마들로 표상된 악, 어둠, 오염의 세력에 맞서서 삼라만상의 거룩한 질서를 지키기 위해 기사도처럼 무장하라는 것이 포함되어 있다. 아후라 마즈다에게 거룩한 불멸의 여섯 신들이 있듯이, 여섯 마왕이 앙그라 마이뉴를 섬기기로 서약했다. 이들 여섯 마왕의 팔레비어 이름은 아코만(악의 천재), 안다르(유혹자), 사바르(악정의 책임자), 나이키야스(불만 선동자), 타프레브(식물과 동물들에 독을 넣는 자), 자이리크(독을 만드는 자)이다.

이런 마왕들과 타협하는 것은 생각할 수 없는 일이다. 마즈다를 예배하는 사람들은 선한 생각, 선한 말, 선한 행동을 굳게 지켜 자신을 정화해야 하며 또한 세상의 더러움을 씻어내야 한다. 이처럼 빛의 세력들은 근거를 마련하고, 앞으로 나아가 악행을 몰아냄으로써 오랜 세월 기다려온 프라쉬카르트(*frashkart*)의 날, 즉 삼라만상 전체가 정화되고 구원되고 빛을 발하게 되어 불멸

---

1) West, W. E., trans., *Pahlavi Texts*, part V (Delhi: Motilal Banarsidass, 1987), p. 161.

하게 되는 날을 앞당기게 될 것이다.

조로아스터교 신앙은 그 이후 천 년 동안 이어진 아캐메네스, 셀류코스, 파르티아, 사산 왕조 아래 번창하였다. 기원후 7세기에 사산 제국이 멸망하자 그 신앙도 쇠퇴하였다. 11세기 말에 이르러 이슬람이 새로운 성스러움의 언어가 되었고, 이란 사람들 가운데 오직 소수만이 여전히 조로아스터 신조를 믿었다.

그러나 조로아스터교의 옛 주제들 가운데 상당수는 여전히 살아 있었다. 페르시아 사람들은 자신들의 태양력을 사용했으며 계속해서 신년축제와 봄철 축제를 지켰다. 조로아스터는 고대의 예언자로 기억되었으며, 시인 피르도시(d. 1020)는 이슬람이 생겨나기 이전의 영웅들과 현자들에 관한 전설들을 그의 서사시 〈샤나마〉(*Shahnama*)에 기록했다. 살아 있는 지구에 대한 조로아스터의 비전 역시 잊혀지지 않았다. 그 오래된 신앙의 천사론을 되살려낸 것은 수피(이슬람 신비주의) 철학자 샤합 알딘 야흐야 수라와르디(Shahab al-Din Yahya Suhrawardi, d. 1191)였다.

수라와르디는 자신을 대홍수 이전의 이집트의 예언자이며 왕이었던 헤르메스 트리스메기수투스에게서 비롯된 지혜 전통의 상속자로 여겼다. 그의 이야기에 따르면, 헤르메스의 유산이 그리스로 전파되어 소크라테스 이전의 철학자들이 그 유산을 이어받았으며, 또한 페르시아로 전파되어 깨달은 왕들과 사제들을 통해 그 지혜 전통이 살아 있었는데, 예언자 조로아스터는 그 사제들 가운데 하나였다. 수라와르디는 수피 성인들이 이런 유사한 전통들을 이슬람 문명 속에 소개했고, 자신은 그 둘을 통일시키는 사람이라고 간주했다.

수라와르디가 네오플라톤주의와 조로아스터교를 통일시킨

것이 잘 드러나는 점은 우주가 천사들의 빛으로 충만한 살아 있는 우주라는 개념이다. 존재하는 만물은 빛의 존재들이다. 왜냐하면 빛은 존재 자체이며, 외양의 본질이기 때문이다. 하느님은 "빛들의 빛"이시며, 빛이 환하게 밝히듯이, 또한 폭포처럼 쏟아지는 빛이 비존재의 어두운 심연 속으로 쏟아지듯이, 삼라만상은 급격하게 늘어난다. 이 거대한 존재의 연쇄(chain of being) 속에서 천사들은 그 연결자들로서 눈에 보이는 현상의 세계를 그 원천인 무한의 광명과 연결시켜준다.

수라와르디의 천사들은 세 가지 위계질서로 이루어져 있는데, 각각 "어머니들", "종자들의 주님들" 그리고 "통치하는 빛들"이다. 어머니들은 유출의 원리에 의해 한 천사씩 차례로 내려오는 수직적 질서이다. 이 질서의 처음은 바만, 즉 아베스타 경전의 불멸자 보후 마나이다. 이어서 지성들이 연달아 나오는데, 그 각각은 빛들의 빛과 그 선구자들로부터 빛을 받아 그 후계자들에게 빛을 전해준다. 이 연쇄를 통해서 별이 가득한 하늘에 불이 밝혀진다.

종자들의 주님들은 어머니들에 의해 생성된 수평적 질서다. 여기에는 자연세계를 이루고 있는 삼라만상의 원형들이 있다. 지상에 있는 만물은 순수한 빛의 세계에서 그 토대를 받쳐주고 있다. 종자들의 주님들 가운데는 조로아스터교의 다섯 불멸자들, 즉 아르타 바히슈타, 크샤트라 바이르야, 스펜타 아르매티, 하르베타트, 아메르타트가 있는데, 이들은 불, 금속, 대지, 물, 식물의 영적인 원형이다. 인간의 천사적 원형은 가브리엘이다.

슈라와르디의 천사들의 위계질서 가운데 세 번째인 통치하는 빛들은 두 번째 질서의 보조자들이다. 종자들의 주님들이 다양한 피조물 유형의 원형인 반면에, 통치하는 빛들은 이런 피조물들에게 생기를 불어넣고 다스리는 힘들이다. 통치하는 빛들 중에는 영역들을 움직이는 천사들, 인간의 삶을 다스리는 천사들, 동물과 금속과 식물을 감시하는 천사들이 있다.

통치하는 빛들은 조로아스터교의 프라바쉬스(*fravashis*)와 상응하는데 이것은 모든 존재하는 사람들과 사물들의 영적 본질이다. 프라바쉬스에 헌정된 조로아스터교의 찬양시 파르바르딘 야쉬트는 관대한 자비를 호소하며, 또한 과거, 현재, 미래의 모든 인간과 비인간을 포함하는 삼라만상에 대해 밝은 얼굴로 복을 빌어줄 것을 요청한다. 그 찬양시를 쓴 사제는 선포한다. "우리는 이 대지를 예배합니다. 우리는 저 하늘을 예배합니다. 우리는 그 사이에 있는 아름다운 것들을 예배하며, 희생제물과 기도를 바칠 가치가 있으며 신실한 사람들이 마땅히 예배할 것들을 예배합니다. 우리는 야생 짐승들과 길들인 짐승들의 영혼들을 예배합니다. 우리는 어느 시대에 태어났건 그들의 양심이 선한 것을 위해 애쓰는 거룩한 사람들의 영혼을 예배합니다."[2]

이런 방식으로, 슈라와르디의 우주론은 생생하게 살아 있으며 본래적으로 성스러운 우주를 보여준다. 모든 존재는 빛들의 빛, 거룩한 것들의 거룩함이 파동으로 유출된 것이다. 모든 흙, 웅덩이, 불타는 양초 심지, 팔랑거리는 바람 속에 드러나는 것은 우주 질서의 빛나는 대리자인 천사의 현존이다.

슈라와르디는 그리스와 페르시아의 지혜 전통에 대한 그의 깊은 관심에도 불구하고 마지막까지 독실한 무슬림으로 살았다.

---

[2] Darmesteter, James, trans., *The Zenda-Avesta*, part II (Delhi: Motilal Banarsidass, 1981), p. 229.

그에게는 고대의 지혜 학파들과 예언자 무함마드가 선언한 계시 사이에 아무런 모순이 없었다. 그 계시는 결국 "알라는 하늘과 땅의 빛이다"(24:35)라고 선언한다.

꾸란(Qur'an)은 "당신이 섬기는 주님의 이름으로 읽으시오"(96:1)라는 말로 시작한다. 사람들이 읽어야만 하는 것은 '아야트'(ayat), 즉 하느님(God, 고유명사가 아니다 – 옮긴이)의 표징들이다. 경전의 구절들은 표징들이지만, "지평선 위에 그리고 지평선 속에"(41:53) 새겨진 구절들 역시 하느님의 표징들이다. 예언자들의 거룩한 책들, 지구의 기뻐 날뛰는 지형, 인간 영혼의 내면 풍경은 모두 하나의 작품, 한 권의 책에 속한 페이지들로서, 그 책 속에는 하느님 자신의 이야기가 전해진다. 이것은 끝이 없는 이야기다. 왜냐하면, "만일에 대지의 모든 나무들이 펜이며, 바다가 잉크이며 일곱 대양이 그 바다에 잉크를 계속 공급하고 있다 하더라도, 하느님의 말씀을 남김없이 모두 기록할 수는 없다"(31:27)는 점 때문이다.

슈라와르디가 조로아스터교에 입각해서 자신의 수피즘을 끌어냈듯이, 4세기 후에는 조로아스터교 철학자 아자르 카이반(Azar Kayvan)이 그 답례로 수피즘에 입각해서 아베스타 세계관을 정교하게 발전시켰다. 아자르 카이반의 신비주의적인 시들은 해설과 함께 〈얌이 카이 쿠스로〉(Jam-i Kay Khusraw)에 실려 있다. 그 시들은 아자르의 여행, 즉 내면적이며 외부적인 왕국들을 거쳐서 네 차례의 승천 과정에서 영역들을 지나는 여행을 묘사하는데, 그 각각의 승천은 신비와의 결합, 혹은 절대자 속에서의 소멸이라는 황홀경에서 그 정점에 이른다. 그 과정에서 아자르 카이반은 일곱 개의 천상의 영역의 천사 지성들을 만난다. 그러

나 그가 행성 사이의 공간에 도달하기 전에 그는 지상의 요소들의 영역을 통과해야 한다.[3]

시인의 제자이며 해설자는 이렇게 설명한다. "그가 처음에 본 불은 자신 속에 있는 불을 관통한 것을 뜻한다. 공중을 난 것은 자신의 공기와 같은 부분을 통과한 것을 뜻한다. 바다와 강에서 헤엄을 친 것은 자신의 몸의 액체 요소를 항해한 것을 뜻한다. 집들 사이로 난 길을 돌아다닌 것은 자신의 땅의 부분을 통과한 것을 뜻한다."[4]

아자르 카이반은 조로아스터교 신자들이 괴롭힘을 당하던 소수자였던 이란을 떠나 인도로 옮겨왔는데, 인도의 모굴 제국의 황제 아크바가 "보편적 평화"를 법으로 확립한 다음이었다. 아크바의 궁궐에서는 여러 종교의 사제들이 모여 신학적 논의를 하였으며, 또한 힌두교의 성스러운 문서들이 인도 무슬림들의 언어인 페르시아어로 번역되었다. 사실상 이슬람과 힌두교 사이의 대화는 인도에서 지난 400년 동안 계속되었으며, 치슈티 수피(이슬람 신비주의)와 나트판티 요기(yogis) 사이에 서로 풍성한 배움을 얻었다.

치슈티 수도회를 창설한 크와야 무인 알딘 치슈티(d. 1230)는 전통적으로 요기와 쌍벽을 이루는 사람이었으며, 또한 비밀스러운 지식의 대가였던 것으로 알려졌다. 호흡에 관한 생리학, 물질의 네 요소들의 신비에 관한 많은 책들이 그가 작성한 것으로 되어 있다.

---

[3] Zu'l-ulum Azar Kayvan, Jam-i Kay Khursraw, (Bombay: Matba-yi Fazl al-Din Kahmkar, 1868), pp. 10-12.

[4] Ibid.

무슬림 수피들과 힌두 요기들 사이에는 신학적 견해들이 매우 다른 점들이 있었지만, 영적인 인식에서 두 가지 점에서 완전히 일치했는데, 그것은 물질의 요소들이 생기가 넘치게 살아 있다는 인식과 더불어 인간이 전체 우주의 호흡, 깊이, 범위를 요약한 소우주로서의 위치를 갖고 있다는 인식이었다.

물질의 요소들이 생기가 넘치게 살아 있다는 점은 이슬람의 성스러운 문서들에 나타난다. 꾸란은 흙, 물, 불을 하느님의 능력과 자비의 표징으로 부른다. "대지(흙)는 그 주님의 빛으로 빛날 것이다"(36:69). "물로 [우리는] 모든 살아 있는 존재의 모습을 만들었다"(21:30). "[그는] 푸르른 나무로 너를 위해 불을 만드셨다"(36:80). 공기에 관해 예언자 전통은 "바람을 저주하지 말라. 왜냐하면 바람은 대자대비하신 이의 호흡에서 나오기 때문이다"라고 말한다. 꾸란의 계시 전통에 잠겨 있었던 시인 루미는 "공기, 흙, 물, 불은 하느님의 하인들이다. 우리에게는 그들이 생명이 없는 것처럼 보이지만, 하느님에게는 살아 있는 존재들이다"5)라고 말했다.

힌두교 전통 역시 우주의 성스러운 질서를 공경하는 것을 매우 강조했다. 아타르바 베다 경전은 대지를 거룩한 어머니로 부른다. 갠지스, 야무나, 나르마다, 카베리 강은 최고도의 영적인 순수함에 대한 살아 있는 상징들이다. 불은 베다 경전에서 '아그니'라는 신적인 인물로 인격화되었고, 공기는 '바유'라는 인물로 되었다. 물질의 네 요소들, 즉 흙, 물, 불, 공기와 다섯 번째 요소인 공간은 모두 은총, 정화, 자비의 넉넉한 통로들이다. 바마나

---

5) Mawlana Jalal al-Din Rumi, *Masnavi-yi ma'navi*, (Tehran: Intisharat-i Bihnud, 1954), p. 36.

푸라나는 이렇게 노래한다. "모든 위대한 요소들이 매일 새벽을 축복하게 하라. 대지는 그 냄새와, 물은 그 맛과, 불은 그 밝음과, 공기는 그 얼굴에 닿는 느낌과, 그리고 하늘은 그 소리로 축복하게 하라."[6]

힌두교도들은 전통적으로 예배를 드리기에 앞서 몸과 풍경 속의 요소들을 정화시키는 의식을 먼저 거행한다. 이런 방식으로 우주의 내적 차원과 외적인 차원의 균형을 잡고, 인간은 주변 전체의 축도로서 성스럽게 된다. 인간의 가슴은 불과 공기, 태양과 달, 번개와 별을 품고 있다고 찬도그야 우파니샤드(Chandogya Upanishad)는 선언한다.

이슬람의 치슈티 수피 역시 이런 인식을 공유한다. 크와야 무인 알딘 치슈티가 쓴 것으로 되어 있는 《요가의 요약》(*Sum of Yoga*)에는 우주 전체가 인간의 모습 위에 그려져 있다.

최고신은 그의 능력으로 자신이 우주 안에 창조한 모든 것을 인간의 몸이 담도록 하셨다. "우리는 사람들이 알 때까지 지평선들 안에 그리고 사람들 안에 있는 우리의 표징들을 보여줄 것이다"(41:53). 하느님은 하늘과 사람의 몸 안에 12궁도를 만드셨다. 머리는 아리에스, 목은 타우루스, 손은 제미니, 팔은 캔서, 가슴은 레오, 장(腸)은 비르고, 배꼽은 리브라, 음경은 스코르피오, 넓적다리는 사기타리우스, 무릎은 카르피콘, 정강이는 아쿼리우스, 발바닥은 피스체스이다. 12궁의 아래

---

[6] Vamana Purana 12:26, Christopher Key Chapple, "Hinduism and Deep Ecology," in David L. Barnhill and Roger S. Gottlieb, eds., *Deep Ecology and World Religions*, (Albany: State University of New York Press, 2001), p. 61에서 재인용.

를 돌고 있는 일곱 행성들도 마찬가지다. 심장은 태양, 간장은 목성, 폐동맥은 달, 신장은 금성, 비장은 토성, 뇌는 수성, 방광은 화성이다. 영광스러운 최고신은 1년을 360일로 만드셨고, 12궁도 안에 360번의 공전, 지구 표면에 360개의 산맥, 360개의 큰 강을 만드셨고, 또한 인간의 몸속에도 360개의 뼈(산맥처럼), 360개의 동맥(강처럼), 360개의 표피조직(1년 360일처럼)을 만드셨다. 위의 운동은 바다와 같고, 머리카락은 나무들과 같고, 기생충들은 정글의 짐승들과 같고, 얼굴은 완성된 도시와 같고, 피부는 사막과 같다. 세계에는 네 계절이 있고, 사람에게도 마찬가지다. 유아기는 봄, 청소년기는 여름, 활동을 멈출 때는 가을, 노년기는 겨울이다. 천둥은 하늘의 음성과 같으며, 번개는 웃음, 비는 눈물이다.[7]

소우주와 대우주 사이에 조화를 이루도록 하기 위해 요기들과 수피들은 물질의 네 요소들에 상응하는 명상(*kriyas*)을 실천한다. 20세기의 이슬람 신비주의가 아지즈 미얀은 기본적인 명상을 이렇게 설명한다. "흙 명상: 땅 속에 몸을 묻는 동안에, 발에서부터 머리까지 명상한다. 물 명상: 물속에 앉아 있는 동안, 혹은 비를 맞고 누워 있으면서, 혹은 몸에 물을 퍼붓는 동안 명상한다. 불 명상: 불 앞에서 처음에는 연기와 하나 되고 나중에는 불길과 하나 되어 명상한다. 공기 명상: 나무, 언덕, 혹은 지붕 위에 겉옷만 입고 바람을 마주하고 서서 명상한다. 천천히 깊게 숨을 쉬며 날아가는 느낌을 불러일으키도록 한다."[8]

---

7) Khwaja Muin al-Din Chishti, *Risala-yi sarmaya-yi yug*, (personal MS), folio 2a-b.
8) Imam al-Salikin Muhammad Taqi Niyazi (Aziz Miyan), *Raz-i muhabbat*, (Bareily,

20세기 인도의 또 다른 이슬람 수피 신비가 하즈라트 이나야트 칸은 몸과 정신 속의 요소들을 정화시키기 위한 호흡법을 가르쳤다. 스무 가지의 호흡법은 그가 1917년 런던에서 창설한 수도회의 기초적인 매일의 수행법이 되었다. 그는 지구를 하나의 생기가 넘치며, 어떤 점에서는 지각능력이 있는, 전체로서 인식했다. 그는 "만일에 우리가 살고 있는 행성이 지성이 없었다면, 그 위에 지성적인 존재는 생겨나지 않았을 것이다"9)라고 썼다. 만일 지구가 일종의 지각능력을 갖고 있다면, 지구는 고통을 느낄 것이다. 하즈라트 이나야트 칸은 이런 주장에서 "나의 깊은 한숨은 지구의 울부짖음으로 터져 나오며, 내면에서부터 하나의 대답이 메시지로 나온다"10)고 썼다. 그가 전한 메시지는 도덕적이며 영적인 상호연결성에 대해, 그리고 궁극적으로는 모든 생명체들의 존재론적인 통일성에 대해 명상하라는 요청이었다.

지구의 울부짖음이라는 주제는 조로아스터에게까지 거슬러 올라간다. 아베스타 경전의 가타스의 29장에는 지구가 암소의 영혼 모습으로 그려지고 있다. 그 암소는 아후라 마즈다에게 울부짖기를 "누구를 위해 당신께서는 나를 만드셨나요? 누가 나를 지으셨나요? 분노와 약탈, 오만, 공격, 폭력이 나를 고통스럽게 내리누릅니다. 하느님, 당신 이외에는 아무도 나의 보호자가 없으니, 나에게 선한 목자, 구원자를 보여주소서."11) 아후라 마즈

U.P.: Shamsi Press, n.d.), pp. 46-48.
9) Hazrat Inayat Khan, *The Sufi Message*, Vol. XI, (London: Barrie and Jenkins, 1964), p. 41.
10) Hazrat Inayat Khan, *Complete Works: Sayings*, Part I, (The Hague: East-West Publications, 1989), p. 198.
11) Dastur Framroze Bode and Piloo Nanavutty, trans., *Songs of Zarathushtra*, (London: George Allen & Unwin, 1952), p. 46.

다는 조로아스터를 지구의 수호자로 임명한다. 이것에 대해 암소의 영혼은 회의를 품는다.

이와 비슷한 사건이 중세 인도 바이슈나비즘의 중요한 문서인 바가바타 푸라나(Bhagavata Purana) 안에서도 일어난다. 그 이야기에서는 지구가 다시 암소의 형태를 취하고 눈물을 흘리면서 바라마에게 불평을 털어놓는데, 브라마는 이 불평을 비슈누에게 전한다. 그 대답으로 비슈누는 지구의 대의를 들어주기 위해 크리슈나 형태로 성육한다.

조로아스터교, 힌두교, 이슬람의 경전들은 세계관에서 차이점들이 있지만, 공통적인 원리들도 있다. 그 중 대표적인 것이 눈에 보이는 우주는 섭리적인 은총의 경이라는 통찰력이다. 따라서 인간, 동물, 식물만이 아니라 모든 물질들이 편만한 빛과 창조의 능력에 참여하며, 영적으로 생생하게 살아 있다고 인식한다. 또한 인간의 삶이 자연세계 위에서 자율적으로 지배한다고 상상하는 것은 잘못된 것이다. 인간에 대한 신비적 명상은 인간의 몸이 근본적으로 자연의 온전함 안에 뿌리내리고 있으며, 각각의 인간은 신체적으로 또한 영적으로 자연의 총체성을 구체화한 존재이다. 인도와 페르시아의 예언자 전통들이 서로 일치하는 점은 지구가 생생하게 살아 있으며, 우리는 지구 안에서 또한 지구를 통해서 살아가며, 지구가 우리를 돌보듯이 우리가 지구를 돌보아야 한다는 가르침이다.

세상은 하느님의 장엄한 빛으로 충만하다.
그 빛이 불길처럼 터져 나오는 것은
은박에서 빛이 튀어 오르는 것과 같다.

– Gerald Manley Hopkins

리처드 로어(Richard Rohr) 신부는 프란치스코회 수도자로서, 이 세계는 하느님의 성육신이며 또한 하느님의 일차적 계시라는 것, 즉 전체 세계가 하느님의 몸이라는 그리스도교의 가르침을 열정적으로 상기시켜준다. 여기에서 그가 말하는 신학은 특별히 그리스도교적인 신학이지만, 그가 지적하는 보다 큰 진리와 오해들은 그리스도인들의 경험과 믿음에만 국한되는 것은 아니다. 이 글은 우리의 일반적인 현대 세계가 왜곡시켰거나 혹은 세계의 신성에 대한 본래의 이해를 상실함으로써 오늘날과 같은 생태적 위기를 초래하게 된 방식에 대해 감동적으로 설파하고 있다.

리처드 로어

만물은 하느님의 몸

만물은 하느님의 일차적이며 가장 완전한 계시이다.
- 토마스 아퀴나스

하느님은 만물의 '자연스러운' 모습대로 돌보시며 지키신다.
- 존 둔스 스코투스

이 글은 본래 그리스도인 청중을 위해 쓴 것이지만, 서양 역사에서 비록 우리는 하느님의 영원한 말씀이 '육신'이 되었다(요한 1:14)고 믿는다고 주장하기는 하지만, 육체, 성, 동물 돌보기, 지구에 대한 존중과 같은 개념에서 그토록 비극적인 태도를 갖게 된 것은 매우 빈곤한 그리스도교 신학 때문이라는 사실을 지적한 글이다. 나는 이처럼 하느님이 예수 안에 성육신하였다는 우리의 믿음에 대해서 모든 독자들이 동의하리라고는 생각하지 않지만, 이 믿음이 그리스도인들 자신에게 어떤 의미가 있는지를 지적하고, 또한 모든 진지한 구도자들이 이 계시의 선하고 보편적인 것을 이해하도록 초대하려는 것이다.

하느님의 성육신은 2000년 전에 베들레헴에서 일어난 것이 아니다. 그런 주장은 그리스도인들 일부가 예수의 출생을 심각하게 받아들이기 시작했을 때 비롯된 주장이다. 하느님의 성육신은 실제로 오늘날 우리가 "빅뱅"이라고 부르는 순간과 더불어 대략 145억 년 전에 일어났다. 그 사건은 하느님이 실제로 **자신이 누구인지를 물질로 나타내기로** 결정했던 사건이었다. 이 사건만으로도 하느님에 대한 공경심의 확고한 근거가 되며 삼라만상의 성스러움의 분명한 토대가 된다. 또한 인류의 집단과 종교를 넘어서는 생태 영성을 형성하는 데도 분명한 기초가 된다.

2000년 전에는 하느님이 예수 안에 **인간적으로** 성육신했다고 우리는 믿는다. 그러나 그 사건 이전에, 우리의 유대-그리스도교 창조 이야기(창 1:3-25)에 따르면, 하느님의 첫 번째 본래적인 성육신은 빛, 물, 땅, 태양, 달, 별, 식물, 나무, 열매, 새, 뱀, 가축, 물고기, 그리고 "온갖 종류의 들짐승"들을 통해서 이루어졌다. 이런 "우주적 그리스도"(Cosmic Christ)를 통해서 하느님은 우리에게 "그리스도 안에서 미리 세우신 하느님이 기뻐하시는 뜻을 따라, 하느님의 신비한 뜻을 우리에게 알려 주셨다"(엡 1:9). **그리스도**는 예수의 성(姓, last name)이 아니라 그의 삶의 목적을 나타내는 칭호(title)이다.(고대 힌두인들이 사랑한 크리슈나Krishna는 인간적 아바타a human avatar이며 신의 성육신으로서, 이와 똑같은 신비를 계시했다.)

예수는 신과 인간 사이의 합일(혹은 그리스도 신비, 혹은 크리슈나)이라는 영원한 진리를 드러내는 구체적인 진리이다. 나 자신은 이것을 믿는다. 그러나 이것을 단지 믿는 것은 살아내는 것이 아니다. 이 사랑의 신비를 살아내는 것이 중요하지, 그 이름을 어떻게 부르는 것이 정확한가 하는 것은 중요하지 않다. 나는 우리들보다 훨씬 더 이 사랑의 신비를 잘 살아내는 하시디즘 유대인들, 헤시카스테스 동방정교인들, 수피 무슬림들과 '이방인' 정령숭배자들을 만났다.

골로새서에 표현된 것처럼 "그 아들은 보이지 않는 하느님의 형상이시요, 모든 피조물보다 먼저 나신 분이십니다"(1:15). 그는 더욱 영광스러운 전체를 계시하는 영광스러운 한 부분이다. "그는 만물보다 먼저 계시고, 만물은 그의 안에서 존속합니다… 하느님께서는 그리스도 안에 모든 충만함을 머물게 하시기를 기뻐하십니다"(1:17, 19). 또는 프란치스코회 철학자 존 둔스 스코투스(1266-1308)가 말한 것처럼, 그리스도는 "하느님의 마음속에 떠오른 첫 번째 생각"이며, 또한 **하느님은 영원한 그리스도 신비를 생각하고 꿈꾸고 창조하기를 결코 멈추신 적이 없다**. 도미니크회 신학자 토마스 아퀴나스(1225-1274)는 "피조물의 엄청난 다양성과 다채로운 형태는 하나의 피조물이 혼자서 보여주는 것보다 훨씬 더 완전하게 하느님을 보여준다."고 말했다.

우리들 대부분에게 이런 이해는 우리의 우주와 종교의 기초적 이미지를 매우 흔들어놓는다. 많은 그리스도인들은 세계를 생기가 없으며, 매혹적이지도 않고, 거룩하지 않으며, 심지어 위험하고 악한 것으로 간주해왔다. 마치 하느님의 피조물들이 하느님으로부터 분리될 수 있는 것처럼 말이다. 그러나 어느 집단이 이것을 단순하게 자연적으로 파악했다면, 그것은 스스로를 "유일신론자"(monotheists)라고 부르는 사람들이었다. 즉 유대인들과 그리스도인들과 무슬림들은 모두 세계가 **한 분 선하신** 하느님에 의해 창조되었다고 믿는다고 주장한다. 따라서 만물은 이

한 분 창조주의 모습을 지니고 있다고 생각하게 된다. 어떻게 달리 생각할 수 있겠는가? 실제로 사탄이 우리들 가운데 어떤 사람들을 창조했는가? 유일신론자들은 "절대 아니다!"라고 대답하는 사람들이다. 우리는 "한 분 하느님께서 무에서부터 만물을 창조하셨다"(창 1:2)고 믿어왔다.

(자연을 하느님으로부터 분리된 것으로 보는) 이런 끔찍한 착각은 인간의 자화자찬과 자기몰입이라는 비극이었다고 말할 수 있을 것이다. 어떤 이유로 인해서 그리스도인들은 인간이 하느님이 돌보시는 유일한 피조물이며, 나머지 모든 것들, 즉 동물, 식물, 태양, 물, 지구는 문자적으로 우리의 '먹이'일 뿐이거나 즐거움을 위한 것이라고 생각했다. 세계는 우리가 그리스도교적인 일을 하고 '구원받도록' 우리에게 거저 주어진 배경이었다. 그러나 하느님은 우리가 지구에 생겨나기도 전에 수백만 년 동안에 걸쳐 수백만 종자의 피조물들을 인간의 목적과는 아무런 상관없이 창조하셨다. 하느님은 자신을 무한히 다채로운 아름다움, 사랑, 풍요함으로서 소통하는 일에만 관심을 기울이시는 것처럼 보인다. 약간 충격적이지 않은가?

많은 유대-그리스도인들에게, 하느님은 마치 "우리가 쓰고 내버리는 세계"를 창조한 것처럼 보였다. '석기 시대' 사람들, 고전 문명, 페르시아, 그리스, 아즈텍, 마야, 잉카, 로마제국, 심지어 우리가 야만인이라고 불렀던 사람들조차도, 우리를 위해 단지 준비운동을 했던 사람들로 간주했다. 그들 가운데 아무도 실제로 하느님에게는 중요하지 않았으며, 여자, 아이, 짐승, 인간도 중요하지 않았다. 하느님은 단지 훌륭한 유대인들, 그리스도인들, 무슬림들이 나타나기만을 기다리셨으며, 가장 선호하시는 로마 가톨릭 신자들, 보수적인 동방교회 신자들, 혹은 중생한 복음주의자들을 기다리셨다는 믿음이다.

이것은 문자적으로 일종의 우주적인 나르시시즘(cosmic narcissism)인 것처럼 보인다. 그러나 만일에 당신이 개별적 자아(분리된 자신)를 문제로 보지 않는다면, 분리된 집단의식이 더욱 큰 문제라는 사실을 인식하지 못할 것이다. 다시 말해서, 민족주의, 종족 청소, 이단자들을 화형시키는 짓, '나'와 상관없는 모두를 박해하는 것, 동물, 식물, 지구, 물을 파괴하는 것은 우리에게 "공정한 게임"이 되었다. 불쌍한 하느님은 우실 수밖에 없다.

만일 다른 것이 없다면, 이처럼 하느님이 생명을 돌보시는 데 무력하고 관심이 없다는 점에 대해 선한 사람들은 충격을 받았을 것이다. 더군다나 그리스도인들이 모든 힌두교인, 불교도, 무슬림, 이방인, 무신론자, 공산주의자, 그리고 불신자들도 그들의 창조주에 대해 전혀 관심이 없다고 확신했기 때문에, 사태는 더 악화되었다. 분명히 하느님은 미국의 백인 크리스천들을 좋아하시고, 특히 공화당원을 좋아하신다고 생각한다. 그러나 사실상 이 백인 크리스천 집단이야말로 자신들의 세계관 때문에 하느님이 창조하신 인간들의 99%가 애당초부터 구원받지 못한 사람들이며 거절당하고 심지어 영원한 형벌을 받는다는 것에 대해 눈물 한 방울도 흘리지 않은 집단이다. 그러면서도 감히 자신들을 "생명을 택한"(pro-life) 집단이라고 부른다.12)

---

12) 역자주: 저자는 그리스도인들의 이런 비극적인 오류가 이원론적 사고방식에서 비롯된다고 강조한다. 그리스도교는 본래 하느님과 인간이 예수 안에서 하나가 된 불이(不二, non-dual) 방식의 신비중심, 가슴중심, 지혜중심, 체험중심의 묵상 전통이었지만, 계몽주의 이후 합리주의, 과학주의, 세속주의라는 "새로운 적들"과 맞서 교리를 방어하느라, 교실신학(독일)과 근본주의(미국)처럼, 인간중심, 교리중심, 머리중심, 믿음중심의 이원론적이며 폭력적인 종교가 되었다는 지적

그리스도인들은 성육신과 **하느님의 몸**을 진지하게 생각하지 않은 결과 우리가 얼마나 지리멸렬해졌는가를 깨달아야만 한다. 성육신은 그리스도인들만 지닌 트럼프 카드로서 우리는 실제로 그 카드를 사용해야만 한다. 그리스도교 신학자 샐리 맥페이그가 《하느님의 몸》(The Body of God)에서 강력하게 주장한 것처럼, "구원은 삼라만상의 방향이며, 또한 삼라만상은 구원의 장소이다." 삼라만상이 하느님의 장소이며, 우리의 장소이며, 유일한 장소이며 또한 모든 장소이다.

4세기에 공식적인 "교회의 박사"였던 성 아우구스티누스는 "교회가 존재하는 곳은 **전체 세계의 교제 상태**(the church consists in the state of communion of the whole world)"라고 말했다. 우리가 바른 관계, 즉 "사랑 안에서" 서로 연결된 곳이면 어디에나 그리스도와 하느님의 몸이 계시며, 그곳에 교회, 성전, 모스크가 있다. 그러나 애석하게도 그리스도인들은 그 위대한 신비를 조금씩 깎아내려 작게 만들고, 자기들만 알고 있다는 식으로 배타적이며 자신들이 관리할 수 있는 것으로 만들어버렸다. 교회는 가톨릭, 정교회, 혹은 개신교의 사적인 클럽이 되어버려, 자연세계와 교제하기는커녕, 그리스도인이 아닌 사람들과 담을 쌓고, 심지어 자신의 교파가 아닌 그리스도인들과도 담을 쌓았다. 그런 교회가 가르친 구원은 매우 작은 구원이 되어, 구원이라고 부를 가치조차 없는 것이 되었다. "우리의 하느님은 얼마나 위대하신가!"라고 찬송을 부르지만, 하느님은 관대하지도 않으며,13) 전

이다. 이런 이원론을 극복하기 위해 그는 믿음중심의 종교에서 수행중심의 종교로 변화할 것을 촉구한다. *The Naked Now: Learning to See as the Mystics See* (2009), pp. 110, 108.
13) 역자주: 저자는 교회가 원수를 사랑하라고 가르치면서, 하느님 자신은 원수들을

혀 승리를 얻지도 못하게 되었다.

우리가 지금 겪고 있는 고통, 우리가 대부분 파괴해버린 공통의 서식지 문제는 조만간 인류 모두가 감당해야 할 가장 중요한 문제가 될 것이다. 이 문제가 정치적으로 또한 종교적으로 우리 모두를 하나가 되게 만들 수도 있을 것이다. 우리 모두가 완전히 의존하고 있는 지구와 생명계는 조만간 우리를 단순한 생활방식으로 회심시키고, 필수적인 공동체로 개종시키며, 거룩한 것에 대한 본래적이며 보편적인 감각을 갖게 하고 공경하도록 회심시키는 것이 될지도 모른다. 우리 모두는 똑같은 공기를 숨 쉬며 똑같은 물을 마신다. 이런 우주적인 요소들에는 유대교, 그리스도교, 무슬림 사이에 차이가 없다.

이런 우주적 그리스도의 충만함을 계시할 수 있는 것은 더 이상 말이나 교리, 정신적인 믿음체계가 아니다. 지구 자체는 하느님의 몸이며, 우리는 이 몸으로부터 태어나 살고 고통당하며 영원한 생명으로 부활한다. 만물이 하느님의 위대한 프로젝트이거나, 아니면 도대체 실재하는 것이 있는지 우리가 의문을 갖는 것이 당연하다.

> 우리는 모든 피조물이 처음부터 이제까지 함께 신음하며, 위대한 해산의 고통을 함께 겪고 있다는 것을 압니다. 그뿐만이 아니라, 첫 열매로서 성령을 받은 우리도 자녀로 삼아 주실 것을, 곧 우리 몸을 속량하여 주실 것을 고대하면서, 속으로 신음하고 있습니다. (로마서 8:22-23)

영원한 형벌로 처벌하는 것으로 가르쳐, 위선의 원천이 되었다고 지적한다. Ibid, p. 80.

여기서 바울은 하느님의 위대한 계획과 방향에서 우리 인간들이 마지막으로 그 위에 뛰어 올라탈지 모른다고 말하는 것처럼 보인다. 모든 피조물은 성장하기 위해 신음하며, 인간과 동물, 그리고 영원히 새로운 형태로 태어나며 영원히 성장하며 죽어가는 모든 것 속에는 저항하는 신음과 '기다리는' 신음이 있다.

인간 이외의 피조물은 그 운명에 순종해왔던 것처럼 보인다. "첫째가 꼴찌가 된다."는 예수의 말씀처럼, 만일 다른 모든 피조물들이 묵묵히 신뢰하면서 자신들의 운명에 순종한 반면에, 인간만 예외였다는 것을 깨닫게 되면, 우리 인간의 최종적이며 가장 큰 수치가 되지 않겠는가? 잠시 동안만이라도 식물과 동물을 보라. 그러면 그것들의 사랑스러운 순종을 볼 것이다. 우리들만이 우리 자신의 운명을 거부할 '자유의지'를 갖고 있다.

"위대한 해산의 고통"에 저항해왔던 것은 인간뿐이다. 또한 인간만이 자주 스스로 죽임을 선택했으며 또한 다른 많은 종자들에게도 죽음을 가져왔다. 우리는 보다 잘 할 수 있으며, 보다 잘 해야만 한다. 하느님의 참으시는 은총에 의해 우리는 더 잘 할 것이다. 일단 우리가 모두 하나의 공통된 피조물이며, 모든 피조물의 일부라는 점을 깨닫기만 한다면 말이다.

우리가 빠르게 다가가고 있는 생존의 단계에서, 우리가 우연한 혹은 역사적 차이점들과 신학적 차이점을 구분하려는 노력은 신성모독에 해당되는 시간낭비가 되고 있으며, 한 분 하느님의 아름답고 다양한 생명을 무시하는 처사가 되고 있다. 나는 은총이 피조세계에 본래적이며, 하느님과 선하심이 여전히 최종적인 결말을 지으시리라는 점을 믿고 있다.

사랑하는 이여!
나는 그토록 자주 그대를 불렀건만
그대는 나를 듣지 못했네.
나는 나 자신을 그토록 자주 그대에게 보여주었건만
그대는 나를 보지 못했네.
나는 그토록 자주 그대에게 향기를 풍겼지만
그대는 나의 냄새를 맡지 못했네.
맛난 음식을 드렸건만
그대는 나를 맛보지 못했네.
왜 그대가 만지는 것들을 통해 나에게 이르지 못했으며
달콤한 향기를 통해 나를 숨 쉬지 못했는가?
왜 그대는 나를 보지 않는가?
왜 그대는 나를 듣지 않는가?
도대체 왜? 왜? 왜?

– Ibn 'Arabi

수피 스승이며 저술가인 르웰린 보간리(Llewellyn Vaughan-Lee)는 우리가 직면하고 있는 것이 단지 생태적 위기만이 아니라 피조세계의 성스러운 본질을 망각했기 때문에 초래된 영적인 위기라고 주장한다. 우리는 지구의 울부짖음에 응답할 필요가 있으며, 그 몸과 영혼을 치유하는 작업을 시작할 필요가 있다. 우리의 현재 위기는 우리가 지구의 수호자로서의 성스러운 역할을 다시 맡을 기회이기도 하다.

르웰린 보간리

지구의 부르짖음

선불교의 스승 틱낫한 스님이 언젠가 우리 세계를 구원하기 위해 우리가 무엇을 해야 하는지에 대해 질문을 받았을 때, 그는 "우리가 해야 하는 가장 중요한 일은 지구가 울부짖는 소리를 우리들 안에서 듣는 것이다."[1]라고 대답했다.

호출

지금 이 순간, 우리는 점점 더 기후변화, 전 지구적인 오염, 바다의 산성화, 숲과 늪지대와 기타 서식지들에 대한 대규모적인 파괴 현실을 심각하게 직면하고 있다. 이 모든 현실은 지구 역사상 처음으로 인간이 만든 대규모 멸종사태를 더욱 악화시키고 있다. 이 모든 재난은 산업문명과 물질주의적인 생활방식에 중독된 우리들 때문에 초래된 것이다. 우리는 이 모든 재난에 대

---

1) Joanna Macy and Molly Young Brown, *Coming Back to Life: Practices to Reconnect Our Lives, Our World*, (Gabriola Island, BC: New Society Publishers, 1998), p. 91.

해 책임이 있다. 단지 자동차나 비행기로 여행을 하는 것을 통해서도 우리는 생태계를 파괴하는 문화에 능동적으로 참여하고 있기 때문이다.

우리는 이처럼 압박해오는 재난에 대해 책임을 질 필요가 있다. 비록 많은 개인들과 집단들이 이런 재난에 대해 응답했지만, 집단적 차원, 정부의 차원에서는 실질적인 변화를 가져오지 못했다. 2009년 코펜하겐 정상회의조차도 탄소 배출과 기후변화라는 실제적이며 장기적인 관심보다는 단기적인 경제성장을 더 중요시했기 때문이다.

더군다나 우리의 유물론적 문화는 지속가능성이라는 개념을 유명무실하게 만들었다. 우리의 집단적 목표는 생태계와 그 다양한 서식처를 지속하는 것보다는 우리의 유물론적이며 에너지 집약적인 생활방식을 지속하기 위한 것처럼 보인다. 세계가 그 유물론적 쾌락을 포기할 기미는 전혀 보이지 않는다.

많은 사람들이 이런 불균형을 극복하기 위해 노력하고 있지만, 대부분은 이런 재난을 초래한 똑같은 사고구조를 갖고 문제에 접근하고 있다. 우리가 이 위기를 극복하려고 시도하기 전에, 현재 우리의 패러다임의 뿌리부터 살펴볼 필요가 있다. 즉 우리가 환경으로부터 따로 떨어져 있다는 의식이며, 우리가 지구라는 서로 의존해서 살아가는 유기체의 일부분이라는 의식이 없는 것이 근본 문제이다. 이것은 계몽주의 시대에 과학적 세계관이 태동한 것까지 거슬러 올라갈 수 있는데, 뉴턴의 역학에서는 인간이 물리적인 세계로부터 분리된 존재이며, 물리적인 세계는 느낌이 없는 물질로 간주되었고, 그 시계처럼 작동하는 구조를 이해하고 통제하는 것이 인간의 권리이며 의무라고 간주했던 것이다. 이런 태도는 과학기술의 발전을 가져왔지만, 우리가 그 한 부분을 차지하고 있는, 살아 있는 전체 환경과는 아무런 관계를 맺지 않는 것으로 단절시켜버렸다. 우리는 생명과 지구와의 영적 관계를 완전히 망각했는데, 이런 영적 관계는 수천 년 동안 인류문명의 핵심적인 실재였다.[2] 토착민들은 세계를 성스럽고 서로 연결된 살아 있는 전체로 보아, 그 세계는 어머니 지구로서 우리를 돌보며 또한 우리는 그 세계를 돌볼 필요가 있다고 믿었지만, 오늘날의 문화에서 지구는 우리가 약탈할 것이 되었다.

우리가 지구 시대로 진입하면서, 우리의 지구를 더욱 지배하는 것은 유물론적 가치들이 되고 있다. 점차 전 지구적으로 확산되는 소비 문명은 우리의 착취를 더욱 증대시키며, 지속 불가능한 단계까지 오염을 초래한다. 세계가 더욱 균형을 잃게 될수록, 우리는 세계를 성스러운 살아 있는 전체로서 이해하고 그런 이해를 중심으로 우리의 의식을 변화시킴으로써 지구와 관계를 맺는 것이 더욱 절박해졌다. 우리가 문제의 뿌리에서 해결할 때만 비로소 우리는 환경과의 균형을 회복할 수 있는 희망을 가질 수 있다. 만일에 우리가 자연을 성스러운 것으로 이해하고 공경한다면, 우리가 과연 자연을 약탈하겠는가?

그러나 우리가 피조세계의 성스러움을 망각한 데는 더욱 깊고 어두운 측면이 있다. 우리의 유일신 종교들이 하느님을 하늘로 밀어 올렸을 때, 그 종교들은 지구와 강과 산의 수많은 신들과 여신들을 사라지게 만들었다. 우리는 피조세계를 성스럽게

---

[2] 고딕 성당의 종교화들에서 볼 수 있는 것처럼, 예전에는 상징적인 세계가 일상생활과 물리적 세계에 충만했으며, 중세시대와 그 이전에는 거대한 존재의 연쇄(Great Chain of Being) 이미지가 삼라만상의 모든 차원을 연결시켜, 하느님으로부터 천사들과 동물들과 광물들에 이르기까지, 모든 단계의 이미지를 구성했다.

이해하는 지혜 속에 담겨 있었던 고대의 지혜와 그 리듬, 그 의미심장한 주술을 망각했다. 예컨대, 초기 그리스도교가 이방신들을 추방하고 그 성스러운 숲을 파괴했을 때, 사람들은 자연 속의 강력한 신령들을 망각했는데, 이 신령들과 함께 자연세계의 보다 깊은 차원과 특성들도 망각하게 되었다. 만일에 우리가 의식적으로 자연 속의 이런 힘들을 깨닫지 않는다면, 어떻게 자연세계를 치유하며, 독극물과 오염물질들을 제거하는 일을 시작할 수 있겠는가? 자연은 느낌이 없는 물질이 아니다. 자연은 눈에 보이지 않는 힘들로 가득차 있으며, 또한 그 자신의 지성과 심층적인 이해력을 갖고 있다. 우리가 세계의 균형을 회복하기 위한 작업을 시작하려면, 우리는 피조세계 안의 영적인 세계가 존재한다는 것을 다시 인식할 필요가 있다. 그래야 비로소 우리는 신령의 세계와 소통할 수 있는 샤먼의 지혜를 회복할 수 있다.[3]

서양에서는 최근에 영성에 대한 새로운 운동이 일어나고 있는데, 이것은 새로운 "각성운동"이라 부를 수 있다. 지난 몇 십년 동안 우리는 우리 자신의 영적인 차원과 만나고 우리의 영혼과 다시 연결되는 내밀한 방법들을 배웠다. 많은 사람들이 이런 방법을 통해 자신의 내적인 부름을 따랐으며, 또한 자신의 영혼 혹은 영적인 본질과 새로운 관계를 맺게 되었다. 그러나 우리는 아직 자연세계의 영적인 차원에 대해서는 별로 이해하지 못하고 있으며, 우리의 개인적 영혼이 어떻게 세계의 혼(*anima mundi*)이라는 보다 큰 차원과 연결되는지에 대해 알지 못한다. 우리는 우리의 내면세계와 외부세계 사이의 균형을 유지하는 영적인 수행

---

[3] 스코틀랜드의 Findhorn Foundation은 자연 속의 힘들과 신령들과 소통하는 방법을 배우기 시작했다.

과 종교적 제의에 관한 지식들을 거의 대부분은 잃어버렸다. 심지어 그런 수행이 필요하다는 사실조차 망각해버렸다. 대신에 우리는 개인적인 자기에게만 초점을 맞추느라 더 이상 우리가 피조세계 안의 성스러운 차원과 깊은 유대관계를 맺고 있다는 사실조차 인식하지 못하고 있다.

우리는 우리 자신의 영혼과 관계를 맺는 방식을 이해함으로써 그 관계를 통해 우리의 삶 속에 들어올 수 있는 인생의 의미와 목적의식을 되찾을 수 있다. 우리는 심지어 이 과업에서 우리를 도와줄 수 있는 영적인 가르침과 수행법에 이끌릴 수도 있는데, 이 과업은 우리를 일상의 표층적 차원 아래로 인도하여 우리 자신의 보다 깊은 차원과 만나게 하며 또한 우리로 하여금 영적인 세계에 들어갈 수 있게 할 것이다. 이 여정을 시작한 사람들은 깊은 양육과 안내를 느끼고 있다. 우리는 또한 이런 내면적 실재를 망각함으로써 비롯된 우리의 일상생활의 궁핍함, 환희가 없음을 인식하게 되었다. 그러나 우리는 우리의 개인적 영혼과 세계의 혼 사이의 관계에 대해서는 아직 거의 인식하지 못하고 있다. 우리는 개인이 전체의 소우주이며, 피조세계 전체인 보다 큰 아담의 작은 아담이라는 고대의 가르침을 망각했다. 우리는 우리의 영적인 인식, 혹은 우리의 망각이 전체에 영향을 끼치는 방식에 대한 기본적인 이해를 상실했다. 인간의 의식과 우리의 내면적 및 외부적 환경 사이의 미묘하지만 강력한 관계에 대한 이해를 상실한 것이다.

세계가 하나의 살아 있는 존재라는 가이아 원리에 대해 점차 많은 사람이 인식하고 있지만, 우리는 이 세계가 그 자체의 영혼, 즉 세계의 혼에 의해 양육되며, 또한 우리가 보다 큰 세계인 성스러운 존재의 일부분이라는 것을 진정으로 이해하지는 못하고 있다. 애석하게도 우리는 여전히 생명 자체의 이런 영적인 차원으로부터 고립되고 단절되어 있다. 우리는 어떻게 세계의 혼에 의해 양육되며, 어떻게 세계의 혼을 양육하는지를 망각했다.4)

우리가 지구의 수호자라는 것을 상기시켜주는 생태운동들이 늘어나면서, 우리가 지구의 '상속자들'이라는 종교적 가르침을 되살려주지만,5) 이 수호자 역할은 우리의 물리적 환경과 그 수많은 서식자들을 돌보는 것으로 해석될 뿐이지, 피조세계 안의 성스러움을 돌볼 우리의 책임에 대해서는 별로 언급하지 않는다. 우리의 지구를 물리적 관점에서만 다룰 뿐, 상당수의 생태운동들이 계속해서 지구를 순전히 물리적인 것으로 이해할 뿐이지, 지구의 성스러움이나 세계의 혼에 대한 이해가 없어서 결국에는 물질과 혼의 결별을 강화시킬 따름이다.

우리가 인간의 성스러움은 기억하지만, 지구도 성스럽다는 것과 지구의 혼이 우리의 영혼에 말할 수 있다는 것을 망각했다. 만일에 우리가 피조세계의 이런 성스러운 차원을 이해했다면, 지구의 수호자 역할은 그 물리적 차원과 성스러운 차원, 그리고 그 상호관계를 돌볼 책임을 뜻한다는 것을 인식했을 것이다.

---

4) 카를 융은 이 비극을 이렇게 묘사한다. "인간 자신은 더 이상 소우주가 아니며, 그의 아니마는 더 이상 세계의 혼의 불꽃이 아니다."(Collected Works, vol 11. P 759.) 세계의 혼과 그 역사에 대한 보다 자세한 것은 Vaughan-Lee, *Return of the Feminine and the World Soul*, ch. 8: Anima Mundi를 보라.
5) "그대를 대지의 부섭정(副攝政)으로 만든 것은 그분이다"(꾸란, Sura 35:39). 성서에서는 하느님이 인간에게 피조물을 '다스리도록' 한다(창 1:26). "하나님이 이르시되 우리의 형상을 따라 우리의 모양대로 우리가 사람을 만들고 그들로 바다의 물고기와 하늘의 새와 가축과 온 땅과 땅에 기는 모든 것을 다스리게 하자 하셨다." 유대교 전통은 다스림을 수호자 역할과 동일시했다.

이런 책임을 항상 인식했던 것은 토착민들과 그 영적인 지도자들 혹은 샤먼들이었다. 일상생활의 여러 의식들과 행사와 기도는 피조세계의 성스러운 본성을 돌보는 목적으로 행해졌으며 세계들 사이의 균형을 유지하게 해주었다. 예컨대, 캘리포니아 북부의 포모 인디언들이 바구니를 짤 때, 여인들은 풀을 베기 전에 그 풀들을 위해 기도를 드렸다. 바구니를 짜면서, 그 풀을 입에 대어 침을 묻히면서 기도를 드렸다. 그처럼 바구니는 생명의 물리적 부분과 영적인 부분을 함께 짜는 것이었다. 생활의 모든 측면을 이런 방식으로 접근했기 때문에, 물리적 세계와 영적인 세계가 생명의 날줄과 씨줄로 엮어져 성스러운 것이 되었다. 토착민들은 자신들의 삶이 자신들을 양육하며 동시에 피조세계를 양육하는 대지와 혼의 교제로 이해했기 때문에, 그 둘을 따로 떼어 생각한다는 것은 애당초 불가능했다.

피조세계 안의 성스러움과 그 성스러움이 우리 자신의 성스러운 본성과 직결된다는 점을 의식할 때 비로소 우리는 현재 우리가 직면한 곤경의 뿌리에 놓여 있는 불균형을 치유하기 시작할 수 있다. 세계를 하나의 살아 있는 전체로서 인식하는 데는 그 성스러운 차원을 포함시킬 필요가 있다. 그렇지 않으면 우리가 단지 증상을 다룰 뿐, 원인을 다루지 못하기 때문이다. 우리가 정신과 물질 사이를 분할시킨 채로는 계속 살아남을 수 없다. 생명의 성스러운 본성을 무시한 채로는 계속 살아남을 수 없다.

우리의 생태적 인식이 어떠하든 간에, 집단적이 차원에서는 우리가 피조세계의 성스러운 차원을 망각해버린 유물론적 문화 속에서 살아가고 있다. 우리는 세계의 혼(*anima mundi*)이 존재한다는 것을 망각했으며, 피조세계의 성스러운 본질이 그 신적인 본성을 비추고 있다는 것을 망각했다. 결과적으로 우리의 일상생활은 그 성스러운 의미와 목적, 그리고 살아 있음의 가장 깊은 환희를 상실했다. 우리는 점점 표피적 쾌락과 중독을 추구하고 있다. 우리는 물리적 차원, 즉 가치들이 우리의 생태계를 파괴할 뿐 아니라 우리의 영혼을 굶주리게 만드는 물리적 차원에만 초점을 맞추는 유물론적 문화에 완전히 사로잡혀 있는 것이다.

더군다나, 우리는 피조세계의 성스러운 차원을 망각했기 때문에 우리는 더 이상 그 성스러운 차원을 양육하는 종교 제의를 실행하지 않는다. 일상생활 속의 그 단순한 성스러운 제의들은 수 천 년 동안 많은 다양한 문화들에서 중심적인 활동이었지만 말이다. 또한 우리는 하느님과의 교제의 직접적 원천이었던 피조세계 안의 성스러움에 대한 내면적 공경의 태도를 상실했다. 대신에 우리의 태도는 기껏해야 그 성스러움을 무시하거나 아니면 그것을 능멸하고 있다. 우리의 집단적 태도와 행동의 결과는 우리가 피조세계 안의 성스러움을 더 이상 돌보거나 양육하지 않는 것이다. 단지 몇몇 토착민들과 소수의 개인들만이 여전히 이런 책임을 수행한다.6) 결과적으로 사람들은 이 성스러운 본질에 더욱 접근할 수 없게 되었고, 피조세계 안과 우리들 자신 속의 성스러움이 서서히 죽어가고 있다. 외부의 생태계가 죽어가듯이, 지구의 내면적인 영적인 몸도 죽어가고 있다. 우리의 영혼과 세계의 혼을 양육시키는 성스러운 본질이 사라지고 있다. 우리는 심지어 이런 일이 벌어지고 있다는 사실조차 모르고 있다.

---

6) 예를 들어 남아메리카 콜롬비아 북부 산타 마르타 산맥의 시에라 네바다 지역에 살고 있는 토착민 코기 족이 그렇다. 그들은 내면적인 혼의 영역 혹은 세계의 혼을 '알루나'라고 부르며, 또한 깊은 명상과 상징적 헌물을 바침으로써 코기 족 사제들은 세계의 조화와 창조성의 균형을 유지시킨다고 믿는다.

우리가 모든 생명의 성스러운 차원을 집단적으로 망각했기 때문에, 이 성스러운 차원이 우리 자신의 영혼을 양육하며 또한 우리가 이 성스러운 차원과 관계를 맺을 필요가 있다는 것을 인식하지 못하게 되었다. 우리는 세계의 혼의 음성을 듣는 방법과 그 신호를 읽는 방법을 더 이상 알지 못한다. 우리가 멕시코 만의 원유 유출사태를 목격했을 때, 우리는 생명의 책을 읽고 이 생태적 참사가 우리에게 무엇을 말해주는지를 알려고 감히 노력했는가? 원유가 물과 뒤섞였을 때, 모든 생명이 의존하고 있는 가장 근본적인 자원인 물이 원유에 대한 우리의 탐욕에 의해 독성으로 오염되고 있을 때, 그 참사의 깊은 의미는 무엇이었는가?

우리는 여전히 우리가 망각한 것이 세계와 우리 자신 모두에게 어떤 영향을 끼치고 있는지를 인식하지 못하고 있다. 우리가 피조세계 안의 성스러움을 무시한 것이 알버타의 타르 샌드만큼이나 실질적으로 내면적인 황무지를 초래하고 있다. 우리의 주의를 산만하게 만들며 영혼을 상실하게 만드는 유물론적 문화가 세계화되는 것은 외부 환경을 오염시키는 것만큼이나 우리의 내면세계에 재난을 초래하고 있다. 또한 기후변화와 대멸종의 위기가 심해질수록, 우리 내면의 황무지는 우리가 의식하는 것보다 훨씬 빠르게 늘어나고 있다.

피조세계 안의 성스러움을 우리가 집단적으로 망각한 것이 기후변화처럼 되돌릴 수 없으며 대재난을 초래한 시발점이었다. 이런 외부적인 물리적 곤경은 우리 내면의 재난을 반영한 것이라고 말할 수 있다. 이 내면의 재난이 더욱 끔찍한 이유는 우리가 그것을 여전히 깨닫지 못하고 있기 때문이다.[7]

우리는 무슨 일이 벌어지고 있는지 의식하지 못할 수 있지만 많은 사람들은 사태를 내면 깊은 곳에서 느끼고 있다. 물질적인 풍요의 밑바닥에는 근본적인 염려가 똬리를 틀고 있다. 우리는 이 염려를 외부의 정치적 상황이나 경제적 상황에 투사할지도 모르지만, 생명에 매우 긴요한 무엇인가를 잃어버리고 있다는 의식을 떨쳐내기는 쉽지 않다.[8]

이런 상실, 성스러움을 상실한 것의 가장 직접적이며 끔찍한 영향은 인간의 영혼과 세계의 혼이 그 성스러운 의미와 목적을 상실하게 된다는 것이다. 우리는 세계의 일부분이며, 그 물리적 몸만이 아니라 영적인 몸의 일부분이다. 개인에게만이 아니라 전체에게도 깊은 의미를 줄 수 있는 것은 성스러움이다. 하나의 전체로서의 피조세계 안에 있는 이 성스러운 본질을 상실한 것이 무엇을 뜻하는 것인지를 우리는 알지 못한다. 단지 물리적인 생존이나 물질적인 향유를 넘어 삶에 주는 의미나 목적에 대한 인식이 점차 줄어들고 있으며 점차 다가갈 수 없는 것이 되고 있다는 것만을 우리는 알고 있다. 우리 모두는 존재의 균열, 우리의 중독과 주의 산만에 더욱 사로잡히고 있으며, 생명의 환희와 그 일체성에 대한 감각을 더욱 느끼지 못하고 있다. 우리의 영혼의 진정한 목적이 더욱 애매모호한 것이 되고 있다. 때로는

---

7) 내면의 세계와 외부의 세계는 서로를 반영하며 "경험의 상호의존적 현장"이라는 영적 가르침들이 있다. "모든 변화는 안에서 비롯된다"는 말처럼 외부세계의 변화는 내면세계에서 비롯된다. 따라서 만일에 우리가 외부적 환경에 실질적인 변화를 끼치려면, 우리는 먼저 내면세계를 변화시켜야만 한다.
8) 요즘 십대에게 가장 인기 있는 픽션이 뱀파이어와 좀비에 관한 것이라는 점이 단순히 우연일까? 아니면 이 젊은이들은 자신들의 미래가 얼마나 황폐한 것일지를 예감하고 있는 것은 아닐까? 지구가 생명의 피를 상실하고 있다는 것, 삶이 아무런 실질적 의미도 없는 위험성을 직면하고 있다는 것, 살아 있지만 죽은 것과 진배없는 현실이 다가오고 있다는 것을 직감적으로 느끼고 있기 때문은 아닐까?

개인으로서 마약이나 다른 중독을 통해 우리의 눈에서 영혼의 빛이 희미해지고 심지어 그 빛이 꺼져버린 것을 엿볼 수 있다. 그런 사람들은 더 이상 자신의 삶의 목적에 접근할 수 있는 길을 잃어버렸다. 이런 일이 공동체 전체에 일어날 수 있는가? 이런 세계의 혼의 빛이 희미해지고 심지어 꺼져버릴 수 있는가? 도대체 이것은 세계 자체에 무엇을 뜻하는가?

우리는 외부세계에서 우리의 자아중심적인 유물론적 문화의 영향을 볼 수 있으며, 또한 우리가 직면한 생태 위기 속에서 그 위험성에 대해 깨어나기 시작할 수도 있다. 그러나 내면세계에 끼친 그 영향은 아직 베일에 가려져 있으며, 우리가 내면세계와 그 성스러운 본질을 망각한 것 때문에 감추어져 있다. 우리의 이성적인 문화가 그 내면적 영향이 존재한다는 사실 자체를 부인하고 있다. 확실한 것은 기후변화처럼 강력한 내면적인 비극이 지금 벌어지고 있다는 사실이다. 내면적 삶과 외부적 삶은 우리가 알고 있는 것보다 더 서로를 반영한다. 우리는 생명에서 가장 성스러운 것, 존재에게 진정한 의미와 목적을 주는 것을 잃어가고 있다. 그러나 피조세계 자체의 성스러운 본질을 우리가 망각했다는 사실은 우리가 지금 무슨 일이 벌어지고 있는지를 깨닫지 못하고 있다는 뜻이다. 이처럼 엄청난 비극이 일어나고 있음에도 불구하고 여전히 우리가 알아차리지 못하고 있다는 사실이야말로 가장 큰 비극이다.

응답

이처럼 감추어진 위기에 대해 우리는 어떻게 응답하는가? 우리는 어떻게 망각의 꿈에서부터 깨어날 수 있는가? 만일에 우리가 우리 존재 안의, 또한 세계 안의, 깊은 곳에 있는 무엇이 균형을 상실했다는 것을 인식한다면, 우리는 귀를 기울여 들을 수 있다. 그러면 우리는 세계의 울부짖음, 우리를 호출하는 소리를 들을 수 있을지 모른다. 이것은 단지 피조세계의 물리적 생태계가 파괴되고 있다는 것에 대한 비상나팔만이 아니라, 세계의 혼(anima mundi)의 울부짖음, 세계의 성스러운 본질이 고갈당하고 있으며 그 빛이 꺼져가고 있다는 고통의 몸부림을 직시하라는 비상나팔이다.

이 울부짖음을 듣고 우리는 깨어나기 시작하고, 모든 생명에게 의미를 주는 이 가장 중요한 본질인 성스러움을 상실했다는 것을 의식할 수 있다. 우리 각자는 이 울부짖음이 우리 자신의 영혼을 울리는 방법에 따라 나름대로 듣지만, 문제는 우리가 어떻게 응답하는가 하는 것이다. 우리가 돌아서서 우리의 정신을 산만하게 만드는 생활방식으로 되돌아갈 것인지, 아니면 용기 있게 그 호출 명령에 따르고 그것이 우리에게 전해주는 것이 무엇인지를 감지할 것인지 하는 문제이다. 그러면 우리는 잠시나마 지금 사라지고 있는 향기, 지금 바래지고 있는 색감을 맛볼 수 있을 것이다. 지금 무슨 일이 벌어지고 있는지를 알아차리기 시작할 것이다.

외부세계에는 그 신호들이 우리 주변 곳곳에 깔려 있다. 매일 우리는 생태 위기의 물리적 신호들을 목격한다. 빙하들이 녹아내리고, 가뭄과 홍수가 곳곳에서 벌어진다. 우리는 또한 방향을 상실한 문명, 진정한 의미를 줄 수 있는 성스러움과의 중요한 연결성을 망각한 문명의 몸부림을 느낄 수도 있다. 만일에 우리가 현재 겪고 있는 곤경에 대해 실제적인 책임을 지려면, 우리는 외부적으로 또한 내면적으로 응답할 필요가 있다. 우리는 세계의 몸과 영혼을 치유하는 과업을 수행할 필요가 있다.

첫 번째 단계는 지금 벌어지는 사태를 인정하는 것이다. 우리는 더 이상 우리의 유물론적 문화의 액면 가치들에 한눈을 팔면서 살 수는 없다. 진정한 지속가능성은 지구 전체의 종 다양성을 포함하듯이 피조세계 안의 성스러움도 포함한다. 우리는 지구의 생명에 귀를 기울이는 지혜, 그 맥박소리를 듣고 그 영혼을 느끼는 지혜를 다시 배울 필요가 있다. 그러나 우선 물질과 영혼을 다시 연결시키는 과제가 절실하다. 생명의 모든 것이 성스러운 것이다. 모든 들숨과 날숨, 모든 돌멩이들도 성스러운 것이다. 이것은 모든 것이 포함되는 하나(oneness)의 위대한 비밀이다. 우리의 심장과 영혼 안에서, 우리는 하느님이 만물 안에 현존하신다는 가장 중요한 깨달음과 다시 연결될 수 있다.

우리는 토착민들의 단순한 생활방식으로 되돌아갈 수는 없지만, 우리가 개인적인 차원에서 행동하고 소유하는 것이 외부와 내면 모두의 지구 환경에 영향을 끼친다는 것을 인식할 수는 있다. 우리는 불필요한 유물론적 생활방식에 매몰될 것이 아니라 보다 지속가능한 방식으로 사는 것을 배울 수 있다. 우리는 또한 세계 안의 영적인 불균형을 치유하는 과업을 수행할 수도 있다. 세계 안의 성스러움에 대해 우리가 개인적으로 의식하는 것은 우리 영혼과 세계의 혼 안에서 정신과 물질을 분리시킨 것을 다시 연결시켜준다. 우리는 우리가 알고 있는 것보다 훨씬 더 지구라는 영적인 몸의 일부분이다.

우리는 각자 이런 것을 봉헌하는 방식을 갖게 될 것이다. 예를 들어 지구를 위한 단순한 기도가 있다. 이 기도는 우리가 내면적으로 하느님을 기억할 때 세계를 우리의 가슴 속에 하나의 살아 있는 존재로 자리매김하는 것이다. 우리는 세계의 슬픔과 고통을 우리의 가슴으로 인식하게 되며, 필요한 곳마다 하느님의 사랑과 치유가 임하기를 요청한다. 그리고 우리의 기도를 통해서 하느님의 능력이 우리와 세계를 도울 것이다. 세계가 다시 균형을 되찾게 되기를 도와주시도록 기도할 것이다. 우리는 세계를 계속해서 황무지로 만드는 전 지구적인 모든 기업들보다, 심지어 흡혈귀처럼 지구의 피를 빨아먹는 소비주의의 세력보다 하느님의 능력이 더욱 크다는 것을 기억할 필요가 있다. 우리는 세계 안에 사랑의 능력을 다시 깨울 필요가 있다.

때때로 우리가 지구를 우리의 손 안에서 느낄 때, 우리의 텃밭에서 채소를 가꿀 때, 우리는 이런 연결성을 더욱 쉽게 느낀다. 또는 우리가 음식을 만들 때, 지구가 우리에게 준 채소들에 향기를 주는 양념들과 허브를 섞을 때 그렇다. 우리가 연인과 몸과 희열을 나누며 사랑을 할 때, 우리는 피조세계의 부드러움과 힘을 느낄 수 있으며, 어떻게 단 한 번의 불꽃이 생명을 잉태하는지를 느낄 수 있다. 우리가 사랑을 나누는 것은 생명 자체에 대한 봉헌, 피조세계의 황홀경을 완전히 느끼는 봉헌이 될 수 있다.

생명이 신적인 하나(divine oneness of life)라는 것은 우리 안에서 또한 우리 주변에서 느낄 수 있다. 때로 자연 속에 혼자 산책하면서 우리는 자연의 맥박과 그 경이를 느낄 수 있으며, 우리의 발걸음은 기억의 발걸음이 된다. 단순히 "성스러운 방식으로 걷기"는 걸음마다 성스러운 지구와 우리가 연결되어 있다는 것을 느끼는 걷기로서, 지구의 살아 있는 혼과 우리가 다시 연결되는 방법 중 하나다.

　피조세계 안의 성스러움과 다시 연결되는 방법, 내면의 소리를 듣고 또한 우리의 영적인 수행과 일상생활 속에서 지구를 포함시키는 방법은 많이 있다. 우리가 아침에 새들의 합창소리를 들을 때, 우리는 생명의 깊은 환희를 느끼고 그 신적인 본성에 눈을 뜰 수 있다. 밤하늘의 별들은 우리 안에 있는 또한 세계 안에 있는 무한하며 영원한 것을 상기시켜줄 수 있다. 여명과 석양의 단순한 경이를 바라보는 것은 그 자체가 봉헌이 될 수 있다. 우리가 어떤 방식으로 경이감을 느끼게 되며 또한 성스러움을 감지하게 된다 하더라도, 중요한 것은 항상 이 친밀한 교감을 통해 우리가 어떤 태도를 취하는가 하는 것이다. 처음에는 우리가 발이나 손으로 느낀다 하더라도, 진정한 연결이 이루어지는 것은 우리의 가슴을 통해서다. 우리는 우리 자신이 정말로 이처럼 아름답고 고통당하는 지구의 일부분이라고 느끼며, 지구가 지금 무엇을 필요로 하는지를 느끼는가? 그러면 이 연결은 살아나고, 우리의 가슴이 모든 생명을 품어 안으면서 우리의 가슴으로부터 살아 있는 샘물이 흐르게 된다. 그러면 우리의 모든 발걸음, 우리가 만지는 모든 것이 지구를 위한 기도가 될 것이며, 성스러움을 기억하는 것이 될 것이다.

　우리가 현재 직면하고 있는 생태 위기는 우리를 호출하고 있으며, 우리 각자로 하여금 응답하도록 호출하고 있다. 이 위기는 해결되어야 할 문제가 아니다. 왜냐하면 세계는 하나의 문제가 아니라 하나의 살아 있는 존재로서 위험한 불균형과 깊은 고통 속에 있기 때문이다. 이 고통은 그 몸과 영혼에 속한 고통이며, 이 책의 여러 목소리들이 보여주듯이, 이 호출에 대해 응답할 수 있는 방법들은 여러 가지가 있다. 문제가 되는 것은 어떻게 우리 자신의 응답을 통해서 우리가 성스러움과 다시 연결되며, 우리가 지구라고 부르는 이 경이로운 장소 안에서 깊은 소속감을 회복할 수 있는가 하는 문제다.

더 늦기 전에 외부세계에서 조치를 취해야 하지만, 그것은 성스러움과 다시 연결됨으로써 출발하는 조치여야 한다. 그렇지 않으면 이런 엄청난 불균형을 초래한 방법들을 다시 끌어다 쌓는 것에 불과하기 때문이다. 또한 우리의 가슴과 영혼 안에서도 이루어야 할 과업이 있다. 이 과업은 세계의 혼을 치유하는 기본적인 과업이며, 피조세계의 영적인 본질을 다시 채우는 과업이며, 하느님의 사랑과 기억의 치유 능력이 가장 필요한 곳에 그 능력을 결집하도록 마음을 모으는 과업이다. 우리가 지금 직면하고 있는 위기는 긴박하지만, 이 위기는 또한 인류가 지구의 수호자로서의 역할을 되찾는 기회이며, 이 살아 있으며 성스러운 세계의 경이와 신비에 대해 책임을 떠맡는 기회이기도 하다.

에필로그

마지막 기도

이 모든 서로 다른 목소리들 안에는 하나의 목소리와 하나의 이야기가 있습니다. 이 지구의 이야기는 우리의 깊은 관심과 기도를 필요로 하며, 지구가 항상 우리에게 필요한 사랑과 지원을 해주었던 것처럼, 우리의 사랑과 지원을 필요로 하는 이야기입니다. 저희들로 하여금 지구의 수호자, 그 성스러운 방식들의 관리자로서의 우리의 역할을 기억하게 하시고, 또한 그 자연적인 리듬과 그 법칙들과 다시 조화를 이루어 사는 삶을 회복하도록 도와주소서.

옮긴이의 말

앉아서 기다리면 떼죽음뿐입니다

　천하보다 귀한 생명들이 떼죽음 당하는 참사가 반복되는 것은 기업국가에서 규제완화와 민영화가 초래하는 필연적 재난을 예상하지도 못하고 또한 그 재난을 관리할 능력도 없는 어른들의 생명경시 풍조와 비합리성 때문입니다. 기업의 하수인들이 된 정치인들을 선택한 유권자들에게도 책임이 있습니다. 재난이 닥쳤는데도 다른 사람들이 가만히 앉아 있으니까 빨리 위험을 느끼고 탈출할 생각을 하지 못합니다. 모든 재난은 예고된 재난입니다. 점차 더욱 큰 재난들이 눈앞에 다가오고 있습니다. 하느님이 우리를 보호하신다는 가르침은 살아남은 이들의 고백입니다. 가만히 앉아서 기다리면 또 다시 떼죽음뿐입니다.
　태평양을 점차 죽음의 바다로 만들고 있는 후쿠시마 원자로가 폭발할 확률은 1000만분의 1이었다고 합니다. 현재 가동 중인 한국의 21기 원자로들은 이미 수령이 지난 것들만이 아니라 수백 개의 불량부품들로 채워져 있다는 점에서 폭발할 확률은 훨씬 높습니다. 그러나 기후붕괴로 인해 우리 자녀들이 조만간 살인적인 폭염과 가뭄, 식량난 등 엄청난 재난과 떼죽음을 당할 확률은 거의 90% 이상일 것이라 생각합니다.

    최근 기상청 발표에 따르면, 서울의 열대야가 지금은 열흘에 불과하지만 2071년 이후에는 72일이 됩니다. 올해 두 주 빨리 핀 벚꽃은 조만간 한 달, 또 두 달 빨리 피게 될 것입니다. 최근에는 장마전선이 한반도 남부에 머무는 이상한 현상이 나타나기 시작했습니다. 이것은 일본이 컴퓨터 5,120개를 연결해서 만든 슈퍼컴퓨터 "지구 시뮬레이터"가 이미 오래 전에 예측했던 현상입니다. 대기 중의 이산화탄소 농도가 550ppm에 달하면, 즉 영구동토대가 녹아 메탄가스가 급격하게 방출되기 시작함으로써 빠르면 앞으로 20년 뒤에는, 한반도 중부와 북부지방이 매우 심각한 가뭄을 겪게 될 것이며, 700ppm에 이르면 장마전선이 제주도 이남에 머물러 더 이상 올라오지 않게 되어 한반도가 점차 사막화될 것으로 예측했던 현실이 시작된 것으로 보입니다. 문제는 조만간 심각한 가뭄을 겪게 되는 것이 한반도 중부와 북부만이 아니라 만주지방과 중국의 북부지역, 유럽의 중앙부, 미국의 서남부도 동시에 심각한 가뭄이 들게 되어 전 세계적인 식량난에 봉착하게 된다는 점입니다. 곡물가격 상승만이 아니라 2010년 러시아처럼 곡물 수출 금지 조치로 인해 식량을 구하지 못하는 사태가 조만간 닥친다는 뜻입니다.

    산업혁명 이후 석탄과 석유를 사용하고 숲을 대규모적으로 파괴하여 대기 중에 온실가스가 많아진 탓입니다. 기후변화로 인해 전 세계에서 폭염, 가뭄, 산불, 홍수, 태풍, 식량난, 식수난, 열대성 질병, 기후난민, 기후전쟁이 더욱 심해지고 있습니다. 지난 250년 동안 지구는 평균 섭씨 0.8도 상승했지만, 서울은 지난

100년 동안 2.1도, 도쿄는 3도 상승했습니다. 지구가 더워지는 속도는 히로시마 원폭 40만 개가 매일 폭발하여 그 열이 더해지는 속도라고 합니다. 극지방의 빙하가 빠르게 녹아내리고, 산성비로 인해 숲들이 파괴되며, 전 세계 곡창지대가 건조지역으로 바뀌고 있습니다. 스페인은 국토의 1/3이 사막화되고 있으며, 시리아 내전은 4년 동안의 극심한 가뭄 때문이며, 중국 정부는 식량생산이 "앞으로 50년에 걸쳐 1/3이 감소할 것"으로 예상합니다. 《기후대전》에 따르면, 미국과 영국의 안보 전문가들도 인류문명이 앞으로 75년을 넘기지 못할 것으로 예상합니다.

1998년에 사이클론 오리사로 인해 남부 아시아에서 3만여 명이 죽었습니다. 2003년 여름의 폭염으로 인해 유럽에서 5만여 명이 죽었으며, 인도에서도 1만5천 명이 죽었습니다. 2005년 8월말 미국 남동부를 강타한 허리케인 카트리나로 인해 최소한 1만8천 명이 죽었으며 2만 명 이상이 실종되었습니다. 2007년 11월에 사이클론 시드르가 방글라데시를 강타해 약 3천 명이 죽었으며 4백만 명의 이재민이 발생했습니다. 2008년 5월에 미얀마에서 사이클론 나르기스로 인해 약 7만8천 명이 죽었으며 5만3천여 명이 실종되었습니다. Munich Re는 2008년에 기후와 관련되어 죽은 사람이 모두 22만 명이 넘는다고 발표했습니다. 2010년 7월에는 파키스탄 대홍수로 인해서 파키스탄 국토의 1/5이 물에 잠겨 약 2천 명이 사망했으며, 2천만 명이 피해를 입었습니다. 러시아에서는 폭염으로 5만 명 이상이 죽었습니다. 2013년 11월에는 슈퍼태풍 하이옌으로 필리핀에서 최소한 1만여 명이 사망했습니다. 이 모든 기후재앙들은 지구 평균기온이 고작 섭씨 0.8도 상승한 때문에 벌어진 일들입니다. 많은 학자들은 세계 경제가 회복불가능한 "퍼펙트 스톰"(perfect storm)이 앞으로 20년 안에 닥칠 것으로 예상합니다.

대기 중 이산화탄소 농도는 지난 65만 년 동안 300ppm 이하였습니다. 산업혁명이 시작되던 1750년에는 280ppm이었지만, 1988년에 안전선 350ppm을 넘어섰고, 2012년에는 400ppm을 넘어섰습니다. 매년 2ppm씩 증가하기 때문에, 2037년에는 450ppm에 도달하여 지구 평균기온이 산업혁명 이전보다 섭씨 2도 상승할 것이며, 2070년대에는 530ppm에 도달하여 섭씨 4도 상승할 것으로 대다수 기후과학자들은 예측합니다. 지구 평균기온이 섭씨 4도 상승하면 북반구 대륙은 섭씨 6도 상승하여, 툰드라 지대의 메탄가스가 방출되어 5도 이상 추가로 상승할 수 있습니다. 2010년부터 메탄가스는 기하급수적으로 방출되기 시작했습니다(UNEP, 2010; Malcolm Light, 2012; Nafeez Ahmed, 2013; Nick Breeze, 2013; Guy McPherson, 2013). 애리조나 대학교의 생태학 교수를 역임한 가이 맥퍼슨은 급격한 메탄가스 방출로 인해, 2040년대에 섭씨 4도 상승하여, 세계 인구 90억 명의 거의 대부분이 죽게 될 것으로 예상합니다.

금성도 처음에는 지구와 비슷한 화학적 조건이었지만, 땅 속의 모든 이산화탄소가 방출되는 탈주효과 때문에 섭씨 450도에 이르게 되었습니다. 이미 방출되기 시작된 영구동토대의 메탄수화물이 "지구 역사상 지금이 가장 많이 장전되어 있어서," 지구 평균기온이 현재 섭씨 15도에서 섭씨 100도를 향해 전속력으로 돌진하고 있는 절체절명의 순간입니다.

2008년에는 37개 국가에서 식량폭동이 일어났습니다. 2010년에 러시아는 폭염과 산불로 인해 밀 생산량 1/4이 줄었고, 그로 인해 세계 밀 가격이 60% 상승했습니다. 미국의 안보전문가들은 가뭄 때문에 10년 후부터 미국 중부와 멕시코 남부의 많은 지역에서 농업이 "실질적으로 붕괴할 것"으로 예상합니다. 더욱 심각한 문제는 대멸종입니다. "현재 멸종 속도는 자연적 멸종 속도보다 최소한 100배 빠른 현실"입니다. 바다 표면이 30% 산성화되어 식물 플랑크톤이 1950년 이후 40%가 줄었으며, 동물 플랑크톤 역시 21세기 말에는 껍질이 녹아내려, 먹이사슬의 토대부터 완전히 무너져 내릴 것입니다. 이산화탄소 배출량은 IPCC(2007) 최악의 시나리오(매년 2.5% 상승)보다 더욱 악화(3.2% 상승)되고 있습니다. 전 세계 석탄 사용량은 2000년 이후 2011년까지 54% 증가했고, 화석연료 사용량은 앞으로 더욱 증가할 추세입니다.

우리는 '위험사회'를 지나 '재난사회,' 즉 장기비상사태에 접어들었습니다. 그러나 정치인들은 철저한 대책들을 세우기는커녕 세금은 줄이고 규제를 풀어 경기를 부양하겠다는 매우 위험한 공약들을 통해 장밋빛 환상을 심어줍니다. 7% 경제성장, 국민소득 4만 불 달성, 일자리 300만 개를 창출하여 7대 강국으로 도약한다는 거짓 약속, 모든 노인들에게 매달 20만 원씩 기초연금을 지급한다는 거짓 약속이었습니다. 기후재앙이 심해질수록, 복구비가 늘어나 국가경제는 더욱 어려워지게 되며, 실업률이 높아갈수록 계급투쟁과 이념대립이 격화되고 정치인들의 거짓 선동은 더욱 심해질 것입니다. 독일의 1933년 선거에서 경제공황과 높은 실업률로 인한 사회적 혼란과 정치적 대립과 절망 속에서 유권자의 44%가 나치당을 선택함으로써, 결국 12년 동안에 3천8백만 명이 목숨을 잃게 되었습니다.

우리는 일교차가 10도 넘는 것에 익숙하지만, 그러나 지구 평균기온이 섭씨 6도 상승하면, 생명체들의 90%가 멸종하고, 세계 인구의 90%가 떼죽음을 당할 것입니다. 2억5천만 년 전에 페름기가 끝날 때 90%가 멸종한 것은 섭씨 6도 상승한 때문이며, 5천5백만 년 전 대멸종도 "수천 년에 걸쳐서" 섭씨 5~9도 상승한 때문입니다. 7만 년 전에 빙하기가 닥쳐 인류가 2천 명 정도만 살아남고 거의 멸종 단계에 들어갔던 때는 지금보다 섭씨 5도 낮아졌기 때문이었습니다.

제임스 핸슨, 제임스 러브록, 니콜라스 스턴, 레스터 브라운, 클라이브 해밀턴, 구스타브 스페스 등 많은 학자들이 해결책을 구체적으로 제시했지만, 교토의정서(1997)나 더반 회의(2011)가 실질적 성과를 얻지 못한 이유는 1) 정치인들이 단기 경제성장에만 몰두할 뿐, 장기적 대책을 세우지 않으며, 2) 이것은 세계 굴지의 에너지 재벌들과 자동차 제조업체들이 리우 회의(1992) 이후 해마다 100억 달러 이상의 돈을 퍼부어 매스컴을 장악하고 사이비 과학자들을 동원해 여론을 조작하여 대다수 시민들이 무관심하기 때문이며, 3) 기후재앙의 75~80%는 가난한 사람들부터 피해를 입기 때문입니다. 케냐의 마사이 족은 최근 몇 년 동안 가뭄으로 인해 가축 5백만 마리를 잃었으며, 몰디브 섬은 점차 바닷물 속에 잠기고 있습니다. 특히 바이오 연료를 만드느라 아마존과 같은 열대우림은 더욱 많이 파괴되며, 가난한 사람들이 먹을 식량은 더욱 줄어들고 있습니다. 4) 선진국들이 기후대책을 서두르지 않는 이유는 전 세계의 대다수 가난한 사람들이 식량난과 식수난으로 죽게 내버려두는 것이 자국민의 생존권을 마지막까지 지킬 수 있는 방법이라고 믿기 때문일 것입니다.

어머니 지구가 건강해야만 우리들도 건강할 수 있습니다. 지구가 죽으면 아무것도 살아남지 못합니다. 지구는 "개구리 알처럼 살아 있습니다"(루이스 토마스). 지구는 단순히 "생명의 자궁"만이 아니라, "하느님의 몸"이며, 우리의 몸을 이루는 모든 요소가 지구에서 왔다는 점에서 "지구는 내 살 중의 살이며 뼈 중의 뼈"(래리 라스무센)이며, 지구는 수많은 성인들을 태어나게 했을 뿐 아니라 더러운 오물들을 받아 온몸으로 정화시킨다는 점에서 "가장 아름다운 보살"(틱낫한)입니다.

우리들 호모 사피엔스 이전에 이미 직립원인, 네안데르탈인 등 인류의 수많은 선조들이 멸종했으며, 지금 벌어지고 있는 기후붕괴는 인류를 멸종시킬 수 있습니다. 그러나 이처럼 절박한 기후붕괴 현실을 받아들이지 않는 것은 1) 지나친 개인주의와 근시안적 태도로 인해 당장의 문제 이외에는 관심을 기울일 여지가 없으며, 2) 그런 정보가 가져다주는 절망이 두렵기 때문입니다. 개인주의를 극복하기 위해서 핵심 문제는 자기(self)를 개별적 자기와 가족 안의 자기만이 아니라, 사회적 자기와 생태적 자기(ecological self)로 확장해야만 기후붕괴 등 세계적 문제들이 우리 자신의 문제가 됩니다. 홍수나 지진처럼 일시적인 재난에서는 이웃들이 서로 연대하지만, 기후붕괴로 인한 식량난과 식수난처럼 장기적인 비상사태에서는 이웃들이 서로 적이 될 가능성이 매우 높습니다. '우리'와 '그들'을 구분하고 적대시하는 파시즘을 경계해야 합니다.

"한 분 하느님"을 믿는 것은 만물이 "한 피붙이"라는 사실을 믿는 것입니다. 137억 년으로 추산되는 우주-지구-생명-인간 창조와 진화의 역사는 신비 자체입니다. 빅뱅 이후 인간의 등장은 그야말로 기적입니다. 창조 없이는 진화 없고, 진화 없이는 창조도 없습니다. 창조와 진화의 영은 식물을 통해 산소를 만들고, 이산화탄소를 빨아들여 산호초를 가꾸었으며, 물고기 지느러미를 날개로 바꾸고, 비늘을 깃털로, 바닷물을 피로 바꾸고, 애벌레를 나비로 탈바꿈시키는 궁극적 신비이며 또한 절대적인 은총입니다. 생명의 풍성한 선물들에 대한 감사에서 대전환이 시작됩니다. 생명체가 없는 목성에서 살다가 어젯밤에 지구로 이민을 와서 오늘 아침 지구에서 첫날을 맞이하는 눈으로 세상의 기적을 보라는 것이 《지구의 꿈》을 쓰신 토마스 베리 신부님의 제안입니다.

토마스 베리 신부님에 따르면, 우주-지구-생명-인간의 드라마는 다양성/분화(differentiation), 주체성(subjectivity), 교제(communion)의 원리에 의해 이루어졌습니다. 우선 다양성은 수천억 개의 갤럭시들만이 아니라, 예컨대, 전 세계적으로 개미가 1만2천 종, 국화는 2만여 종, 오징어 10만여 종, 육지의 달팽이만 3만5천 종, 개구리가 4천 종이라는 사실에서 여실히 드러납니다. 모든 차이는 아름답고 존중되어야 합니다. 주체성은 아메바에서부터 인간에 이르기까지 나름대로 최대한의 신경조직과 뇌 조직을 발달시켜 각자 주체가 되도록 자기를 조직화해온 것을 말합니다. 단순한 우연이 아니라 잠재력을 극대화할 때 비로소 창조(진화의 주체화 과정)가 일어납니다.('서로주체성'을 주장한 김상봉 교수의 입장이 더 보편주의적이라고 생각합니다.) 교제는 우주 안의 인력의 법칙처럼 상호연결되어 있으며 상호의존되어 있음을 말합니다. 특히 식물과 곤충들의 공진화 과정은 생명들 사이의 교제의 원리를 여실히 보여줍니다.

이처럼 놀라운 우주 창조와 생명 진화의 영을 우리의 몸속에 모시고, 그 영을 따라 지배체제에 맞서 치열하게 저항하는 길만이 생명을 귀하게 여기며 우리 자손들의 목숨을 구할 수 있는 길입니다.

1986년의 체르노빌 원자로 폭발사고로 인해 "20년 동안 사망한 사람은 98만 명에 달한다"는 것이 뉴욕과학아카데미의 보고입니다. "설국열차"처럼 우리는 지금 파멸을 향해 전속력으로 달리고 있습니다. 기후변화로 인한 인류의 운명은 "닭장 속의 닭들이 곡식 몇 알을 놓고 다투지만, 몇 시간 후엔 모두 죽게 될 것을 모르는 것과 같습니다"(틱낫한). 2015년을 온실가스 배출량의 정점으로 삼고, 그 이후부터 매년 3%씩 감소시켜야만 인류가 생존할 가능성이 있습니다.

전능하신 하느님이 우리를 보호하실 것이라고 주장했던 예언자들은 모두 거짓 예언자들이었지만, 민족을 파멸시킬 만큼 하느님은 자유로우신 분이라고 가르친 이들은 모두 참 예언자들로 판명되었습니다. 죽임의 문명을 지속가능한 문명으로 바꿀 시간은 1년 남았습니다. 특히 아이를 낳아 키우는 어머니들이 앞장서야만, 우리의 아이들이 살아남을 수 있습니다. 우리가 생활방식을 바꾸고 또한 정치인들을 바꾸지 않으면, 우리 아이들과 손주들은 떼죽음을 피할 수 없습니다. 아이들이 공포와 절망 속에 떼죽음 당해 통곡하지 않도록 정치적으로 연대하는 것이 부모들의 첫 번째 의무입니다.

1. 출애굽 사건에서 보듯이, 죽임의 체제와 반생명의 문명에 맞서서, 하느님은 수동적인 체념과 권위에 대한 순종이 아니라

지배체제에 대한 저항과 연대와 탈출이 구원의 출발점이라는 것을 깨우쳐주십니다. 창조사건에서 보듯이 하느님은 폭력의 체제와 탐욕의 문화에 맞서서 조화와 평화와 아름다움을 가장 우선적인 가치로 삼고, 만물이 한 피붙이로 사는 사회를 이루라고 하십니다.

2. 예수님은 세례자 요한처럼 하느님의 초자연적인 기적을 통해 로마제국의 억압과 착취에서 벗어날 것으로 기대한 미륵하생신앙을 가르친 것이 아니라, 미래에 대한 소망을 현재의 사랑과 섬김을 통해 역사 안에서 상식적으로 미륵상생신앙을 가르침으로써 하느님 나라를 건설하려고 저항하시다 목숨을 바치셨습니다.

3. 성령은 우리의 내면세계와 역사 속에서 온전한 평화와 아름다움으로 이끄실 뿐만 아니라 우주와 생명의 진화 과정을 이끄시며, "광합성작용 속에" 현존하십니다.

4. 에너지 사용을 대폭 줄이고, 핵발전소들과 화력발전소들을 시급히 폐쇄해야 합니다. 핵 쓰레기를 물려주는 우리 세대를 우리의 자녀들은 결코 용서하지 않을 것입니다.

5. 군비를 축소하고, 태양열과 풍력 에너지로 바꾸지 않는 정치인들을 낙선시키고, 무책임한 에너지 재벌들과 정치인들을 다음 세대의 생존권을 박탈한 범죄자들로 고발해야 합니다.

6. 식량자급률을 높이고, 탄소배출 총량제와 거래제를 실시하고, 탄소세를 신설해서 그 수입을 모든 국민들에게 분배하도록 강력하게 요구해야 합니다.

7. 육류 섭취를 줄이고, 수입농산물 대신에 지역에서 생산한 먹거리를 먹어야 합니다.

Acknowledgments

For permission to use copyrighted materials, the Korean translator gratefully wishes to acknowledge: Parallax Press, for permission to reprint "The Greening of the Self," an excerpt from *World As Lover, World As Self*, by Joanna Macy, copyright @1991, and also for permission to reprint "The Bells of Mindfulness," an excerpt from *The World We Have: A Buddhist Approach to Peace and Ecology*, by Thich Nhat Hanh, copyright @2008, Parallax Press, Berkeley, California, www.parallax.org; Columbia University Press, for permission to reprint "The World of Wonder," an excerpt from *The Sacred Universe* by Thomas Berry, copyright @2009 Columbia University Press; Liveright Publishing Corporation, for permission to use the lines from "i thank You God for most this amazing," copyright 1950, @1978, 1991 by the Trustees for the E. E. Cummings Trust, copyright @1979 by George James Firmage, from *Complete Poems: 1904-1962* by E. E. Cummings, edited by George J. Firmage; and Counterpoint Press for permission to reprint "Contributions."

번역자 김준우 박사는 한국기독교연구소 소장으로서, 《생태계의 위기와 기독교의 대응》(2000)을 편집했으며, 《기후재앙에 대한 마지막 경고》(2010), 《기후붕괴의 현실과 전망 그리고 대책》(2012)을 썼다. 서강대학교, 감신대학교와 대학원, 남감리교대학교(SMU) 신학대학원, 드류대학교(Drew) 대학원에서 공부했다.